“十二五”职业教育国家规划教材
经全国职业教育教材审定委员会审定

21世纪高职高专精品教材·房地产类

房地产经纪实务（第五版）

FANGDICHAN JINGJI SHIWU

熊帅梁　主　编
李佩瑾　副主编

东北财经大学出版社
Dongbei University of Finance & Economics Press
大连

图书在版编目（CIP）数据

房地产经纪实务 / 熊帅梁主编. —5版. —大连：东北财经大学出版社，2021.2（2022.7重印）

（21世纪高职高专精品教材·房地产类）

ISBN 978-7-5654-4040-3

Ⅰ. 房…　Ⅱ. 熊…　Ⅲ. 房地产业-经纪人-高等职业教育-教材　Ⅳ. F293.355

中国版本图书馆CIP数据核字（2020）第232737号

东北财经大学出版社出版

（大连市黑石礁尖山街217号　邮政编码　116025）

网　址：http://www.dufep.cn

读者信箱：dufep@dufe.edu.cn

大连雪莲彩印有限公司印刷　　东北财经大学出版社发行

幅面尺寸：185mm×260mm　　字数：347千字　　印张：14.75

2021年2月第5版　　2022年7月第2次印刷

责任编辑：李丽娟　张爱华　韩敌非　　责任校对：张　菲

封面设计：张智波　　版式设计：钟福建

定价：35.00元

教学支持　售后服务　联系电话：（0411）84710309

如有印装质量问题，请联系营销部：（0411）84710711

第五版前言

随着“房住不炒”的观念逐步深入人心，我国房地产市场逐步进入平稳健康的发展轨道。消费者购房动机与心理的变化，导致房地产市场的供求关系也正在发生微妙的变化，加上自媒体的兴起、电商的冲击等，房地产经纪服务也有了许多创新，无论是学界还是房地产从业人员都希望在理论上对房地产经纪的创新点加以系统整理。编者紧紧围绕“房住不炒”的精神，始终关注房地产市场近几年出现的一些新理论、新方法，搜集了大量相关知识和案例并加以整理，在保留本书第四版原有结构、内容和特点的同时，将其作为第五版教材的重点加以呈现。具体来说，本书第五版做了如下改进：

1.增加了房地产大数据的相关内容。

2.增加了一些新的案例和教学资源，其中延伸阅读材料以二维码的形式呈现，体现信息化教学特色。

3.各章部分内容做了删减与更新，尤其是二手房交易税费等。

本书由湖南财政经济学院熊帅梁担任主编，湖南财政经济学院李佩瑾担任副主编。同时，编者所在的湖南财政经济学院工程管理学院的领导和同事给予了支持和帮助，在此一并致谢!

由于时间仓促，加之编者水平有限，书中难免存在疏漏，敬请同行、专家和广大读者批评指正。

编　者

2020年11月

第四版前言

经过近半年时间的努力，《房地产经纪实务》第四版终于出版了。在此，感谢给予我们帮助的领导、同仁、朋友！感谢读者的来信和建议！是你们的殷殷期待让我们认识到修订第四版责任之重大，以及对学科知识所应保持的慎重态度！

本书以新课标为向导，以新大纲为依据，以培养高等技术应用型专门人才为目标，全方位地满足学生的学习需求和应用需求。房地产经纪实务是一门操作性很强的课程，既要培养学生的创新精神，又要注重与企业实际相结合，培养营销业务能力强、综合素质高的人才。因此，本次修订我们加大了案例和实训的比例，增加了对案例与实训的实务性、操作性的解读；对照本书第三版，我们在第三章增加了房地产产品定位的内容，第五章增加了最新的网络营销内容，同时更关注市场前沿信息以及政策变化，使学生对所涉及的理论、实务知识、最新政策法规有更全面、具体的了解；对部分章节在内容顺序、编排上也做了相应调整，力求做到结构科学合理、语言简单精练、操作务实易懂。

本书第四版仍由熊帅梁任主编，毛茂松任副主编。其中，熊帅梁主要承担各章节的修订工作，并负责统稿、定稿；毛茂松为案例分析提供了很多素材，针对各章节修改细节提出了中肯的意见和建议，为第四版修订做了大量细致的工作。

孜孜不倦、学以致用。希望读者能用心理解、系统掌握房地产经纪实务的相关知识，并灵活运用到实践中去。同时，期待各位读者提出更多更好的意见和建议，以博采众长！对于书中存在的不足之处，恳请同行、专家批评指正！

编　者

2016年1月

目　录

第1章　概　述/1

学习目标/1

引　例/1

1.1　房地产市场/1

1.2　房地产经纪与房地产市场营销/4

本章小结/8

关键概念/8

基础知识练习/8

实践操作训练/9

第2章　房地产市场调查/10

学习目标/10

引　例/10

2.1　房地产市场调查概述/11

2.2　房地产市场调查的一般内容/11

2.3　房地产市场调查方法和调查问卷设计/15

2.4　房地产市场调查程序/22

本章小结/29

关键概念/29

基础知识练习/29

实践操作训练/30

第3章　房地产项目市场定位/36

学习目标/36

引　例/36

3.1　市场细分/36

3.2　项目市场定位/40

3.3　房地产市场定位/44

本章小结/58

关键概念/58

基础知识练习/58

实践操作训练/59

第4章　房地产项目定价/67

学习目标/67
引　例/67
4.1　定价依据/67
4.2　市场比较定价法/70
4.3　其他定价法/78
4.4　定价策略/79
本章小结/82
关键概念/82
基础知识练习/82
实践操作训练/83

第5章　房地产项目营销推广/89

学习目标/89
引　例/89
5.1　房地产营销计划/89
5.2　推广策略/93
5.3　广告推广/99
本章小结/109
关键概念/109
基础知识练习/109
实践操作训练/110

第6章　房地产销售/115

学习目标/115
引　例/115
6.1　销售准备/115
6.2　房地产促销/121
6.3　销售实施与管理/126
6.4　房地产营销控制/131
本章小结/135
关键概念/136
基础知识练习/136
实践操作训练/136

第7章　存量房地产交易业务的操作/140

学习目标/140
引　例/140
7.1　存量房地产概述/140
7.2　存量房地产的销售/144
7.3　存量房地产的贷款办理和交易税费/149
本章小结/156
关键概念/156
基础知识练习/156
实践操作训练/157

第8章　房屋经纪业务管理/159

学习目标/159
引　例/159
8.1　房屋租赁的居间服务/159
8.2　其他房地产经纪业务/164
8.3　经纪业务的拓展/167
本章小结/179
关键概念/179
基础知识练习/179
实践操作训练/180

第9章　房地产营销团队/182

学习目标/182
引　例/182
9.1　房地产营销团队概述/182
9.2　房地产营销团队建设/186
9.3　房地产营销团队管理/192
本章小结/201
关键概念/201
基础知识练习/201
实践操作训练/202

第10章　房地产投资顾问/204

学习目标/204
引　例/204
10.1　房地产投资概述/204

10.2　房地产投资风险及投资决策/207
10.3　房地产投资分析/210
本章小结/219
关键概念/220
基础知识练习/220
实践操作训练/220
综合实训一/223
综合实训二/225
主要参考文献/226

第1章

概　述

学习目标

通过本章的学习，了解房地产市场的特征和分类；熟悉房地产经纪业务的范围；认识房地产市场营销的内涵；掌握房地产经纪人与房地产市场营销的关系。

引　例

2016年年底的中央经济工作会议首次提出："房子是用来住的，不是用来炒的。"此后，与房地产相关的部门陆续出台了与之相配套的政策，涉及房企融资、购房者信贷等方面。

作为长期的住房制度安排，"房住不炒"已写入党的十九大报告，将极大地促进房地产市场稳定，带给百姓稳定预期。房地产第一功能是使用功能，对GDP和税金的作用要建立在使用基础上，这是常识。要加强对房地产市场分类调控，因城施策，逐步建立房地产市场调控的长效机制。房价上涨压力大的城市要合理增加住宅用地，规范开发、销售、中介等行为。

资料来源　王振峰．如何实现"房子是用来住的，不是用来炒的"［EB/OL］．［2020-07-07］．http：//opinion.china.com.cn/opinion_20_176220.html.有改动．

1.1　房地产市场

1.1.1　房地产市场的概念

广义的"市场"是指商品交换关系的总和；狭义的"市场"是指商品交换的场所。房地产是一种特殊的商品，不可移动性是其与劳动力、资本以及其他类型商品的最大区别。虽然土地及地上建筑物不可移动，但它们派生出的权益可以被某个人或机构拥有，并且能给拥有者带来利益，因此就产生了房地产交易行为，形成了房地产市场。

房地产市场是指房地产商品的交换场所和领域，是房地产商品一切交换或流通关系的总和。凡是涉及房地产商品，包括土地、房产及相关劳务活动交易的场所和领域，就会存在相应的房地产市场及其经济活动。由于房地产商品的特殊性，它在生产和交换的历史发展过程中衍生出了各种交换流通形态，如转让、租赁、抵押和典当等。这些交换流通形态都离不开中介服务，离不开房地产经纪人的市场运作。

1.1.2　房地产市场的基本特征

房地产市场作为市场体系的基本组成部分，具有市场的一般规律性，但房地产市场的交换对象的独特性，使其具有不同于一般商品市场的一系列特征，主要有：

1）权利的主导性

在一般商品市场，进行流转的是商品本身。而在房地产市场，房地产具有不可移动性，房地产交易中转移的仅仅是房地产权属。每一次交易都是对房地产权属的重新界定，因而必须以契约等法律文件为依据。权利的界定只有在法律的保护下才有效力，充分体现了权利的主导性。房地产交易不会产生运输费用，从这个意义上讲，房地产市场是房地产权益的交易市场，是权益的让渡市场。

2）交换客体的异质性

由于房地产的自然异质性和空间区位的差异性，因此任何房地产交易只能是个别估价、个别成交。

3）强烈的地域性

房地产具有不可移动性，使不同市场供需圈的房地产难以相互替代，因而难以形成统一的市场竞争和统一的市场价格。可见，房地产市场具有强烈的地域性。

4）供求关系的特殊性

土地是一种不可再生的、稀缺的自然资源，从总体上看，房地产的自然供给完全没有弹性，其经济供给受自然供给的限制，弹性也有限。所以，房地产价格主要取决于市场需求。需求增加则价格上涨；需求减少则价格下降。当然，有时会出现异常现象，如地价下跌，供给反而增加；地价上涨，需求反而增加。这时的房地产遵循着特殊的供求规律。

5）不完全竞争性

土地供给的稀缺性、房地产本身的不可移动性、房地产交易额巨大和较强的政府干预性等导致房地产市场的竞争没有一般市场竞争那么广泛和自由，具有不完全竞争的特性。

6）银行和中介机构的参与性

房地产交易额巨大，离不开金融机构的融资和促成交易。一般人很少经常性地参与房地产交易，对此并不熟悉，加上房地产交易的专业性和复杂性，因而房地产交易会有中介机构参与，由其提供代理、咨询等服务。

1.1.3 房地产市场的分类

从识别和把握房地产宏观市场环境的角度出发，可以按照地域范围、房地产的用途和等级、房地产交易形式、房地产购买者的购买目的等标准，对房地产市场进行分类。

1）按地域范围划分

房地产的不可移动性，表明其对地域性需求的依赖程度很大，这就决定了房地产市场是区域性市场。人们认识和把握房地产市场的状况，也多从地域的概念开始。因此，按地域范围对房地产市场进行划分，是房地产市场划分的主要方式。地域所包括的范围可大可小。由于房地产市场主要集中在城市化地区，所以最常见的是按城市划分，如北京市房地产市场、上海市房地产市场、深圳市房地产市场等。对于比较大的城市，其内部各区域间的房地产市场往往存在较大差异，因此常常还要按照城市的某一个具体区域划分，如深圳市特区内房地产市场、深圳市特区外宝安房地产市场、深圳市中心区房地产市场等。

从把握某一国家房地产市场状况的角度，除按城市划分外，还可以按省或自治区等所辖的地域划分，如湖南省房地产市场、辽宁省房地产市场等。当然，还可以说中国华北地区房地产市场、美国房地产市场、东南亚地区房地产市场、亚洲房地产市场、世界房地产市场等。但一般来说，房地产市场所包括的地域越大，其研究的深度就越浅，研究成果对房地产投资者的实际意义也就越小。

2）按房地产的用途和等级划分

不同类型的房地产从投资决策到规划设计、工程建设、产品功能、服务客户的类型等方面均存在较大差异，因此根据房地产用途，可将其分解为若干子市场，如居住物业市场（普通住宅市场、高档公寓市场、别墅市场等）、商业物业市场（写字楼市场、商场或店铺市场、酒店市场等）、工业物业市场（标准工业厂房市场、高新技术产业用房市场、研究与发展用房市场等）、特殊物业市场（码头、机场等）和土地市场（各种类型的用地市场）等。根据市场研究的需要，有时还可以按物业的档次或等级进一步细分，如甲级写字楼市场、乙级写字楼市场等。

3）按房地产交易形式划分

根据《中华人民共和国城市房地产管理法》的规定，房地产交易包括房地产转让、房地产抵押和房屋租赁。由于同一时期、同一地域范围内某种特定类型房地产的交易形式，均有其明显的特殊性，因此依房地产交易形式对房地产市场进行划分也就成为必然。新建成的房地产的交易，存在销售（含预售）、租赁（含预租）和抵押等子市场；存量房地产的交易，则存在租赁、转让、抵押、保险等子市场。

4）按房地产购买者的购买目的划分

房地产市场上的买家购买房地产的目的主要有自用和投资两类。自用型购买者将房地产作为一种耐用消费品，目的在于满足自身生活或生产活动对入住空间的需要，其购买行为主要受购买者自身特点、偏好等方面的影响；投资型购买者将房地产作为一种投资工具，目的在于将购入的房地产出租经营或转售，并从中获得投资收益和收回投资，其购买行为主要受房地产投资收益水平、其他类型投资工具的收益水平以及市场内使用者的需求特点、趋势和偏好的制约。按照购买者购买的目的，可以将房地产市场分为自用市场和投资市场。

5）其他划分方式

根据市场分析的特殊目的，房地产市场还有其他一些划分方式。例如，按照房地产市场的交易对象，可将房地产市场划分为土地市场、房产市场、房地产金融市场（房地产信托、住房储蓄、房地产保险、房地产证券、房地产抵押贷款、房地产融资等）和房地产中介服务市场（房地产经纪、房地产咨询和房地产评估等）。按照供货方式，可划分为现房市场和期房市场；按照法律原则，可划分为合法市场和隐性市场。

1.1.4 房地产市场的分级

根据房地产开发、销售与消费的特点，可以将房地产市场分为一级市场（土地市场）、二级市场（房地产增量市场）和三级市场（房地产存量市场）。**一级市场**是政府向开发商或其他土地使用者出让土地使用权的市场；**二级市场**是由开发商在土地上进行房屋建造并将新建成的房屋出售或出租的市场；**三级市场**是业主将自己拥有的房屋进行自用、出租和转让等活动的市场。

这三个级别的市场各有不同的特征，表1-1从市场供应方、市场需求方、市场竞争、市场价格方面总结了这三个级别的市场的特征。

表1-1 房地产各级市场的特征

分级 项目	一级市场 （土地市场）	二级市场 （房地产增量市场）	三级市场 （房地产存量市场）
市场供应方	政府	开发商或其他土地使用者	业主
市场需求方	开发商或其他土地使用者	业主	业主
市场竞争	供应方垄断供给， 需求方竞争	在特定物业类型和特定 区域内开发商垄断竞争	接近完全市场竞争
市场价格	政府主导、开发商参与	开发商主导定价	双方协定、自由议价

在一级市场上，以政府为主导，房地产经纪人较少参与市场运作，因此本书没有单独论述。房地产开发商开发的房地产商品进入流通领域，必然要有中介机构参与代理销售，这是房地产经纪人的主要业务之一，本书用较大篇幅论述其营销方法和技巧。三级市场的居间服务是房地产经纪人的又一主要业务，对这一部分的操作流程、技巧也有详细的论述。

1.2 房地产经纪与房地产市场营销

1.2.1 房地产经纪

1）房地产中介服务与经纪服务

房地产中介服务是房地产市场发展到一定程度而出现的一种特殊的行业服务。它是指在房地产投资、建设、交易、消费等各个环节中为当事人提供居间服务的经营活动，是房地产咨询、房地产估价、房地产经纪等活动的总称。房地产中介服务有两个显著的特点：委托和有偿。前者决定了要受当事人的委托，提供当事人所要求的特定服务；后者决定了房地产中介是一种服务性的经营活动。

①房地产咨询，是指为从事房地产活动的当事人提供法律、法规、政策、信息、技术等方面咨询服务的经营活动。

②房地产估价，是指为房地产测算、评定其经济价值和价格的活动。

③**房地产经纪**，是指为委托人提供房地产信息和居间服务的经营活动。

从广义上看，完整的房地产经纪业务包括：

房地产金融经纪。它统指发生在房地产活动中的各种存贷款、投资、信托、保险，以及抵押和代理发行房地产债券、股票及其交易的中介服务。

房地产市场经纪。它是指服务于房地产买卖、租赁、调换、抵押、典当、信托，以及城市土地出让、转让、出租等的居间活动或委托代理业务。

其他经纪服务。它包括房地产策划、广告、测量、会计、咨询、仲裁、估价、管理等居间服务。

从狭义上看，房地产经纪业务包括居间、代理、行纪。

所谓居间，是指经纪人向委托人报告订立合同的机会或者提供订立合同的媒介服务，撮合交易成功并向委托人收取报酬的商业行为。居间是一种买卖关系最简单、最灵活而本身承担的商业风险最小的中介活动，是经纪行业中广泛采用的一种基本形式。其特点：服务对象广泛，以自己的名义作为交易双方的媒介进行交易，并不具体代表其中任何一方，所以一般没有代为订约的权利；介入交易双方的交易活动程度较浅、较窄，服务内容较为简单，与服务对象的关系多以媒介的具体交易行为为限，时间较短暂。

代理是指经纪人在委托期限内，以委托人的名义与第三方进行交易，并由委托人直接承担相应法律责任的商业行为。其特点是经纪人和委托人之间有较长期的、稳定的委托代理关系，经纪人只能以委托人的名义开展活动，活动产生的权利与责任归委托人，经纪人只收取委托人的佣金。

行纪是指一方（行纪人）接受他方（委托人）委托，以自己的名义为他方利益，从事物品的卖出和买入等行为并收取报酬的营业行为。从形式上看，行纪与自营很相似，但是除经纪机构自己买受委托物的情况外，大多数情况下经纪机构都并未取得交易商品的所有权，它是依据委托人的委托而进行活动。行纪与代理的区别：经委托人同意，或双方事先约定，行纪人可以以低于（高于）委托人指定的价格买进（卖出），并因此而增加报酬；行纪人是以自己的名义进行民事行为的，代理人是以被代理人的名义进行民事行为的；行纪的后果直接归属于行纪人，然后由行纪人转移给委托人，代理的后果直接归属于被代理人。

【案例分析1-1】

“××华苑”开发商将楼盘分户产权证委托某中介公司代办。中介公司发现，开发商还有20多套尾房没有售出。在和开发商谈妥后，中介公司以每平方米4 000元的价格买下来并向开发商交纳了每套2万元的定金，并约定30天内办妥银行按揭或者付清全部房款，否则开发商有权收回房屋且定金不予退还。随后中介机构马上发布消息，对外以每平方米4 500元的价格进行销售。由于价格优势和广告的作用，20多套尾房不到一周售完，在付清开发商每平方米4 000元的底价和每平方米300元的相关税费之后，中介机构赚取了不菲的利润。

分析：中介机构给开发商代办产权证属于简单的代理行为，但是把尾房以自己的名义销售则是属于行纪行为了。当然，如果中介机构不以自己的名义买下全部尾房，则售房行为也仅为销售代理行为。行纪行为中，中介机构的风险、利润、主动权都比代理行为中的大。

2）房地产经纪活动的作用

房地产经纪活动的作用主要体现在：拓宽了房地产流通渠道；为房地产市场提供信息、反馈信息；为房地产市场注入了竞争机制。

3）房地产经纪人及其执业管理

房地产经纪人是指处于房地产买方和卖方之间的具有自然人的权利能力和行为能力或者法人资格，能够独立行使代理职能的代理中间商。

房地产经纪人的执业管理，主要包括资质审查和行为规范两个方面。

房地产经纪人的资质，是指正常参与市场中介活动的必备资格和基本素质。我国的房地产经纪人的资质标准和审查内容，应当包括以下方面：

①具有多方面的专业知识和经营能力。例如，具有正确评估房地产数量、质量、售价、租金、折旧以及保险、纳税、抵押、信贷等经济学知识；具有正确处理房地产买卖、租赁、析产、继承、过户登记等法律法规方面的知识；具有城市土地开发、房屋维修、拆

建、重建、回迁等规划、建筑和物业管理方面的知识；具有其他如社会学、环境保护、基础设施等方面的知识；具有较强的信息搜集、储存、传播的能力，公关能力，营销能力和基本的房地产测绘能力等。

②具有明确的经营范围和相对固定的经营场所。

③具有良好的职业形象和职业道德，必须具备热情、诚实、守法、守信等基本的道德素质。

④具有正当的身份和从业目的。

房地产经纪人的行为规范，是指在其进入市场之后，必须按照政府主管部门制定的行为规范从事经营活动，包括以下方面：

①房地产经纪人在经纪活动中，必须严格遵守法律法规和行业管理的各项规定，坚持公开、公平、公正的原则，信守职业道德。

②房地产经纪人有权依法发起设立或加入房地产经纪机构，经所在机构授权订立房地产经纪合同等重要业务文书，执行房地产经纪业务并获得合理佣金。

③在进行房地产经纪业务时，房地产经纪人有权要求委托人提供与交易有关的资料，支付因开展房地产经纪活动而发生的成本费用，并有权拒绝执行委托人发出的违法指令。

④房地产经纪人和房地产经纪人协理经注册后，只能受聘于一个经纪机构，并以房地产经纪机构的名义从事经纪活动。

⑤房地产经纪人必须利用专业知识和职业经验处理房地产交易中的细节问题，向委托人披露相关信息，诚实守信、恪守合同，完成委托业务，并为委托人保守商业秘密，充分保障委托人的权益等。

【案例分析1-2】

张小姐看中了一套二手房。签约时，房主并未到场，仅有房屋居住人赵某持房产证复印件和房主的授权委托书出现，张小姐对此提出质疑。中介公司为促成交易，向张小姐解释说没有问题，只要有授权委托书即可安全交易。之后张小姐向赵某支付定金10万元，赵某从此一去不复返。经查，赵某系房屋承租人，租期即将届满，其伪造授权委托书意在骗取购房款，中介公司未亲见房主亲笔书写授权委托书即力促张小姐与赵某交易，未尽合理审查义务。

分析：中介公司为了促成交易，没有尽到审核产权人授权委托书真伪的义务，难脱干系。如有证据证明中介公司或其工作人员与赵某串通，则涉嫌诈骗，需要承担刑事责任。所以，在工作中，中介公司要严格遵守操作程序和管理规定（比如要赵某持有房东的委托公证书），中介人员要有基本的职业操守和法律常识，避免害人害己。

资料来源 佚名. 房屋中介扰乱二手房市场引起纠纷［EB/OL］.［2020-07-27］. http://china.findlaw.cn/fangdichan/fcjfal/rsfmmal/174357.html. 节选.

1.2.2 房地产市场营销的内涵

房地产市场营销，狭义上是指将房地产从房地产开发企业手中引导到消费者或用户手中的活动；广义上是指房地产开发企业或代理商为了实现经营目标，对房地产的规划构思、定价、促销和分销的计划与执行过程。

由此可见，房地产市场营销就是房地产开发企业或代理商开展的具有创造性的、适应动态变化的房地产市场活动，以及由此形成的商品、服务和信息从企业流向房地产购买者的社会管理过程。其实质是房地产企业以消费者对房地产商品的需求为出发点，通过提供住宅、办公楼、商业楼以及厂房、仓库等和与此相关的服务来满足消费者的生产或生活、物质或精神的各种需求，并取得利润的过程。

房地产市场营销有以下几层含义：

①房地产市场营销的目的是满足消费者对房地产商品和与此相关的服务的需求。

②房地产市场需求既包括现实需求又包括潜在需求，更多的时候，房地产市场营销的成功与否取决于能否有效地将潜在需求转化为现实需求。

③房地产市场营销不仅是推销，还是围绕着交换展开的房地产价值的实现过程。

④房地产市场营销是贯穿于房地产开发全过程的价值营销过程，房地产市场营销的前期策划阶段就是创造价值的过程，营销推广是实现价值的过程，而售后服务就是维护客户关系和提升价值的过程。

⑤房地产市场营销手段是以企业内外部市场营销为主体的营销活动。

1.2.3　房地产市场营销活动

1）房地产市场营销活动的特征

对一般耐用消费品，市场营销活动在产品制造出来之后才开始介入，而由于房屋具有高价值性和相对稀缺性，房地产市场营销活动则从产品规划与设计阶段就开始介入。这是房地产市场营销活动不同于其他耐用消费品市场营销活动的最显著的地方。

同时，房地产二级市场和三级市场营销具有不同的特征（见表1-2）。

表1-2　**房地产二级市场和三级市场营销的不同特征**

项目＼分级	房地产二级市场	房地产三级市场
产品	增量房地产	存量房地产
价格	开发商主导定价	交易双方协定定价
促销	较多使用广告、包装、价格等促销手段	较少使用促销手段
分销	较少使用分销渠道	多种分销形式，如连锁加盟、中介合作、客户网络、多重代理等

2）房地产经纪人在市场营销活动中的参与

在二级市场上，房地产市场营销活动主要分为项目取得与地块研究、产品规划与设计、项目策划与销售三个阶段。

项目取得与地块研究在开发商获得土地之前和获得土地之后都需要进行，如果在获得土地之前进行，则属于一级市场的活动内容；如果在获得土地之后进行，则属于二级市场的活动内容。项目取得与地块研究阶段的工作包括项目可行性研究、投资决策、城市规划和地块研究等，房地产经纪人在其中主要起到提供信息和研究成果的作用，本书对此不做详细介绍。

房地产经纪人一般从产品规划与设计阶段开始介入。产品规划与设计阶段的工作包括项目的市场定位（简称项目定位）、物业产品开发建议和工程施工与监理建议等。项目的市场定位的内容有产品定位、客户定位和形象定位等。物业产品开发建议指的是从市场角度对产品设计提出的要求，是市场需求和产品规划设计的桥梁，一般包括户型、功能等内容。房地产经纪人一般不参与工程施工与监理的工作，但应就施工和销售现场的协调提出建议，以保证销售效果。

项目策划与销售阶段的工作内容包括项目定价、项目市场推广和项目销售。在项目定价中，房地产经纪人需要制定价目表、确定价格策略并在销售中根据实际情况进行价格调整。项目市场推广阶段的工作有卖点挖掘、市场推广费用分析和市场推广组织。在项目销售中，房地产经纪人应制订销售方案、细化销售流程、控制销售过程并进行相应的促销工作。

在三级市场上，交易双方需要花费很多时间、精力去谈判，达成协议。由于房地产的复杂性，房地产经纪人的居间撮合有助于交易双方明晰各自的权益，从而极大地降低交易风险，提高效率，降低交易成本。房地产经纪人在三级市场上主要从事房地产转让、房地产租赁和其他房地产居间业务。在房地产转让业务中，房地产经纪人的工作主要有寻找房源、市场推广、居间撮合和过户办证等；在房地产租赁业务中，房地产经纪人同样需要寻找房源，进行市场推广和居间撮合等活动。除了房地产租赁和转让，房地产经纪人在三级市场上的业务还包括其他项目转让、土地使用权转让、代办服务和投资顾问等。

从以上可以看出，房地产市场营销活动贯穿整个房地产开发和流通过程，比一般产品市场营销活动更加复杂，房地产经纪人既需要牢固的专业知识基础，更需要丰富的实践经验的积累。随着房地产市场实践的发展，房地产经纪人的活动空间将会越来越大。

本章小结

本章介绍了房地产市场、房地产市场营销和房地产经纪等基本知识，房地产市场的特征是由房地产本身的不可移动性等特性决定的，这个特征也决定了房地产市场营销活动与一般耐用消费品市场营销活动的不同，也正因如此，房地产经纪业务才有发展的空间。

房地产经纪的内容在本书第八章还有介绍，本章只是介绍了它的意义和与房地产市场营销活动的关系。价值创造、实现和提升是房地产市场营销的真正内涵。

关键概念

房地产市场　一级市场　二级市场　三级市场　房地产经纪　房地产市场营销

基础知识练习

△ 选择题

1）（　　）划分是最常见的按地域范围对房地产市场进行的划分。

A.按国家　　B.按区域　　C.按城市　　D.按省份

2）新开发的商品房销售，是房地产（　　）市场行为。

A.一级　　B.二级　　C.三级　　D.投资

3）商品房、准商品房、公有房屋租售交易市场的分类是按（　　）划分的。

A.房地产购买者目的　　B.房地产交易形式

C.房地产的用途和等级　　D.房地产交易对象

4）下列属于房地产产品营销价值创造阶段的是（ ）。

A.现场推广　B.策划　C.物业管理　D.售后服务

△ 简答题

1）房地产市场的概念是什么？

2）房地产市场的分类有哪些？

3）房地产市场如何分级？

4）不同的房地产市场的特征有哪些？

5）房地产经纪人的资质标准和行为规范有哪些？

6）房地产市场营销的概念是什么？

7）“房住不炒”政策对我国房地产业的影响有哪些？

实践操作训练

△ 案例题

客户徐某通过某房地产经纪公司从唐某手中购买一套二手房。徐某、唐某、经纪公司三方签订了房屋买卖居间合同，合同中特别标注了该套房产的成交价格及相关税费。后在执行过户手续时发现，由于当初该经纪公司计算有误，合同中标注的价格少于税务机关制定的最低计税价格，致使税费少计9 000余元，所以无法按照合同约定的价格办理过户手续。经纪公司进行原因分析时发现，造成投诉案例发生的主要原因是公司在工作程序中存在着脱节并缺少监管。经纪人负责签订房屋买卖居间合同，但经纪人并不熟悉过户的相关要求，因为过户手续是由公司的其他部门负责，而且合同在生效之前缺少公司相关部门的审核。

问题：经纪人应该如何避免类似事情发生？经纪人的专业知识与经验在经纪中的作用有哪些？

第2章

房地产市场调查

学习目标

通过本章的学习，了解房地产市场调查的作用、原则和特点；熟悉房地产市场调查问卷的设计、房地产市场调查结果的各种分析技巧；掌握房地产市场调查的内容设计、房地产市场调查结果分析和调查报告的撰写。

引 例

消费者购买房屋的潜力调研分类

某房地产公司需要调研消费者购买房屋的潜力，特别要了解中低收入的消费者购房的欲望，以使企业把握机遇，做好投资的准备。现根据收入与年龄对消费者进行分类，收入的标准划定为高、中、低档，年龄根据中国国情划定为26岁以下、27～35岁、36～55岁和56岁以上，调研人数为300人，在对每个标准分配不同比例后，得出每个类别的样本数，详见表2-1。

表2-1　房地产调研分类样本数

年收入 \ 比例 \ 年龄		26岁以下	27～35岁	36～55岁	56岁以上	合计
		15%	30%	30%	25%	100%
5万元以下	20%	9	18	18	15	60
5万～10万元	40%	18	36	36	30	120
10万～20万元	30%	13	27	27	23	90
20万元以上	10%	5	9	9	7	30
合计	100%	45	90	90	75	300

无论是房地产项目可行性研究工作，还是房地产项目营销策划工作，都需要先了解市场竞争情况，了解消费者的需求与偏好等，而这些需要大量的市场数据等资料。没有详尽的市场数据等资料，开发出的房地产产品可能会不被市场接受，房地产产品价格失去支点，楼盘销售措施也会无的放矢，因此房地产市场调查位于项目运作各项工作之首。

2.1 房地产市场调查概述

2.1.1　房地产市场调查的含义

房地产市场调查是利用某种调查方法，系统地搜集有关市场、商品、顾客行为、销售等方面的数据等资料并加以整理，以识别、定义市场机会和可能出现的问题，制定、优化营销组合并评估其效果。

房地产市场调查的作用有：

①房地产市场调查是企业进行经营决策和市场预测的必要前提。

②房地产市场调查是改善企业经营管理，提高房地产产品竞争力的必要途径。

③房地产市场调查是企业进行竞争的必要手段。

2.1.2　房地产市场调查的原则

房地产市场调查的原则有：

1）计划性原则

房地产市场调查是一项复杂而细致的工作，而且面广量大，所以在市场调查过程中必须有周密的计划，建立一套科学系统的程序，以围绕主题、分清主次、突出重点、统筹安排、严密组织。

2）及时性原则

由于房地产市场同其他商品市场一样是瞬息万变的，不及时调查发现问题，并做出适当决策，就会错失良机，失去市场，甚至亏损或破产，因此必须坚持房地产市场调查的及时性。

3）准确性原则

调查资料必须真实、准确地反映客观实际。资料的准确与可靠是房地产市场调查的核心。因为只有掌握客观真实的情况，才能做出正确有效的决策。因此，在房地产市场调查中，必须保持资料的准确性，客观如实地反映房地产市场情况，同时要对房地产市场情报进行鉴别和评价，去伪存真，做到准确可靠。

4）系统性原则

对房地产市场调查所取得的信息资料要认真整理，合并分类，做到条理化、系统化和经常化，这样才能对市场情况做出比较准确、全面的判断，克服片面性。

5）针对性原则

房地产市场调查是为经营决策服务的，这就要求调查一定要从实际需要出发，并且确保有的放矢和有针对性进行。

6）经济效益原则

经济效益原则即用最少的费用取得最佳的调查效果。因为调查的目的是减少消耗，提高效益，避免经营的盲目性，所以在房地产市场调查过程中，要体现这一原则，即采用科学的调查方法，以减少调查费用。

2.2 房地产市场调查的一般内容

房地产市场调查的内容可以分为两大方面：宏观环境和微观环境。

2.2.1 宏观环境

宏观环境就是指宏观影响因素。房地产市场的宏观环境包括：

1）经济环境

（1）国民经济增长和就业

国民经济呈周期性发展，国民经济增长直接影响国民就业。在我国，国民经济每增长一个百分点就关系到上百万人的就业。

（2）居民家庭收入

收入是影响居民购买房地产的直接因素，因此房地产市场调查必须搜集居民收入的有关资料。对居民收入应从三个方面进行分析：第一，居民平均收入水平。房地产是几十万元甚至更高的商品，没有相应的收入水平，是难以加入购房者队伍的。根据国外经验，当家庭年收入相当于房地产总价的1/5时，即具备了购买房地产的能力。第二，收入差距。收入差距是反映居民收入真实水平的重要指标，在收入总量不变的情况下，收入差距越大，意味着现有的收入集中度越高，即少部分人拥有了大部分收入。收入差距对房地产购买市场需求的影响是十分强烈的：一方面在总收入偏低的情况下，收入差距太小，即大家收入都很低，则大家都无力买房，因此收入有一定差距，对促进房地产这样高价格的商品销售是有利的；但另一方面，收入差距不能过大，收入过度集中在少部分人手中，绝大部分人的家庭无力购买房地产，市场必然萎缩。第三，预期收入和预期支出。市场经济条件下，居民未来的就业、收入都是不确定的，要受国家经济和行业经济的影响。住房、医疗、教育制度已经改革，城镇居民预期支出增加。同时收入水平直接决定着居民的消费结构发展，消费结构层次的高低表现为恩格尔系数的大小，即食品支出占总消费支出的比例大小。吃饭和穿衣是最基本的消费，只有吃得好、穿得好以后，人们才可能向住得好发展。收入提高并不一定买房子，只有消费达到一定水平，住房才有可能进入人们的购买计划。消费结构发展也应该是房地产市场调查的重要内容。

（3）有关金融财税政策

房地产属于大规模的投资品，购买房地产需要大量资金，住房贷款能提前使消费者购买房地产，但利率水平的高低直接影响着消费者购房的积极性。房地产属于财产，因此是征税的对象，同时政府运用税收手段积极调节房地产供求。目前，对房地产购买决策影响重大的有关税种主要是增值税、所得税、财产税和遗产税4种。

2）人口环境

一定量的人口是市场营销活动的基础。人口与房地产市场紧密相连，人口和家庭的数量及其增长直接影响房地产的需求，人口结构尤其是年龄结构往往决定着房地产市场的产品结构和产品需求类型。

3）政治法律环境

房地产市场营销在很大程度上受到政治和法律因素的影响与制约，包括：国家法律、法规的健全与完善程度；国家政局的稳定程度；国家、省、市有关房地产开发经营的方针政策；有关房地产开发经营的法律规定；有关城市建设规划、城市发展战略等。

4）自然环境和文化环境

我国幅员辽阔，各地气候不同，自然条件应属房地产市场调查的范围。例如，东北地区和有些南方地区的卧室设计得都比较小，东北地区卧室小是为了节省保暖用的燃料，有些南方地区卧室小是因为有些南方人衣着、被褥比较单薄。而上海的卧室不宜设计得过小，因为上海四季比较分明，卧室内需放衣柜，以备更换衣物。

文化是人类需要和欲望的最基本的决定因素，也是影响消费者行为最广泛的环境因素。文化背景影响着消费者的购买目标、购买方式。这里所说的文化背景主要是指一个国家、地区或民族的传统文化，如风俗习惯、伦理道德观念、价值观念等。人们在不同的社会文化背景下成长和生活，各有其不同的观念和信仰。文化环境包含的范围很广泛，主要涉及：

①教育程度和职业。这与消费者的收入、社交、居住环境及消费习惯均有密切的关联性。从消费习惯来看，通常受教育程度越高的消费者购买时的理性程度越高，他们对房屋的设计方案、房间大小与分隔、功能与环境等要求与一般人不尽相同。

②家庭单位与人数。现代家庭是社会的细胞，也是商品房购买的主体，单位家庭的平均人数不断下降，小家庭越来越多，房屋市场需求量越来越大，为房地产业的发展带来了机遇。

③价值观念。在特定的社会中，人们抱有许多持久不变的核心信仰和价值观。

5）房地产供求状况

房地产的需求方面，房地产企业需要掌握：

①居民家庭人均居住面积。通过人均居住面积可以了解房地产的未来需求量。人均居住面积越低，市场潜在需求量越大；反之，则越小。

②大多数居民表示愿意接受的房价。如有调查显示，在某二线城市多数居民可能接受的价格是每平方米12 000元。房地产价格层次，即各类房地产的价格，是企业定价的重要依据。

③销售情况比较好的房地产产品，即市场上比较受欢迎的房地产种类和房型。

房地产的供应方面，房地产企业需要掌握：

①可供销售面积。这主要包括：房地产总的可供销售面积（建筑面积）、存量可供销售面积、今年新增销售面积、销售面积增长率；各类房地产的可供销售面积、存量可供销售面积、今年新增销售面积、销售面积增长率。

②房地产销售情况。这主要包括：近年的房地产销售情况，去年和今年的房地产销售率，即实际销售面积占可销售面积的比例，以及销售面积增长率（与同期比）；空置房地产面积及房地产空置率，各类房地产的销售情况和空置状况。

③今年房地产新开工楼盘数、新开工项目总建筑面积。

④房地产建筑的设计、材料，高新技术在房地产建设中的利用，如目前的宽带接入、智能化楼宇系统等。

2.2.2 微观环境

微观环境即区域环境，是房地产的一个组成部分，而且是起决定性作用的部分。同样的建筑耸立在不同的区域（地方），其品位和价值可能有天壤之别。因此，房地产市场调查的区域调查部分实际上是产品的自身调查，它比宏观环境调查更具针对性，更有实用价值。

1）软环境

（1）历史沉淀

城市的格局通常是历史形成的，城市内不同区域的不同历史背景对区域内房地产价值产生强烈的影响。

(2) 区域基本特征

房地产的市场调查要通过调查和分析了解项目开发区域的基本特征。例如，此地是市中心还是湖滨风景区，是商业中心区或临近商业中心区还是高等学府集中区，是经济开发区还是城乡接合部或郊区等。

(3) 卫生、治安、环保等

人们都希望生活在安静、祥和的环境中，一些住宅小区内部环境建设得非常幽静、优美，但周围环境十分杂乱。环境污染已经引起人们的高度重视，因为被污染的环境直接威胁人们的生命安全。拟开发的小区附近是否有尚未治理的臭水沟，是否有产生废水、废气、噪声的工业企业，这些将影响购房者的购买信心，必须做好这方面的调查。

2) 硬环境

(1) 交通状况

出行交通是否便利是影响房地产价格的因素之一。交通是否便利就是指房地产离车站距离的远近，如住房附近有几个公交车站，是否在地铁站附近等。房地产市场调查必须调查清楚项目开发区域的交通状况，包括公交站点、地铁站等有多少，具体的距离长度（多少米）。这些资料不仅对投资决策是必不可少的，而且对于未来项目的销售推广极为重要。

(2) 学校、商店和医院等市政配套设施

是否有供子女上学的理想的学校往往是购房者决策时考虑的重要因素之一。开发商成片开发时投资建设学校，以吸引购房者，这方面调查需要相当详细。商业网点对房地产开发也相当重要。人们衣、食、住、行等都离不开商业网点。市场调查必须包括开发项目附近的各种商业网点配套情况，在商业网点缺少的情况下，可以预留沿街房屋用于招商。医院对老年人是至关重要的，但医院的建立是比较困难的。房地产市场调查必须了解项目周边医院配置情况，包括周边医院的等级，是否有老年护理医院，医院与开发项目的距离有多远等，如果医院配置不够满意，还需到有关街道调查投资兴办低层次医疗机构的可能性。

(3) 规划前景

城市规划涉及开发项目环境的未来变化。规划是十分重要的，因为未来环境变化可能使项目升值，也可能使项目贬值。

3) 竞争态势

(1) 区域房地产供求平衡的总体情况

区域内是否有已建成而尚未售完的房地产？是否有在建尚未竣工的楼宇？包括已经立项和还未立项的地盘，是否有尚未开发但不久将要开发的地盘？现在已经可供销售包括预售的总建筑面积为多少？以后两三年内陆续增加的可供销售面积是多少？待本项目进入销售时，区域内房地产销售总面积将为多少？

(2) 区域内产品近远期的组合供应量

各类房地产的供应量，包括多层建筑、高层建筑（包括高层小区）、小高层、花园别墅以及商务用楼等；各类可供销售房地产目前的总建筑面积，已开工今后将推出销售的面积，规划已立项的建筑面积等；主力房地产类型，即占最大比例的房地产的建筑是什么，总建筑面积多少，拟开发的房地产是否属于本区域的主力房地产类型，是否存在建筑类型上的空白可以填补，或者是否存在某种类型房地产供应偏少的现象。

同时，要了解房型配比情况，具体包括：本区域开发、销售的房地产的各种房型，如两室一厅一卫、两室一厅两卫、三室一厅一卫、三室两厅两卫、四室户、五室户、复式住宅等的配比情况；商用楼是固定格局商住楼还是自由分割的纯粹办公楼，目前和近远期的供应量各为多少。

（3）房地产销售情况

这包括：各类房地产的销售比例情况，哪些类型的房地产销售增长情况好，哪些不理想。空置房地产的情况，空置的主要是什么类型的房地产。销售反映的是需求状况，通过对区域内房地产的销售情况调查，应该掌握本区域房地产需求是否旺盛，各类房地产的需求情况，主力销售的房地产是什么类型，即哪种建筑、房型、楼层、价位的房地产需求量最大。

（4）房地产价格情况

经过调查应该了解本区域的基本价位情况，具体包括：各类房地产的价格水平，哪些房地产价格偏高了，哪些房地产价格比较合理，哪些房地产价格偏低（主要是为了促销）。经过测算应该了解本区域已经销售房地产的利润率大致是多少。市场调查还必须包括对区域内房地产公司采用的定价策略的调查，应该了解哪些策略是成功的，哪些策略没有收到应有的效果。价格调查是确定未来本企业所开发的房地产价格的重要依据。

（5）租赁分析

这包括出租率、类型、房型、租金等。商务楼盘是主要用于租赁经营的房地产，因此对于这些楼盘来说，出租率的高低是至关重要的。我国的一些大城市已出现高收入者多次购买住宅的现象。高收入者拥有两三处，甚至更多处的住宅已经不是个别现象。购买房地产已成为一种重要的投资手段。我国的大城市如京、津、沪及一些省会城市，是全省、地区乃至全国的经济中心，一些国内外大企业汇集在这里，来自国内外的常驻工作人员比较多，这就促进了大城市租赁市场的繁荣。由于一些房地产购买者的购买目的就是为了出租以获取收益，所以在房地产市场调查中，租赁调查分析就成了一个重要部分。租赁调查包括：开发项目区域是否存在租赁需求；这种需求是否旺盛；房客的来源是什么；国内外房客的比例；租金水平如何；周围各种建筑、各种档次楼盘租金水平的高低（与城市其他区域比较）；受欢迎的或者出租率比较高的建筑、楼层、房型等是什么；主要竞争对手是谁。

2.3 房地产市场调查方法和调查问卷设计

2.3.1 市场调查方法

1）按照调查的侧重点划分

定性调查和定量调查是市场调查的一个重要分类，从词义上不难看出二者的侧重点所在：定性调查重点在于“性质”，而定量调查重点在于“数量”。在市场调查的实际操作中，定量与定性调查及其信息具有互补性，一项特定的市场营销决策可能要求两种方法的共同应用。

2）按照选择调查对象方式划分

（1）全面普查

全面普查是指对调查对象总体所包含的全部单位进行调查。对房地产市场在售项目的户型结构、面积进行全面普查，可获得全面的数据，正确反映客观实际，效果较好。如果对一个城市的人口、年龄、家庭结构、职业、收入情况进行系统的调查了解，对房地产开发将是十分有利的。但由于全面普查工作量很大，要耗费大量的人力、物力、财力，调查周期又较长，一般只在较小范围内采用。

（2）重点调查

重点调查是以有代表性的区位或消费者作为调查对象，进而推导出一般结论。采用这种调查方式，由于被调查对象的数目不多，企业可以用较少的人力、物力、财力，在较短时间内完成。如调查高档住宅需求情况，可选择一些购买大户作为调查对象，这些大户对住宅面积、住宅功能等的需求量占整个高档商品住宅需求量的绝大多数，从而可推断出整个市场对高档住宅的需求情况。

3）按照抽样方法划分

（1）随机抽样

随机抽样在市场调查中占有重要地位，在实际工作中应用也很广泛。随机抽样最主要的特征是从母体中任意抽取样本，每个样本有相等的被选择的机会，这样事件发生的概率是相等的。因此可以根据调查样本来推断母体的情况。它又可以分为三种：简单随机抽样、分层随机抽样和分群随机抽样。

（2）非随机抽样

非随机抽样是指市场调查人员在选取样本时并不是随机选取，而是先确定某个标准，然后选取样本，这样每个样本被选择的机会并不是相等的。非随机抽样也可以分为三种：就便非随机抽样、判断非随机抽样、配额非随机抽样。

4）按照调查方法划分

（1）访问法

访问法又可以分为：

①问卷访问法。这是一般耐用消费品最常用的市场调查方法。通过科学设计调查表及问卷，有效地运用访问技巧来达到调查的目的。

②**实地调查法**。这是房地产市场调查最常用的调查方法，是指到楼盘或现场，明确调查目的，按需要调查的要素展开调查，描述房地产实际状况和采集相关信息。

③座谈会。按照抽样原则，召集符合要求的人员，包括相关产品建筑、销售、使用人员，潜在消费者，由调查员主持，以座谈会的形式来实现调查目的。通常每场座谈会人数在8人左右，可通过座谈会讨论产生新的思路，但是被访问者的思路容易互相影响。

④深度访谈。深度访谈通常采用一对一的方式，对被访者展开深入的挖掘，让被访者自由表现，以便把真实的感受、动机挖掘出来，在深度访谈过程中，通常是用录像机记录而不是用纸记录。

⑤电话调查。这种方法是市场调查人员借助电话来了解消费者意见的一种方法，如定期询问重点住户对房产的设计、设备、功能、环境、质量、服务的感觉如何，有什么想法，并请他们提出一些改进措施等。

目前，随着互联网的日益发展，通过网络进行调查逐渐成为一种重要的调查方法。

（2）观察法

这种方法是指调查人员不与被调查者正面接触，而是在旁边观察。这样做使得被调查者没有压力，表现得自然，因此调查效果也较理想。观察法有三种形式：

①实地观察法。公司派人到现场对调查对象进行观察。例如，可派人到房地产中介机构或售楼处观察消费者选购房产的行为和要求，调查消费者对本公司的信赖程度。

②实际痕迹测量法。调查人员不是亲自观察购买者的行为，而是观察行为发生后的痕迹。例如，要比较在不同报纸杂志上刊登广告的效果，可在广告下面附一个回执单，请顾客剪下来寄回，根据这些回执单，便可以知道在哪一家报纸杂志上刊登广告的效果较好。

③行为记录法。在取得被调查者同意之后，调查人员用一定装置记录调查对象的其一行为。例如，在某些家庭电视机里装上一个监听器，可以记录电视机什么时候开、什么时候关，收看了哪些台、各收看了多长时间等。这样，可以帮助营销管理人员决定在哪一家电视台、在什么时间播放广告效果最好。

调查人员采用观察法，主要是为了获得那些被观察者不愿或不能提供的信息。有些购买者不愿透露其某些方面的行为，通过观察法便可以较容易地了解到。但观察法只能观察事物的表面现象，不能得到另外一些信息，如人们的感情、态度、行为动机等，因此调查人员通常将观察法与其他方法组合起来使用。

（3）实验法

实验法是指将调查范围缩小到一个比较小的规模，进行实验后得出一定结果，然后推断出样本总体可能的结果。例如，调查广告效果时，可选定一些消费者作为调查对象，对他们进行广告宣传，然后根据接受的效果来改进广告词语、声音等。实验法是研究因果关系的一种重要方法，例如，研究广告对销售的影响，在其他因素不变的情况下销售量增加，就可以看成完全是广告的影响造成的。当然，市场情况受多种因素影响，在实验期间，消费者的偏好、竞争者的策略，都可能有所改变，从而影响实验的结果。虽然如此，实验法对于研究因果关系能提供使用访问法和观察法所无法得到的材料，其运用范围较为广泛。

2.3.2 房地产市场调查的常用方法

房地产市场调查是通过准确地了解和把握市场供求等情况来发挥作用的。准确性是市场调查的第一要求，这个要求就使得市场调查从描述调查问题开始，到调查方式的选择，到具体的调查过程和最后的分析都需要非常讲究。

在具体的调查方法的选取方面，房地产市场调查需要根据不同的阶段（见表2-2）和内容，采用不同的调查方法。例如，在一般市场调查中，问卷访问法是普遍采用的重要方法之一；在房地产市场调查活动中，由于问卷访问需要甄别的难度较大，且被访问人员的不愿配合等问题，问卷访问法只作为辅助手段，实地调查法是重要且广泛采用的方法。

表2-2 各阶段市场调查常用方法

调查阶段	项目定位阶段	市场推广阶段	销售阶段	三级市场
市场调查常用方法	实地调查法 座谈会	实地调查法 座谈会 二手资料调查	实地调查法 座谈会 成交客户问卷调查	实地调查法 二手资料调查

2.3.3 调查问卷设计

一个成功的问卷设计应该具备两个功能：一是将所要调查的问题明确地传达给被调查者；二是设法与对方合作，最终取得真实、准确的答案。但在实际调查中，由于被调查者的个性不同，文化程度、理解能力、道德标准、生活习惯、职业、家庭背景等都有较大差异，加上调查者本身的专业知识和技能高低不同，这都将会给调查带来困难，并影响调查的结果，具体表现为以下几个方面：

①被调查者不了解或误解问句的含义，不是无法回答就是答非所问；

②被调查者虽了解问句的含义，但是记不清正确的答案；

③被调查者了解问句的含义，也具备回答的条件，但不愿意回答，即拒答；

④被调查者愿意回答，但无能力回答，如回答者不善于表达自己的意见等。

所以，问卷设计是否科学，直接影响到市场调查的成功与否。

1）问卷设计的原则

（1）目的性原则

要求在问卷设计时重点突出，避免可有可无的问题，并把主题分解为更详细的题目，即把它分别做成具体的询问形式供被调查者回答。

（2）简明性原则

简明性原则主要体现在以下三个方面：调查内容要简明；调查时间要简短，问题和问卷都不宜过长，一般问卷时间应控制在三十分钟左右；问卷设计的形式要简明易懂、易回答。

（3）可接受性原则

应在问卷说明词中，将调查目的明确告诉被调查者，让对方知道该项调查的意义和自身回答对整个调查结果的重要性。问卷说明要亲切、温和，切忌低俗；提问部分要自然、有礼貌和有适度的趣味性，应适合被调查群体的身份、水平等。例如国外对儿童进行市场调查的问卷，有的就采用漫画的形式。另外，必要时可采用一些物质鼓励，并替被调查者保密，最终使被调查者能自愿参与，认真填好问卷。

（4）顺序性原则

顺序性原则是指在设计问卷时，要讲究问题的排列顺序，使其条理清楚、顺理成章，以加强回答问题的效果。问卷中的问题一般可按下列顺序排列：最初的提问应当是被调查者容易回答且较为关心的内容；提问的内容应从简单逐步向复杂深化，容易回答的问题放在前面；对相关联的内容应进行系统的整理，使被调查者不断增加兴趣；作为调查核心的重要问题应在前面提问；专业性强、具体细致的问题应尽量放在后面；敏感性的问题也应该尽量放在后面；封闭式的问题放在前面，开放式问题放在后面。

2）调查问卷的一般结构

（1）问卷标题

问卷标题即概括说明调查研究的主题，使被调查者对所要回答什么方面的问题有一个大致的了解。确定标题应简明扼要，易于引起被调查者的兴趣，例如“木地板消费状况调查”“居民住房状况调查”等。

（2）问卷说明

问卷说明常常以简短的书信形式出现，旨在向被调查者说明调查的目的和意义。对自填式问卷还有填表须知，交表时间、地点及其他事项说明等。问卷说明一般放在问卷开头，通过它可以使被调查者了解调查目的和意义，消除顾虑，并按要求填写问卷。问卷说明可采取两种方式：一是比较简洁、开门见山的方式；二是在问卷说明中进行一定的宣传，以引起被调查者对问卷的重视。

（3）被调查者基本情况

被调查者基本情况是指被调查者的一些主要特征，即背景资料。例如，在消费者调查中，消费者的性别、年龄、民族、家庭人口、婚姻状况、文化程度、职业、单位、收入、所在地区等。通过这些项目，便于调查人员对调查资料进行统计、分组和分析。

（4）调查主题内容

调查主题内容即研究者所要了解的基本内容，也是调查问卷中最重要的部分。它主要是以提问的形式提供给被调查者，这部分内容设计的质量直接影响整个调查的价值。调查主题内容主要包括以下几个方面：对人们的行为进行调查，包括对被调查者本人行为进行了解或通过被调查者了解他人的行为；对人们的行为后果进行调查；对人们的态度、意见、感觉、偏好等进行调查。

（5）编码

编码是将问卷中的调查项目编成代码数字的工作过程，大多数市场调查问卷均需加以编码，以便分类整理，易于进行计算机处理和统计分析。

（6）作业证明的记载

在调查问卷中，常需附上调查人员的姓名、访问日期和时间等，以记载调查人员完成任务的情况。如有必要，还应写上被调查者的姓名、单位或家庭住址、电话等。

3）调查问卷的提问形式

调查问卷的提问形式主要有两类：封闭式提问和开放式提问。

（1）封闭式提问

封闭式提问是指事先已设计出了问题的各种可能的答案，被调查者只要或只能从中选择一个或几个现成答案的提问方式。这种提问方式便于统计，但回答的伸缩性较小。

①两项选择法，即提出一个问题，仅有两个答案可供选择，而且这两个答案是对立互斥的，非此即彼，被调查者只能在两者中选择一个做出回答。

例如：

请问您需要停车位吗？

A.需要（　　）　B.不需要（　　）

②多项选择法，即提出一个问题，给出两个以上的答案，被调查者可从中任选一项或几项作为回答。

例如：

请问您希望的住房状况是：

A.一般装修（　　）　B.豪华装修（　　）　C.带家具（　　）　D.带电器（　　）
E.有宽带网络（　　）

又如：

您希望住房属于什么建筑类型？

A.别墅（　　）　B.多层不带电梯（　　）　C.多层带电梯（　　）

D.小高层（ ）　　　　E.高层（ ）

一般来说，多项选择法给出的答案不要超过八个，否则会使被调查者感到无从选择或产生厌烦。

③程度评定法，即对提出的问题，给出程度不同的答案，被调查者从中选择同意的一个做出回答。

例如：

在购买商品房时，您认为品牌的重要性如何？

A.很重要（ ）　B.较重要（ ）　C.一般（ ）　D.不太重要（ ）

E.很不重要（ ）

④语意差别法，即列出两个语意相反的词，让被调查者做出一个选择。

例如：

请问您对××花园小区的看法如何？（每对选项只选一个）

A.建筑风格新颖（ ）　B.建筑风格陈旧（ ）

A.品位高（ ）　B.品位低（ ）

A.户型设计合理（ ）　B.户型设计不合理（ ）

A.价格合理（ ）　B.价格偏高（ ）

（2）开放式提问

开放式提问是指对所提出的问题，回答没有限制，被调查者可以根据自己的情况自由回答。此种提问方式，答案不唯一，不易统计，不易分析。

①自由式，即被调查者可以不受任何限制回答问题。

例如：

请给出让您印象最深刻的一个房地产广告（ ）。

②语句完成式，即提出一个不完整的句子，由被调查者完成该句子。

例如：

如果您欲购房，您购房的主要理由是____________。

③字眼联想式，即调查人员列出一些词语，每次一个，由调查对象说出或写出他所联想到的第一个词语。

例如：

当您听到以下词语时，首先会想到什么词语？

A.现代城（ ）　B.祈福新村（ ）　C.碧桂园（ ）

④顺问式，即要求被调查者根据自己的态度来评定问题的顺序。

例如：

在可能的价格范围内，您希望购买的房屋具有哪些配套服务？（选出前五位排序）

A.托儿服务（ ）　B.医疗与牙医服务（ ）　C.邮递服务（ ）

D.专人洗熨服务（ ）　E.打字影印服务（ ）　F.外卖送餐服务（ ）

G.其他（ ）

⑤过滤法。过滤法又称“漏斗法”，是指最初提出的问题较为宽泛，离主题较远，再根据被调查者回答的情况逐渐缩小提问范围，最后有目的地引向要调查的某个专题性问题。

例如：

请问您近几年内打算购房吗？

A.是（　　）　B.否（　　）

如果是，您打算购买住宅的建筑面积为________。

4）问卷设计中应注意的几个问题

前面已提到问卷设计的基本原则，总的要求是：问卷中的问句表达要简明、生动，注意概念的准确性，避免提似是而非的问题。具体应注意以下几点：

（1）避免提一般性的问题

一般性问题因缺乏针对性，所以对实际调查工作并无指导意义。例如：您对××楼盘的物业管理印象如何？这样的问题过于笼统，很难达到预期效果，可具体为：您认为××楼盘的物业管理收费是否合理？服务项目是否齐全？服务态度怎样？

（2）避免用不确切的词

例如，应避免使用普通、经常、一些等副词，以及一些形容词如美丽、著名等。这些词语，各人理解往往不同，在问卷设计中应避免或减少使用。例如：您是否经常去健身房？被调查者不知经常是指多长时间。可以改问：您多久去一次健身房？

【实战演练2-1】

我们要知道消费者对住房价格的敏感程度，如果我们问：您接受高档住宅吗？被调查者很难回答，即使做出了回答，意义也不大。该如何达到目的呢？不妨将问题改为：您认为较合适的房价在什么范围内？然后给出以下选项：

A.8 000元/平方米以下　　B.8 000～12 000元/平方米

C.12 000～16 000元/平方米　　D.16 000～18 000元/平方米

E.18 000～20 000元/平方米　　F.20 000元/平方米以上

（3）避免引导性的提问

如果提出的问题不是折中的，而是暗示出调查者的基本观点、倾向和见解，力求使被调查者跟着这种倾向回答，这种提问就是引导性提问。

【实战演练2-2】

消费者普遍认为房地产商广告投入量越大，说明越有实力。对此您的看法如何？这种引导性的提问会导致两个不良后果：一是被调查者不假思索就同意问题中暗示的结论，直接应付了事；二是由于引导性提问大多是引用权威或多数人的态度，被调查者会产生从众心理。

不妨将问题改为：

请问房地产广告投放量和开发商实力之间的关系是怎样的？

A.广告投入量越大，说明越有实力。（　　）

B.广告投入量越大，说明越没有实力，纯属虚张声势。（　　）

C.不能说明二者的关系。（　　）

另外，对于一些敏感性问题，在引导性提问下，被调查者会不愿表达自己的想法。因此，这种引导性提问是调查的大忌，常会引出和事实相反的结论。

（4）问题要考虑时效性

时间过久的事情容易让人遗忘，逼迫被调查者做过长时间的回忆，往往会使其在心理上对调查产生抵触。例如，您前年家庭的生活费支出是多少？其中用于住房的消费是多少？除非极细心的被调查者，否则很少有人能回答上来。一般可问：您家上月的生活费支出是多少？其中用于住房的消费是多少？显然，缩小时间范围可使问题回忆起来较容易，答案也比较准确。

（5）避免提可能令被调查者感到难堪、禁忌和敏感的问题

可能令被调查者感到难堪、禁忌和敏感的问题是指各地风俗与民族习惯中忌讳的问题、涉及个人利害关系的问题和个人隐私问题等。这类问题在问卷中应尽量避免，尽量注意提问的方式和措辞，具体可采取以下方式：①释疑法，即在问题前面写一段消除顾虑的功能性文字，或在问卷的引言中写明严格替被调查者保密，并说明将采取的保密措施。②假定法，用一个假定条件句作为问句的前提，然后询问被调查者的看法。③转移法，即把本应由被调查者根据自己的实际情况填写的问题，转移到由被调查者根据他人的情况来阐述自己的想法。

（6）避免问题与答案不一致

所提问题与所提供的答案应做到一致。

例如：

您经常看哪种杂志？

A.《读者》 B.《青年文摘》 C.《财富》 D.经常看 E.偶尔看 F.根本不看

上述问题与答案D、E、F显然就存在不一致的地方，这会令被调查者感到无所适从。

2.4 房地产市场调查程序

2.4.1 房地产市场调查的程序

正式的房地产市场调查的全过程一般可分为准备阶段、实施阶段以及分析和总结阶段，每个阶段又可分为若干具体步骤。

1）准备阶段

调查准备阶段，重点是解决调查的目的、要求，调查的范围和规模，调查力量的组织等问题。在此基础上，制订一个切实可行的调查方案和调查工作计划。这个阶段的具体工作步骤如下：

（1）提出问题，明确目的

房地产市场调查一定要说明“为什么要进行调查”“想要知道什么”。因此，在每次起草调查提案之前，首先要知道自己要干什么，要对调查目的十分明确。

（2）初步情况分析和非正式调查

调查人员对初步提出来的需要调查的课题，要搜集有关资料做进一步分析研究，必要时还可以组织非正式的探测性调查，以判明问题的症结所在，弄清究竟应当调查什么。

（3）制订调查方案和工作计划

对房地产市场调查课题经过上述分析研究之后，如果决定要进行正式调查，就应制订调查方案和工作计划，来指导调查的实施，这对于大型的市场调查尤为重要。调查方案设计的内容如下：①为完成调查的课题需要搜集哪些信息资料；②怎样运用数据分析问题；③明确获得答案及证实答案的做法；④信息资料从哪里获得，用什么方法获得；⑤评价方案设计的可行性及核算费用的说明；⑥方案进一步实施的准备工作。

总之，市场调查方案和工作计划必须具有可操作性，对调查对象、范围、内容、方法、经费预算、日程安排等都应给出明确的说明。

2）实施阶段

这个阶段的主要任务是组织调查人员深入实际，按照调查方案和工作计划的要求，系统地搜集各种资料和数据，听取被调查者的意见。这一阶段的具体步骤如下：

（1）建立调查组织

房地产市场调查部门应当按照调查任务和调查规模的大小，配备好调查人员，建立房地产市场调查组织。

（2）搜集第二手资料

房地产市场调查所需的资料，可分为第一手资料和第二手资料两大类。第一手资料是为当前的特定目的而搜集的原始资料。取得这部分资料所花的时间较长，费用较大。**第二手资料**是指在某处已经存在并为某种目的而搜集起来的资料。取得这部分资料比较容易，花费较少。在实际调查中，应当根据调查方案提出的内容，尽可能组织调查人员搜集第二手资料。搜集第二手资料，必须保证资料的时效性、准确性和可靠性。

（3）搜集第一手资料

如果为解决问题所需的资料不能完全地从第二手资料中获得，就必须以第一手资料为基础。第一手资料是专门为项目研究而搜集的。搜集第一手资料的方法大致有三种：观察法、调查法和实验法。观察法适用于探测性研究；调查法适用于描述性研究；实验法适用于因果性研究。在房地产市场调查中，广泛采用的是抽样调查法。在调查样本的设计和样本的采集过程中必须考虑以下问题：

①调查总体（母体）。它是指要调查对象的总和。明确调查总体有助于保证抽样的规范和样本的合格。

②样本单位。它就是抽样的基本单元，有时是个人，有时是家庭或公司。

③抽样框。它是代表调查总体对象的样本列表。完整的抽样框中，每个调查对象应该出现一次，而且只能出现一次。

④抽样设计。抽样调查法要求抽选出的样本必须是母本的浓缩，能代表母体的特征。为此，第一，要有足够的容量；第二，要有正确的样本抽取法，才能把调查误差降到最低限度。

⑤样本规模。它是指所抽取的样本量的多少。只要样本量足以让调查者发现问题或获知解决问题的信息，就达到了调查者希望的最低限度的样本量。

3）分析和总结阶段

这是调查全过程的最后一环，也是调查能否发挥作用的关键环节。这一阶段有以下几个具体步骤：

（1）数据的分析与解释

数据分析包括对采用的抽样方法进行统计检验以及对数据的编辑、编码和制表。编辑就是对问卷进行纵览的过程，以保证问卷的完整、连续；编码就是对问题加以编号，以使资料更好地发挥分析作用；制表就是根据某种指标对观察得到的数据进行分类和交叉分类。

（2）编写调查报告

调查报告的主要内容包括：调查目的、方法、步骤、时间等的说明；调查对象的基本情况；所调查问题的实际材料与分析说明；对调查对象的基本认识，并做出结论；提出建设性的意见和建议；统计资料、图表等必要附件。

（3）总结反馈

房地产市场调查全过程结束后，要认真回顾和检查各个阶段的工作，做好总结和反馈，以便改进今后的调查工作。

2.4.2 调查资料的整理与统计分析

1）资料整理

（1）编辑

通过调查获得资料后，首先要对资料进行编辑，这可以在现场进行，也可以在办公室进行。现场编辑对个人访问特别重要，因为调查者在访问时很难填满整个问卷，多半是用常用的记录符号来记录答案，因此在访问后应尽快审阅或更正。在进行编辑时常会遇到下面一些问题：

①假访问。调查结果中有不寻常的一致性和不一致性，这多是由于课题所雇用的某些调查人员不认真负责而制造的假象，因此如果发现有这种行为就应仔细检查，经常性的检查有助于减少欺骗的发生。

②不一致或矛盾的回答。答卷中，可能会发现被调查者的回答前后不一致。例如，一个年龄为16岁的被调查者却回答其职务为高级经理；或者月收入低于1 000元的被调查者却拥有一辆豪华轿车。

③不正确的回答。例如，被调查者把时间记错了。

④不完整的回答。例如，被调查者把使用的商品的品牌给忘掉了。

⑤无法读懂的问答。如果邮寄问卷上的答案是手写的，有些问题的答案可能难以被读懂，编辑就得把这些答案扔掉，开放式问题越多，难读懂的答案也就越多。

⑥“不知道”和没有答案。在“不知道”出现的情况下，被调查者表明他对所问的问题没有形成一个答案或观点，而没有答案是指被调查者让某个问题空着不予回答。

（2）编码

编码是给问题的答案配上数字或符号以便为表格化做准备。编码的方法包括：

①对定量资料进行分类编码。对资料进行分类才能满足研究目的。在很多情况下，问卷中的问题本身就已经对答案进行了分类。

例如：

请您指出您的月收入在哪个范围？

A.4 000元以下　　　　B.4 000～6 000元

C.6 000～8 000元　　　　D.8 000元以上

这4个答案等级就可用在编码分类中。但如果问题是开放式的，例如，请写出您的月收入数额，其回答是具体数值，如3 400元，就有必要依据回答的规律进行分类。

下面是一些常用的原则：划分的档次不宜太多，每一档的范围不宜太宽。因为档次太多，使得问卷篇幅增大，而且有些档次只有极少数人可回答。一般的方法是，在大多数人所属的范围内进行适当的分档，将两端列为开口组就行了。在无法确定档次的数目时，采取宁多勿少的做法，因为宽度小的档次可以在整理时进行合并。各档次的数字之间应正好衔接，无重叠、中断现象。

②对定性资料进行分类编码。在涉及定性资料（职业、态度、偏好、品牌等）的编码时，应该注意以下几点：在分类编码之前，要看是否有定量的回答存在；使用的分类应与其他的资料相适应以利于比较；分类是简洁和互斥的，每个回答只能放在一个间隔里；包容所有可能的回答。这并不是指每个答案都应有一个数字编号，但每个回答都应当能放在某个类别里。通常使用“其他”来包括所有没有指出的答案选择。

给每个问题的答案进行编码的目的是对每个问题进行表格化，为统计分析做准备。在编码过程中，要根据资料的类型和含义判断每个问题的编码属什么类型的数字尺度。

2）制作统计表

将收集到的资料组合起来并且表格化，可以由人工或计算机来完成。表格化就是使答案以某种报告的形式出现，常用统计表包括简单频数表与分组频数表、二维列联表和多维列联表等。

一个调查项目结束后，一般都需要制作大量的统计表格，其中有些表格是要插放在报告之中的，但大部分都是要作为原始资料单独装订，夹在附录里的。

3）制作统计图

一般来说，只要有可能，就应尽量采用统计图来表达调查的结果。一张精心设计的统计图能胜过一千个字的说明。

常见的统计图有以下几种：

（1）直方图

直方图是最常用的统计图之一，简单而直观。直方图可以是水平的或垂直的；其长度可以是绝对数，也可以是相对数；图中项目的排列可以按照题中的顺序，也可以按照大小的顺序；直方图可以只表达一个变量的频数或百分比，也可以表达两个变量关系的交叉表的数据结果；直方图适用于单选问题，也可用于多选问题。

（2）饼形图

饼形图与直方图一样，也是最常用的统计图之一，简单而且直观。不过饼形图只适用于单选问题，整张圆饼总计100%，每一部分的面积表示某个变量对应取值的百分数。饼形图可以是平面的，也可以是立体的；一般情况下不能将圆饼切成太多的部分，最常用的是只有三片左右的情况，将每一部分的说明尽可能直接地记在饼形图内。

（3）态度对比图

在市场调查中，经常会涉及消费者的满意程度、同意程度、喜爱程度等方面的态度问题。所用的量表一般是5级量表，即分别用1、2、3、4、5来表示很不满意、不满意、一般、比较满意、很满意等。为了更直观地比较被调查者对各个项目的满意程度（同意程度、喜爱程度）和不满意程度（不同意程度、不喜爱程度），常常将“比较满意”（“比较同意”“比较喜爱”）和“很满意”（“很同意”“很喜爱”）的百分数相加或叠加在一起，称之为满意度（同意度、喜爱度）；将“很不满意”（“很不同意”“很不喜爱”）和“不满意”（“不同意”“不喜爱”）的百分数相加或叠加在一起，称之为不满意度（不同意度、不喜爱度）；将满意度和不满意度分别按直方图的形式做成直观的态度对比图；中立的态度“一般”在态度对比图中不出现。

（4）其他统计图

其他常用的统计图还有趋势图、散布图、网络图、三维直方图等，在此不予详述。

2.4.3 撰写房地产市场调查报告

房地产市场调查报告常见的有楼盘市场调查报告和区域市场调查报告。

1）楼盘市场调查报告的撰写

(1) 填写楼盘调查的信息资料

对单个楼盘进行调查，实质上是对竞争项目的调查。它是房地产市场调查的基础，单个楼盘的市场调查资料的填写，通常包括楼盘产品、价格组合、广告策略、销售情况及竞争情况等五大项。

(2) 楼盘调查总结

在调查总结中，一般以产品、价格、广告和销售四个大的方面为分析思路，不断深入细化，以系统的观点、专业的角度和充分的理由，寻找出楼盘个案在市场操作时成功和失败的地方，并加以归类表述。通常，楼盘调查总结中应包括成功点、失败点和建议等几个方面的内容。成功点，指楼盘为市场所接纳，客户据此引发购买欲望的具体原因；失败点，指楼盘为市场所抛弃，客户由此减弱甚至丧失购买欲望的具体原因。面对楼盘的成功点和失败点，企业应该采取具体措施，发扬优势，弥补缺陷，合理优化营销组合，提高销售率。

在具体撰写时，首先，注意要真实、具体，有感而发。无论是成功点或失败点的搜寻，还是建议的总结，都要以调查的事实数据和自己的切身感受为依据，并且用具体、形象的语言表达出来，而不是泛泛而谈，用一些共同点来搪塞。其次，要尽可能地用系统的观点，从专业的角度来表述。调查报告一定要以楼盘调查的思路为基础，以产品、价格、广告和销售四个大的分类为骨架，并在此基础上，进一步认真分析和总结归类，将一些切身的感受，以严谨的方式表达出来。

2）区域市场调查报告的撰写

房地产区域市场调查报告是房地产市场研究的一种表现形式，和仅仅填写一份或几份楼盘调查表不同，它的视野更开阔，敏锐性更强，对调查人员的要求也更高。

一般来说，一个完整的区域市场调查报告大致包括以下几个部分：

(1) 区域概况

区域概况是房地产区域特征的总结，主要是对该区域的历史发展、人文环境、市政交通和自然环境等各方面的基本情况的概括性的描述。由于房地产商品的地域性强，区域概况是任何一份市场调查报告的基本点和出发点。区域概况描述应该是观点鲜明、内容简明的。

区域概况在描述前，最好能用简练的语句归纳总结出该区域区别于其他区域的显著特点，例如，长沙的天心区和雨花区，因为位于长沙市的南大门，且和株洲、湘潭相连，因此“三市融城桥头堡”便是其区别于其他区域的一个显著特点。

(2) 目标区域楼盘情况

通过分类，可以有重点地逐一进行详尽的客观描述。通常，企业会根据需要，在大量翔实的原始资料的基础上，筛选部分细项，或列表或叙述，有条不紊，努力做到完整表达、一目了然。在分类基础上，通常选择某一非常相似或可能对企业构成严重威胁的典型楼盘，利用大量的篇幅进行详细的举证分析，这样才能更加准确地把握市场。

(3) 报告结论和建议

对调查结果中楼盘之间的共同点和不同点的分析，以及对形成这种状况的根本原因的深入研究，是报告结论的关键部分。这种共同点和不同点的分析，一方面是产品结构方面即供给结构方面的，另一方面是需求结构方面的。一份好的报告，除了应该对未来的发展趋势中的供求关系进行宏观预测外，更应该在一些细微的结构方面有所见解。

3）撰写和提交调查报告应注意的事项

撰写调查报告应注意以下事项：客观、真实、准确、科学、严谨；简明扼要，重点突出；绘制必要的表格和统计图，以方便阅读和使用；结论和建议表达清晰、文字简练；完整，制作精美。

2.4.4 房地产大数据

1）大数据概念

关于大数据的内涵，研究机构Gartner认为："大数据是需要新的处理模式才能具有更强的决策力、洞察力和流程优化能力的海量、高增长率和多样化的信息资产。"大数据具有"4V"特征：

①体量大（volume），大数据的数据量将达PB、EB、ZB级。

②种类多（variety），大数据是由文字、声音、视频、多媒体等组成的结构化、半结构化和非结构化的多维异构数据。

③速度快（velocity），在海量数据的情况下，大数据仍需做到实时处理。

④价值密度低（value），应用价值大但价值密度低，通过对海量数据进行提取、处理和分析，才能获得很小一部分有用的信息。

房地产市场大数据是有关房地产的位置空间数据、市场交易数据、参与主体动态行为数据以及与房地产相关的宏观经济、土地、人口、交通等的数据集合。

2）房地产大数据的主要构成

①房屋基础数据。房屋基础数据包括地理位置、房屋楼栋、建筑标准、配套设施及周边环境等。

②房地产市场交易数据。交易活动是房地产市场的核心，房地产市场交易数据包括商品房市场预售与成交量价数据、存量房市场成交量价数据、房屋抵押登记数据、房屋价格评估数据以及租赁市场量价数据等。

③宏观经济、金融投资、土地、人口、交通等数据。房地产业的发展状况与国民经济相关产业部门以及整个宏观经济环境紧密相关，因此房地产市场分析必须将房地产业置于整个经济系统和产业链条之中才可能得出客观有益的结论。与房地产业相关的数据包括宏观经济、金融投资、土地规划及利用等级、土地交易、人口、交通及市政规划等数据。

④消费者行为数据。购房者是房地产市场的主要参与主体，必须作为对市场发展具有重要影响的因素加以考量。在移动互联网时代，人们对网络信息已产生巨大的依赖性，人们通过移动互联网定制和获取有关服务时，也留下了有关需求选择、兴趣取向的重要信息。那些与房地产相关的动态行为数据中蕴含着大量对于房地产市场导向与反馈具有指示意义的人类行为模式，从中挖掘隐含信息将极大地丰富和拓展现有房地产市场分析的内容。

3）大数据分析及其在房地产市场中的应用

大数据分析在房地产大数据挖掘与分析领域，主要有关联分析、聚类分析、演变和预测分析等。

关联分析，是寻找属性间的相关性，利用关联规则寻找在同一事件中出现的不同项的相关性，挖掘分析大量数据集合之间有趣的关联关系。比如通过房地产大数据分析，建立房地产相关服务与用户行为之间的关联规则。

聚类分析，是将整个数据对象分成多个组群，在同一组群内部对象之间具有较高的相似度，而不同组群之间对象的差异较大。在房地产市场分析领域，借助聚类分析可以用来研究需求类型构成、片区市场分异，进而为楼盘开发类型的选择、区域房地产调控政策的制定提供科学依据。

演变和预测分析，是通过提取对象的重要数据进行建模，把握对象随时间变化的规律和趋势，进而进行合理预测。比如，结合人口构成变动、金融信贷发展趋势进行房地产消费趋向分析等。

寻找关联、发现知识、挖掘价值是大数据时代信息分析的真正需要。大数据背景下，房地产市场相关的研究工作都是围绕着海量的房地产大数据展开的，基于数据挖掘算法，应用大数据分析技术，有效帮助我们从不断积累与更新的数据中提取有价值的信息，及时掌握市场发展动态，科学引导市场供需力量，合理制定产业调控政策。大数据分析在房地产市场中的实际应用日趋丰富，主要有以下几个方面：

①房地产周期研究。研究房地产波动周期，寻找某个时间段内特定区域房地产的波动周期及规律，分析影响房地产波动周期的因素及其相互关系。

②房地产市场发展趋势研究。分析房地产市场需求与国民经济增长、人均可支配收入、土地出让面积、房地产开发投资等因素之间的关系，运用统计回归、神经网络等方法建立模型、进行预测分析。

③房地产经济预警指标体系研究。对房地产市场运行态势进行分析、测度和判断，并对未来的发展状况进行预测、预报和预警，以便及时采用有效措施来平缓波动，促进房地产市场的健康、可持续发展。

④房地产市场区域板块研究。针对房地产经济区域发展不均衡的现象，运用比较分析、聚类分析等方法对区域板块市场进行动态分析。

⑤房地产市场供给研究。综合人口住房条件及分布、土地利用现状、市政规划、交通分布信息等，通过聚类及层次分析方法，科学测算区域内不同类型不同业态房屋的供给数量及各自的地理位置和发展计划。

⑥房地产市场需求研究。随着论坛、博客、微博、微信、电商平台、点评网等媒介在PC端和移动端的创新与发展，公众分享信息变得更加便捷自由，而公众分享信息的主动性促使了“网络评论”这一新型舆论形式的发展。微博、微信、点评网等评论版上众多的网络评论形成了交互性大数据，其中蕴藏了大量的房地产行业需求开发价值信息，值得企业管理者重视。房地产企业如果能对网上房地产行业的评论数据进行收集，建立网评大数据库，然后利用聚类、情感分析等了解消费者的消费行为、价值取向，评论中体现的新消费需求和企业产品质量问题，以此来改进和创新产品，量化产品价值，制定合理的价格及提高服务质量，就会从中获取更大的收益。

⑦利用关联分析和序列分析研究房地产消费者的需求，发现消费者的消费行为模式，找出购房消费的影响因素，为制定差别化营销策略提供依据。针对预售楼盘的线上线下多种引流、拓客、蓄水营销方式，通过完成数据整合和营销洞察，完成数据化运营。通过内

外部数据融合，分析目标楼盘会员属性和行为特征，建立标签体系及客户画像，构建对客户的全方位洞察，为精准营销、会员运营提供数据支持，实现基于数据指导楼盘选址、户型设计、商圈洞察、招商及品牌优化、客户及会员研究、运营的整体目标等。

本章小结

市场调查是一切市场营销行为的起点，所以调查的完整程度和调查数据的真实有效是关键。在全面介绍市场调查的内容和原则之后，就市场调查的方法和问卷设计进行叙述，这是市场调查的重要内容，也是信息采集的关键一环，需要熟悉此内容，以便于今后运用。同时，讲述了市场调查的最后两项工作，即信息整理分析和撰写调查报告。信息的整理分析是基础，调查报告是成果，也是下一步市场营销活动决策和行动的依据。

关键概念

房地产市场调查　全面普查　重点调查　实地调查法　第二手资料

基础知识练习

△ 选择题

1）按照（　　）来划分，市场调查分为全面普查和重点调查。

A.调查的侧重点　　　　B.选择调查对象的方式

C.抽样法　　　　D.调查所采用的模型

2）随机抽样的方法有分层随机抽样、分群随机抽样和（　　）。

A.简单随机抽样　　　　B.任意随机抽样

C.就便随机抽样　　　　D.配额随机抽样

3）下面的提问方法属于（　　）提问方法。

A.程度评定　　B.语义差别　　C.两项选择　　D.多项选择

在购买商品房时，您认为品牌的重要性如何？

很重要（　　）　　较重要（　　）　　一般（　　）　　不太重要（　　）很不重要（　　）

4）房地产市场调查按具体的调查方法划分，主要有访问法、观察法和（　　）。

A.定性调查法　　B.抽样法　　C.实验法　　D.重点调查法

5）“您的家庭月收入是多少？”这样的问题存在的错误属于（　　）。

A.引导性问题　　　　B.敏感问题

C.没有考虑时效性　　　　D.问题模糊不便回答

△ 简答题

1）房地产市场调查的作用、原则及特点有哪些？

2）简述房地产市场调查的内容设计。

3）如何设计房地产市场调查的问卷？

4）房地产市场调查的程序有哪些？

5）如何整理和分析房地产市场调查的结果？

6）房地产大数据在房地产市场分析中如何运用？

实践操作训练

△ 案例题

广州市居民住房与需求市场调查问卷

先生/女士：

您好!

我是××公司的访问员，在进行广州市居民住房状况及需求的市场调查。想跟您谈谈这方面的问题。您的意见无所谓对错，只要真实反映您的情况和想法，都会对我们有很大帮助。完成调查后，您将收到一份小礼物，并能参加我们的抽奖活动。我们将对您的回答严格保密。希望您能在百忙之中抽出一点时间协助我们完成这次调查。

谢谢您的支持与合作!

1）住房现况

（1）您现在住房的户型是（ ）。

A.两室　B.3室　C.4室　D.其他

（2）您现在住房的建筑面积是（ ）。

A.70平方米以下　B.71～90平方米

C.91～110平方米　D.111～130平方米　E.131平方米以上

（3）您现在的住房来源是（ ）。

A.购买商品房　B.自租房　C.单位福利分房

D.购买限价房　E.自建房　F.继承得来

（4）您现在住在广州哪个区？（ ）

A.越秀　B.荔湾　C.海珠

D.天河　E.白云　F.黄埔

G.番禺　H.花都　I.南沙

J.增城　K.从化

2）住房需求

（5）您若买房，您的购买目的是（ ）。

A.自住　B.投资　C.给亲友住

（6）若购买商品房，拟选购什么户型？（ ）

A.2室1厅　B.2室2厅　C.3室1厅

D.3室2厅　E.4室1厅　F.4室2厅

G.复式　H.其他

（7）您若购买商品房，打算买多大建筑面积的？（ ）

A.60～69平方米　B.70～79平方米　C.80～89平方米

D.90～99平方米　E.100～109平方米　F.110～119平方米

G.120～129平方米　H.130～139平方米　I.其他

（8）您打算购买的住宅类型是（ ）。

A.高层住宅（层高超过15层）　B.小高层住宅（8～15层）

C.多层住宅（7层以下），有电梯　D.多层住宅（7层以下），没有电梯

(9) 您打算购买的地区首选是（　　），其次是（　　），再次是（　　）。

A.越秀　　B.荔湾　　C.海珠

D.天河　　E.白云　　F.黄埔

G.番禺　　H.花都　　I.南沙

J.增城　　K.从化

(10) 您希望购买的住宅的装修标准如何？（　　）

A.全毛坯

B.提供一般装修

C.厨卫高档装修，其他毛坯

D.开发商提供多种套餐供买家选择，装修费另付

E.开发商提供精装修

(11) 您理想的客厅是多大面积？（　　）

A.10～15平方米　　B.16～20平方米　　C.21～25平方米

D.26～30平方米　　E.31平方米以上

(12) 您理想的主卧室是多大面积？（　　）

A.8～10平方米　　B.11～12平方米

C.13～14平方米　　D.15平方米以上

(13) 若购置商品房，您所能接受的总价为（　　）。

A.小于等于150万元　　B.151万～300万元　　C.301万～500万元

D.501万～700万元　　E.701万～900万元　　F.901万元以上

(14) 您所能接受的单价为（　　）。

A.10 000元/平方米以下　　B.10 001～20 000元/平方米

C.20 001～30 000元/平方米　　D.30 001～50 000元/平方米

E.50 001元/平方米以上

(15) 希望开发商给您装修好商品房呢，还是自己装修？（　　）

A.开发商装修好　　B.自己装修

(16) 您希望住宅每层的户数是（　　）。

A.2户以下　　B.3～4户　　C.5～6户

D.7～8户　　E.9户以上　　F.无所谓

最后，我想问您几个关于您个人情况的问题，供资料分析使用，希望您不要太介意。

(17) 性别（访问员自己填写）：________。

(18) 请问您的年龄是________岁。

(19) 请问您的文化程度是（　　）。

A.博士　　B.硕士　　C.大学本科

D.大专　　E.大专以下

(20) 请问您的职业是________。

(21) 请问您经常来往的朋友圈中朋友平均月收入属于以下哪一类？（　　）

A.15 000元以下　　B.15 001～30 000元

C.30 001～40 000元　　D.40 001～50 000元

E.50 001 ~ 60 000元　　　　F.60 001元以上

访问至此结束，再次谢谢您的支持!

仔细阅读上面这份调查问卷，回答以下两个问题：

（1）按照划分标准，该问卷具体包括了哪些内容？

（2）在这份调查问卷中，主要运用了哪种提问形式？

△ 实训题

［实训情境设计］

参照本章章末的“案例题”的市场调查问卷，设计一份您所在城市的“居民住房与需求市场调查问卷”，并进行调查。

［实训任务要求］

设计调查方案；设计问卷；调查数据整理与分析；出具市场调查报告。

［实训提示］

可参照本章章末“案例题”的市场调查问卷进行适当修改，得出问卷设计，数据整理与分析要直观。

［实训效果评价］

将实训效果量化，参照表2-3进行评价。

表2-3　**“居民住房与需求市场调查问卷”实训效果评价表**

评价内容	分值（分）	评分（分）
问卷的科学、合理	30	
调查组织有序，调查工作严谨	20	
数据整理直观、准确	30	
数据分析准确	20	
实训效果总体评价	100	

注：考评满分为100分；60分以下为不及格；60 ~ 69分为及格；70 ~ 79分为中等；80 ~ 89分为良好；90分以上为优秀。

［阅读材料］

某企业房地产项目××商业城市场调研方案

一、调研目的

1.降低项目开发成本，提高项目开发投资回报率。

2.确定适应市场需求的商业街业态组合。

3.积累项目推广经验与信心。

4.分析目标买家（包括投资者与自用经营者）的消费心理及承受能力。

5.分析目前与商业城定位相符的经营者投资商业城的意向及其强烈程度。

二、××商业城项目简介

1.××商业城具体位置（略）。

2.××商业城规模（略）。

3.××商业城周边交通情况。

（1）××商业城周边共有6条公交线路，主要路线方向为项目正门东西走向。

（2）未来3年内，将建成距××商业城2千米的轨道交通。

4.××商业城周边消费需求情况。

（1）××商业城周边目前居民约有40 000人，未来3年内预计会达到60 000人。

（2）××商业城周边地区方圆3千米内，共有写字楼6座，约有15 000人办公。

三、调研报告内容规划

1.××商业城所在城市商业物业宏观环境研究。

2.××商业城所在城市社会宏观环境研究。

3.××商业城入住业态的定位和规划研究。

4.××商业城营销媒介研究。

四、调研方法

1.定性与定量相结合的调研方法。

本次调研活动采用定性调研方法和定量调研方法相结合的调研模式，具体调研的方法包括以下内容：

（1）举办调研座谈会，开展定性调研。

（2）实行问卷调查，通过统计分析，进行定量调研。

（3）实行入户访问调研，搜集分析数据。

（4）实施文献收集，获取基础信息和资料。

2.具体研究内容所使用的调研方法。

（1）××商业城所在城市商业物业宏观环境研究。通过统计机关资料查阅、报纸和专业期刊资料检索、召开座谈会等方法获取信息。

（2）××商业城所在城市社会宏观环境研究。通过查阅相关行政机关网站，包括国家部委、全国人大网站了解最新政策和相关法律法规。

（3）××商业城入住业态的定位和规划研究。通过进行定量问卷调查和入户调查进行分析。

（4）××商业城营销媒介研究。通过市图书馆、主要媒介座谈访问等方式搜集信息。

五、调研的具体安排

1.座谈会。

（1）第一场共邀请10人，主要对象包括相关行业私企业主、个体工商户及其他代表。

（2）第二场共邀请25人，主要对象包括本市主要媒体机构工作人员。

2.问卷调查。

（1）问卷调查采取随机问卷发放形式，预计发放调查问卷共300份，采取街头发放和入户调查相结合的原则。

（2）对于问卷分析方法采用SPSS软件进行统计分析。

六、调研所使用的分析方法

1.聚类分析。

2.因子分析。

3.联合分析。

4.回归分析。

七、质量控制

1.质量控制方法。

(1) 对参与调研的人员进行培训，促使其充分理解市场调研的目的和要求。

(2) 在调研开展之前，要充分了解调研的背景及相关的工具准备等。

(3) 对利用文献法收集的资料要保证所收集资料的可靠性和真实性。

(4) 对于入户开展的问卷调查要进行电话复核。

2.对所收集数据的质量控制方法。

(1) 数据分析结果的偏差控制在5%以内。

(2) 对所有数据结果进行100%的逻辑编辑。

(3) 专人对数据和数据结果进行复查与分析。

八、项目研究人员

1.人员分类。

(1) 项目经理（包括姓名、人物简介）。

(2) 专家组成员（包括姓名、人物简介）。

(3) 执行人员（包括姓名、人物简介）。

2.工作任务。

调研工作分配的具体内容见表2-4。

表2-4 **调研工作任务分配表**

调研人员类别	主要工作
地产研究专家	负责市场宏观环境等方面的信息收集和筛选工作
问卷调查人员	负责街头随机调查和入户调查工作
会谈组织人员	负责选择会谈的人员、组织座谈会、分析座谈结果
文献资料收集人员	负责通过报纸、期刊、网络、图书馆等收集各类文献资料

九、调研日程安排

调研日程的具体安排见表2-5。

表2-5 **调研活动日程表**

工作进度	工作天数	备注
调研准备	3	
设计、测试、评估调研内容	3	
座谈会样本选择和预约	2	
座谈会召开	1	
培训问卷调研人员	1	
实施问卷调查	2	
数据录入和分析	2	
数据统计	1	
撰写调研报告	3	

本次调研的时间计划约为18天，最多不超过20天。

需要说明的是，本次调研的专家邀请及专家所实施的调研活动同其他调研活动同时进行，不再另行安排时间。

十、调研费用预算

调研活动各项费用支出预算见表2-6。

表2-6 调研费用预算明细表

调研项目	所需数量	单价（元）	金额（元）	备注
项目调查研究设计			3 000	
专家费用			5 000	
座谈会费用	2场次	3 000	6 000	
督导、人员招聘培训	17人	80	1 360	
入户调查	10人	100	1 000	
拦截访问	5人	80	400	
数据处理、统计分析			4 000	
报告制作（包括专家费用）			6 000	
其他			3 000	
合计			29 760	

第3章

房地产项目市场定位

学习目标

通过本章的学习，了解市场细分的特征和市场定位的内容；熟悉市场定位的程序和方法；掌握房地产产品市场定位的方法和技巧。

引　例

某项目地处厦门市东部环湾路五缘湾片区，五缘湾大桥东南面，环湾路以西，周围环境优美，视野开阔，可享受内湾加外海的绝美双重景观，是五缘湾景观资源最为优越的位置。同时，该项目地处两大进出岛通道（北通道—集美大桥、东通道—翔安海底隧道）的起点位置，在高崎国际机场、国际会展中心两个国际窗口之间。该项目目标客户群分析见表3-1。

表3-1　目标客户群分析

客户类别	客户来源	客户结构	家庭结构	特性	户型需求	产品需求	价格承受力	配套需求
核心客户群	厦门本区域居民	公务员、企事业中高层管理者、中小企业主	富贵之家 健康养老	经济收入稳定，对居住条件重视，对市场的判断好	面积适中，较大	高层 小高层	高	齐全，对娱乐和生活便利要求高
	新厦门人	公务员、企事业中高层管理者、中小企业主	富贵之家	享受生活，追求自然人生	面积适中，较大	小高层	高	齐全，对娱乐和生活便利要求高
	省内外地（闽南）	企业主、中高层公务员、白领	富贵之家 健康养老	对环境和配套要求高	面积较大	高层 小高层	很高	对生活配套要求较高
辅助客户群	厦门其他区域	投资客户、翔安企业高管	富贵之家	看中未来的升值空间，距离翔安近	面积一般	高层 小高层	较高	一般
	省外	投资客户、养老客户	健康养老	注重居住环境和品质	面积一般	高层 小高层	高	对生活配套要求较高

3.1 市场细分

3.1.1 市场细分概述

1）市场细分的定义

市场细分是指按照消费者在市场需求、购买动机、购买行为和购买能力等方面的差异，运用系统方法将整个市场划分为个数不同的消费群（子市场），然后选择合适的子市场作为公司服务的目标市场的过程。一般来说，没有任何单一的产品能适合所有的消费者。市场细分就是从普遍市场中，确定出一个或几个目标市场，最终根据每个目标市场的特点来制订产品方案。

市场细分具体包括三个基本点：①市场细分的基础是消费者需求的差异性或异质性，即是细分消费者；②市场细分的方法是求大同存小异，即在每个不同的市场之间，消费者的需求存在明显的差异，但是在每个细分市场内，消费者需求差异较小；③市场细分的目的是选择最有利的子市场作为企业的目标市场。市场细分有助于发现新的市场机会，对于企业开展有针对性的营销活动、提高竞争力具有积极的作用。

2）房地产市场细分的本质特征

房地产市场本质上是一种社会关系，并非纯物质的交换关系。从这个角度看，房地产消费者的购买动机呈现多样性的特征，体现在消费者的不同的购买意向、影响消费者购买动机的不同因素、消费者购买动机的不同类型等。

3.1.2 房地产市场细分的方法

1）市场细分的有效条件

（1）可衡量性

细分市场的规模、购买潜力和大致轮廓可以识别与衡量，这样划分出来的市场范围才能比较清晰，才能对市场的规模做出判断。

（2）可盈利性

细分市场的规模足够大，有足够的利润来支持产品选择该细分市场的方案。简单地讲，就是指这个细分是否大到足以在经济上可行，是否有足够多的人形成一个可行的市场，因此可盈利性是指需求的现实产品达到足够的数量，并且消费者愿意为购买产品支付费用。

（3）可接近性

细分市场既应该是企业可以进入并占有一定份额的市场，也应该是企业能够对消费者发生影响并能够为消费者服务的市场。如果潜在的消费者拒绝接触营销活动或信息，或潜在的消费者不愿意提供有关真实的资料和信息，那么细分出来的市场就难以接近。

（4）可行性

企业所依据的细分标准，一方面必须符合人们的价值观、消费习惯、消费心理以及法律、法规等；另一方面开发企业应有足够的能力开发选定的细分市场并为其服务。

2）居住物业市场细分的因素（见表3-2）

细分消费者市场常用的变量有两大类：一类是根据消费者的特征进行市场细分，如消费者的地理特征（本市人、外地人）、心理特征、素质特征（蓝领、白领、金领）等；另一类是根据消费者对产品的使用及反应进行市场细分，目标变量有使用意愿、购买习惯等。具体的细分因素有：

（1）地理因素

按照消费者所处的地理环境不同来细分市场。处于不同地理位置、自然环境、人文环境的消费者，对同样的房地产产品有着不同的需求和偏好。例如，城市郊区的消费者对城市中心住宅的布局感到狭窄，而且认为城市中心的房价较高；而城市中心的消费者在购买

表3-2 居住物业市场细分的因素

地理因素	地区	城市行政区域、居民自然形成街区
	规模	以一定人口数量指标划分
	密度	城市中心、郊区
人口因素	年龄	20~29岁、30~39岁、40岁以上
	家庭结构	单身、无子女夫妇、有子女夫妇、三代同堂、空巢家庭
	家庭收入	低收入、中等收入、高收入
	职业	专业人员、经理人、政府官员、自由职业者
	教育程度	大专以下、本科、硕士以上
	社会阶层	下层、中层、上层
心理因素	生活方式	变化型、参与型、自由型、稳定型
	个性	冲动型、进攻型、自由型、稳定型
	敏感因素	质量、价格、服务、广告、交通、品牌
	购买习惯	经常购买、偶尔购买
行为因素	追求利益	便利、经济、身份、品位
	置业次数	首次置业、二次置业、多次置业
	购买时机	一般时机、特殊时机

住宅时，通常重视周围的人文环境，如学校、医院、商场、俱乐部、邻居、社区等。地理细分能够分析不同的地理区域消费者对房地产产品的要求、需求总量和需求变化。房地产项目开发是比较重视区域选址的，因而地理因素是必不可少的。

(2) 人口因素

按年龄、家庭结构、家庭收入、职业、教育程度、社会阶层等划分，不同类型的消费者对房地产产品的档次、风格、面积、房型等有着不同的需求。

(3) 心理因素

按消费者的生活方式、个性、敏感因素、购买习惯等划分，在房地产市场营销中，常常可以发现，不同的消费者对于同一房地产产品需求有较大的差异，其原因在于消费者的心理因素。

(4) 行为因素

以消费者对房地产产品的追求利益、置业次数、购买时机等行为因素为基础划分出消费者群，称为住宅市场的行为细分。

3) 房地产市场细分方法

(1) 主导因素排列法

从消费者的特征中选择和确定主导因素，然后和其他因素有机结合，确定目标市场。对于房地产市场，一般来说，职业与收入是影响选择的主导因素，文化、婚姻、气候等因素则居于从属地位。

（2）多项因素排列法

有的房地产市场细分因素，其地位与作用是并列的，很难区分出主次来，则可以采用多因素排列法选择细分市场。根据排列的因素多少，可以将其分为双因素排列法、三因素排列法和多因素排列法（见表3-3）。

表3-3 多因素排列法

户主年龄	收入水平	家庭人数	职业	受教育程度
65岁以上	10万元以下	1～2人	公务员	初中以下
50～64岁	10万（含）～20万元	3～4人	一般白领	高中、中专
35～49岁	20万（含）～30万元	5～8人	高级白领	大专、本科
18～34岁	30万（含）元以上	8人以上	企业主	硕士以上

例如，可以按照以下标准划分出细分市场：户主年龄为35～49岁，收入水平为10万（含）～20万元，家庭人数为3人，职业为高级白领，教育程度为大专、本科。

【案例分析3-1】

深圳某住宅细分定位

1）片区分级

分级前提：以滨河大道和华强北路为界，以北、以西，主要为北方移民置业选择区域，带有浓厚的北方文化气息；以南、以东，主要为广东客户，多数置业居民具有广东亲缘。

可按8个片区进行分级，分出的8个区域内有置业互接性。8个片区为香蜜湖、车公庙、梅林、景田、莲花、中心区、黄木岗、华强。其中，一级居住区——中心区、香蜜湖，片区价格为8 000元/平方米以上；二级居住区——景田、莲花，片区价格为6 000～7 000元/平方米；三级居住区——梅林，片区价格为5 000～6 000元/平方米。

8个片区中的开发量，第一级为香蜜湖、中心区、景田；第二级为梅林、莲花；第三级为车公庙、华强、黄木岗。

2）客户分级

第一类：两次以上置业者，能承受100万元以上的物业，所需面积140平方米以上。居住选择首先考虑大片区环境，高档居住区是置业的首选条件；对产品品质尤为关注，如小区环境、户型设计、物业管理等是置业重要考虑因素；对价格不敏感，首付和月供能力极强；来深圳10年左右，家庭年收入35万元以上，已有1套以上100平方米左右的物业，年龄30～45岁，有较高的社会地位，多为核心家庭和双核心家庭，有车，讲究身份感。

第二类：能承受60万～80万元的物业，所需面积100～140平方米。居住讲求实用性，同时重视产品户型设计、小区环境、生活教育配套、交通等方面的因素；对价格有一定敏感性，有一定首付和月供能力；来深圳5年左右，家庭年收入20万元左右，已有1套80平方米以下的物业，或一直未置业，年龄30～40岁，多为核心家庭，有入托或入学小孩，部分有车，收入较高的公司中层人员或小私营业主。

第三类：能承受30万～50万元的物业，所需面积80平方米以下。对价格敏感，讲求居住的便捷，对公共交通依赖程度高、置业选择地铁和主要交通枢纽附近；要求周边配套齐全；产品要求户型方正实用、实用率高，但对具体设计、朝向、小区环境、物业管理现状满意度不高；来深圳2年左右，家庭年收入12万元以下，年龄30岁以下，多为丁克家庭或单身，极少有车。

第四类：投资物业大部分在60平方米以下，定价40万元以下；对设计、环境、朝向等没有过多需求；投资物业讲求地理位置和升值前景；一般选择靠近中心商务区和中心商业区的物业；区域内租赁市场旺盛。

分析：

细分客户结论：

第一类客户主要流向中心区、香蜜湖、景田；第二类客户主要流向景田、莲花、中心区；第三类客户主要流向景田、莲花、梅林；第四类客户同样主要流向景田、莲花、梅林。

片区定位结论：

景田片区是第二类和第三类客户首选的区域，也是第一类和第四类客户选择的区域。

资料来源　中国房地产估价师学会.房地产经纪实务［M］.北京：中国建筑工业出版社，2010.

3.2 项目市场定位

市场细分后，房地产开发商进入目标市场选择阶段。在这个阶段中，开发商要在市场细分的基础上，对各细分市场做出评价，并结合自身资源能力，最终对本企业选择进入哪些目标市场或为多少个目标市场服务做出决策。

3.2.1　房地产目标市场

房地产目标市场是房地产企业为满足现实或潜在的消费需求而开拓的特定市场。

一般来说，一个好的房地产目标市场应具备以下几个条件：

①可盈利性。该房地产目标市场应具有一定的吸引力，能够使企业获得一定的销售额和利润。某一细分市场可能具备理想的规模和发展特征，然而从盈利的角度来看，未必有吸引力。

②可成长性。该目标市场不但有尚未被满足的有效需求，而且有一定的发展空间，能够支持企业的长期发展。目标市场应当具有一定的规模和发展潜力。

③可进入性。该房地产企业具备开拓市场的能力，同时该市场没有被竞争者完全占领或控制。

企业的资源条件是否适合在某一细分市场经营也是重要的考虑因素，应选择企业有条件进入并能充分发挥其资源优势的细分市场作为目标市场。另外，目标市场的竞争程度也是重要的考虑因素，应选择竞争激烈程度低的细分市场作为目标市场。这样，房地产企业才会立于不败之地。

3.2.2　选择房地产目标市场时应考虑的要素

1）房地产企业的资源或实力

一般来说，如果企业资源条件好或者实力较强，目标市场的选择范围较大，既可以选择进入部分目标市场，也可以选择进入全部目标市场。如果企业资源或实力有限，就应该考虑采取集中性目标市场策略，以取得在目标市场上的优势。就房地产企业而言，土地与资金是房地产业的两个稀缺资源要素，房地产企业在这两个重要资源上的实力以及企业在市场运营方面的能力决定了该企业选择房地产目标市场的范围和空间。

（1）土地资源

土地是从事房地产业的首要资源。在我国，地价是构成房地产成本的主要因素，因此获得优质低价的土地就成为房地产开发最为关键的因素。随着房地产市场的规范化，大量土地通过公开拍卖或招标获得，因此土地获得的能力越来越多地取决于公司的资金实力，现有的通过各种非市场化渠道获得土地的能力所起的作用将逐渐减弱。

（2）资金规模

房地产作为资金密集型行业，具有进入门槛较高、运作周期较长、回款速度较慢的特点，企业自有资金的实力是决定企业运作房地产成败的关键因素。企业在资金规模上的优势将会带来明显的规模经济。

这种规模经济表现在以下几个方面：①大规模项目的开发，使企业可通过集团购买，以量大的优势降低成本；②配套完善的社区规划，更容易吸引消费者；③房地产企业可以对项目产品进行市场组合，从而降低风险，使企业抵御市场风险的能力大大增强；④房地产企业可连续开发多个项目，避免因房地产开发周期长而导致的资金周转困难；⑤企业资金实力强，开发规模大，更容易形成市场信赖品牌。

（3）市场经营能力

房地产目标市场的选择必须具有一定的前瞻性。这就要求房地产企业能够了解消费者的需求动向，准确把握市场，并为消费者提供更多的让渡价值。鉴于此，房地产企业必须具备人才、品牌、文化和相应的持续创新能力、产品设计能力、职业管理能力、客户感召能力、市场推广能力、价值驱动能力和客户服务能力等。它们之间相互作用、相互影响，形成企业的综合能力，对本企业房地产目标市场的选择发挥着各自不同的作用。

2）市场同质性

市场同质性是指各细分市场在顾客需求、购买行为等方面的相似程度。目前，消费需求多样化趋势日益明显，房地产细分市场逐渐形成。房地产消费市场比较突出的3个特点是：

（1）多层次性

在同一商品市场上，不同消费者群体由于社会阶层、收入水平和文化素养的差异，其需求也会呈现出多层次性的特点。例如，有人需要1室1厅，有人需要2室1厅、3室1厅甚至别墅等。

（2）多变性和差异性

由于受各种因素的影响，消费者对房屋有多种多样的需求。随着科技的发展、消费水平的提高，消费者需求在总量、结构和层次上也将不断发展，日益多样化，如刚性需求者会进化为改善型需求者，改善型需求者也会有投资性需求。需求的变化，导致客户群的差异也越发明显，这就要求在进行目标市场的选择时应敏锐地抓住消费者的需求差异与变化。

（3）消费者需求的可诱导性

消费者需求的产生，有时是自发的，有时是与外界的刺激诱导有关的。宏观经济政策的变动、社会交际的启示、广告宣传的诱导等，都会使消费者的需求发生变化，使潜在的需求变为现实的需求，使微弱的购买欲望变成强烈的购买欲望，因此应该准确估计消费者潜在的可诱导的需求。

3）房地产产品生命周期

产品生命周期是指产品的市场寿命。一种产品进入市场后，它的销售量和利润都会随时间推移而改变，呈现一个由少到多、由多到少的过程，就如同人的生命一样，由导入（诞生）、成长到成熟，最终走向衰退，这就是产品的生命周期。例如，健康养老地产目前而言就是成长型的产品，而小户型（一般是指50平方米以下的住房），由于总价低，投资门槛低，前些年很受欢迎，现在市场饱和了，产品就走向衰退期了。一般而言，企业推出产品为新产品或成长期的产品时，企业应当采取无差异性市场营销策略，迅速占领市场，降低成本；当推出产品进入成熟期时，企业宜采用差异性市场营销策略，开发新产品、新功能，开拓新市场；当推出产品进入衰退期时，企业应当采取集中性市场营销策略，集中力量开发少数有利可图的产品。

4）房地产市场竞争状况

房地产目标市场的选择，还应当关注各个子市场的竞争状况。针对不同的竞争态势以及竞争者的市场营销策略，做出相应的目标市场选择和市场营销策略。例如，若竞争对手采用差异性市场营销策略，企业应用差异性或集中性市场营销策略与之抗衡；若竞争对手较弱，企业可以采取无差异性市场营销策略。此外，应当避免同竞争对手采取相同的市场营销策略，防止两败俱伤。目标市场的竞争状况一般包括以下几个方面：

①竞争对手有哪些？有多少竞争者？是否会引来新的竞争者？

②竞争对手实力如何？其卖点及定位是什么？

③竞争对手的市场定位如何？其供应商以及合作者力量的强弱如何？

④竞争对手的竞争策略是什么？

⑤买方实力的强弱如何？

3.2.3 房地产目标市场战略选择

可供房地产企业选择的目标市场战略模式有以下5种：

1）单一市场模式

单一市场模式即目标集中化，此模式是指房地产企业只生产一种产品，只选择一个目标市场，集中营销，适合于公司资源有限且竞争力较弱的状况。

【案例分析3-2】

深圳万科企业股份有限公司在1998年4月开发建设了万科俊园。该项目位于深圳市文锦路与爱国路交会处的北侧，占地5 466平方米，总建筑面积78 000平方米，建筑总层数45层，高161米，是当时中国第一高住宅楼。在该项目的前期阶段，开发商通过市场细分锁定了深圳市及周边地区拥有千万资产人士的目标市场。

分析：“千万资产人士”这一目标市场十分单一，客户群体容量也有限，但这部分群体存在着有效需求，开发商把握了他们的需求信息，及时开发出他们所需要的物业产品——高层豪宅，结果市场反响热烈，至1999年11月，该项目的销售率已达到83%。

2）有选择的专业化模式

有选择的专业化模式即房地产企业选择若干个不同的目标市场，并为不同目标市场对应生产不同的产品。这就要求每个目标市场在客观上有吸引力，而且符合房地产企业的目标和资源实力。

【案例分析3-3】

北京红石实业公司通过市场细分，选择了其中的两个目标市场。该公司集中资源先后为由北京居家办公人士组成的目标市场开发了SOHO现代城，为由金领人士组成的目标市场在海南开发了高档海景别墅。

分析：在5A写字楼推出之前，SOHO现代城能很好地解决办公和居家物业类型的需求，海南的高档海景别墅也是很多先富阶层追求高品质生活的重要形式。北京红石实业公司集中资源主攻这两个竞争不大的市场，成功是必然的。

3）复合产品模式

复合产品模式即产品专业化，企业只生产一种产品，针对多个比较类似的目标市场集中营销。就房地产业而言，复合产品模式是指房地产企业集中开发一种类型的物业产品，并向多个目标市场的客户群体销售这种产品。

【案例分析3-4】

长沙东祥置业公司开发的万芙锦城公寓（高层小户型住宅），位于长沙市友谊路与林大路交会处，项目总建筑面积为30 000平方米，公寓全为1室1厅户型，面积为35～58平方米。考虑到周边酒店、商务人士、在校学生较多，而且以年轻人为主。年轻人对物业的选择特点是首付低、总价低的过渡型需求，所以针对年轻人的需求，开发出小户型精装修公寓，且主推售后返租的销售方式，效果非常好，让原本滞销的小户型变成了抢手货。

资料来源 作者根据相关资料编写.

分析：小户型的购买动机为过渡型刚性需求，长期是一种投资性需求。采用精装修，节约了装修时间，并减少了对物业的损坏；售后返租又解决了过渡型居住之后的投资回收问题，满足了消费者需求，热销就水到渠成了。

4）复合市场模式

复合市场模式即市场专业化，企业生产多个产品以满足某一类客户的多种需求。例如，电器厂家专门为饭店生产各种不同的厨房电器。就房地产业而言，**复合市场模式**是指房地产企业专门为了满足某个目标客户群体的各种主要需求而开发物业。

【案例分析3-5】

位于南京新街口中央商务区的标志性建筑天安国际大厦，它的目标客户群体是在南京CBD办公的白领阶层。该项目1～8层为大洋百货公司，9～13层为高档写字楼，14～42层是公寓。开发商通过在一个楼盘中开发不同类型的物业，较好地满足了南京新街口CBD区域内的白领人士购物、餐饮、娱乐、办公、居住等各种需求。

分析：公寓、写字楼、百货公司，满足了写字楼白领的多种需求，属于写字楼综合体的主要操作手法，当然前提是写字楼的白领群体需求要能支撑其余业态所提供的需求。

5）完全市场覆盖模式

完全市场覆盖模式即全面进入，针对每个目标市场生产不同的产品。这种模式是指房地产企业通过投资开发各种类型的物业来满足各种目标市场的需求。只有大型的房地产企业才能采用完全市场覆盖模式。

【案例分析3-6】

深圳万科企业股份有限公司、南京栖霞建设股份有限公司等大型房地产开发企业就是借助自身核心竞争能力开发各种物业来满足各种客户群体的需求。

分析：城市综合体基本上由商业、写字楼、酒店、公寓、洋房等物业类型组成，针对投资性需求、改善型需求和享受型需求而提供产品，就是典型的完全市场覆盖模式。

3.3 房地产市场定位

3.3.1 市场定位的内容

目标市场选定以后，房地产企业必须进行市场定位，为自己或者产品在市场上树立一定的特色，塑造预定的形象，并争取目标顾客的认同，也就是说，需要向目标市场说明，本企业与现有的及潜在的竞争者有什么区别。房地产市场定位是勾画房地产企业形象和所提供的价值的行为，以使目标顾客理解和正确认识本公司有别于其竞争者的特征。在市场营销过程中，市场定位离不开房地产产品，故又称为产品定位。

房地产项目市场定位是指房地产企业依据所选择的目标市场的特点，针对目标客户对产品属性、特色、功能等方面的要求，设计并塑造项目的市场形象，通过强有力的定位诉求，在目标客户心目中确定本项目与众不同的、受偏爱的、有价值的地位。

【案例分析3-7】

舒适的“退休”社区

北京东方太阳城以“退休社区”的独特市场定位引起人们的关注。该楼盘的负责人表示，北京东方太阳城是为社会上已经退休、愿意享受高质量生活的老年人而建造的，社区中所有的设施大都是为老年人设计的。在植物选配上，选用了大量适宜当地生长的杀菌、防风、防沙的品种，起到净化小区环境、有益健康的作用；在地形组织上，既增加了景观的深度效果，又有效地降低了地表的径流量。此外，从树、树篱、灌木、花到蔬菜及各种药草和香草，甚至遍布在2 000亩自然森林间的野花和野草都大量选用了具备保健疗效的植物，为社区内的居民特别是老年人的居住和活动设计了具有理疗、保养作用的绿色植物群。

北京东方太阳城全部采用无障碍设计，每栋楼不超过4层，并且配有在北欧普遍使用的新型电梯，其优点是空间大，可以放下轮椅和担架，而且这种电梯的按钮设在一米的高度，方便坐轮椅的老年人按到；每套房子的门把手都是手柄型的，老年人如果不方便用手开门，用胳膊压一下门把手就能开门；采用门卡制，即用业主的卡往识卡机旁一靠，就能将门打开，除去了传统钥匙的很多弊病；另外，房间里有呼叫系统，与社区服务部门连在一起，当老年人遇到危险时可以及时得到社区服务部门的帮助。北京东方太阳城还成立了太极拳、民族舞、合唱等一系列适合老年人兴趣的俱乐部，提倡业主参加、自我管理、时间置换等，旨在极大地丰富社区活动，在精神上关心老年人，以实现“老有所养、老有所医、老有所学、老有所为、老有所乐”。

资料来源 作者根据相关资料编写.

分析：北京东方太阳城以老年人为目标客户，以满足老年人的物质文化精神需求为出发点，从产品设计、规划、配套建设以及物业管理等方面进行人性化和针对性强的考量，使产品非常具有特色和竞争力。市场定位的落脚点首先就是产品定位。

1）市场定位的内容

市场定位是相对的而不是绝对的，定位的目的是使项目的规划设计、项目的销售具有一定的购买倾向性，吸引目标客户。市场定位的内涵包括项目市场定位、产品定位和竞争性定位的全部内容。具体来讲，可分为以下内容：

①项目功能属性定位，如土地使用性质（如商业、住宅、工业等）、房屋的基本属性（如高层、超高层、多层、公寓、别墅等）。

②项目经营属性定位，如投资结构（如独资、融资代建、贷款、信托、基金等）、经营方式（如出售或出租、自销或代理等）。

③项目市场属性定位，如目标客户（如核心客群、重要客群、偶得客群等）、消费者需求（如消费者的偏好、动机、购买方式等行为因素）。

④价格定位。价格定位主要是以销售（出租）价目表为标准，用价格来衡量物业在置业者心中的价值地位，如价格水平、价格策略等。

⑤规划设计定位，如平面布置、户型设计、户型配比、配套设施、园林环境等。

⑥建筑与结构设计定位，如建筑造型、主体结构与材料、建筑设备等。

⑦开发与建设方案定位，如开发建设周期、建设顺序、施工工艺、工程发包方式等。

【案例分析3-8】

万达武汉"中央文化区——商墅"的市场定位

万达在武汉中央文化区创造性地以社区商铺为基础提出并实践了"商墅"这一全新产品类别。宜商宜住的别墅型商铺，通过创新设计和功能优化，大大提升了得房率，集中了住宅与商铺的双重优势，多功能、超赠送的创新让人眼前一亮。万达在武汉社区商铺热销的时候，提前预判传统社区底商会遭受来自电商的冲击，积极谋划新的出路。万达洞察高端客群对未来居所社交功能和居住功能融合统一的心理需求，结合地段高端客流、交通、配套优势，颠覆传统的商铺与别墅的价值体系，将商业、居住、办公多功能融合，规划商铺、办公室、居住甚至下面商铺、上面居住等多种形式，灵活多变。与传统商铺比较，"商墅"具有更多优势：第一，区位条件优良。第二，前庭后院的设计赋予产品更多别墅的功能，赠送的前庭后院可以打造成专属空间。第三，配套地下车库和地下空间，第三空间组合灵活，随意变换，满足居住、商业、办公多重需求。"商墅"不仅解决了社区底商需求萎靡的问题，更契合了高端人群对社交与居住的需求趋势，颠覆了传统的产品价值体系，是高端人居的变革之作。

分析：自身产品面临电商冲击的威胁，万达抓住客户对空间的多重需求，对产品的功能进行挖掘与提升，使得传统的商铺变成了具有居住、商业、办公多功能的"商墅"，"商墅"概念大大突显了产品的独特性与异质性。

2）市场定位的步骤

市场定位的主要任务就是通过集中房地产企业的若干优势，将自己与其他竞争者区分开来。市场定位是一个企业明确其潜在的竞争优势，选择相对的竞争优势以及显示独特的竞争优势的过程。

（1）明确潜在的竞争优势

房地产企业可以通过集中若干竞争优势，将自己与竞争者区分开来。竞争优势一般包括成本优势和产品差别化两种基本类型。明确潜在的竞争优势，要求房地产企业从以下三个方面寻找明确的答案：

①目标市场上的竞争者做了什么？做得如何？包括对竞争者的成本和经营情况等做出准确的估计。

②目标市场上的足够数量的顾客确实需要什么？他们的需求被满足的情况如何？房地产企业要在充分调查研究的基础上，深刻地认识顾客需求以及需求最显著的特征，并且提出独到的见解，这是市场定位成功的关键。因为只有比竞争者更了解顾客，才能提供更让顾客满意的产品。

③本企业能够为此做些什么？仍从成本和经营方面进行考虑。

通过以上分析会发现，并非每一家房地产企业在成本和经营方面都能获得充分的竞争优势，而且有些企业往往只具备微弱的优势，这些优势极易为他人效仿，不能长久保持下去。因此，这些企业应该不断寻找和发现潜在优势，并充分加以利用，以此来赢得市场占有率，切不可期望过高，谋求获得巨大而持久的优势，从而错过机会。

（2）选择相对竞争优势

房地产企业找到若干潜在的竞争优势，还应该分析它的可行性，以便做出选择。可行性分析评价主要从成本、质量、技术和售后服务等方面进行，在分析评价中会发现有的竞争优势是现有的，有的是具备发展潜力的，还有的是可以通过努力创造的。因此企业要结合自身的实力，抓住现有的竞争优势，比如品牌、区位、景观等，并不断挖掘和创造新的竞争优势，比如产品创新、服务创新等，以保持企业的竞争地位。

（3）显示独特的竞争优势

选定的竞争优势不会自动显示出来，房地产企业要进行一系列营销活动，通过自己的一言一行使其独特的竞争优势进入目标顾客的脑袋里，并留下深刻的印象。

①建立与市场定位相一致的形象。房地产企业应经常地、积极主动地与目标顾客沟通，让目标顾客指导、了解和熟悉企业的市场定位，并对其认同、喜欢和偏爱。例如，通过大量宣传企业精神、企业文化和企业特色等，与消费者进行交流。

②巩固与市场定位相一致的形象。在建立了初步形象的基础上，企业要继续经常性地与目标顾客保持沟通，强化目标顾客的印象，不断向目标顾客提供新观念、新论据，并采取强有力的营销活动，加深顾客的行为与情感的倾向。

③矫正与市场定位不一致的形象。一旦目标顾客对企业市场定位的理解出现偏差，必须及时加以矫正，否则容易引起失误。因此，企业要加强信息系统的完善，实现良性循环，及时、准确地传递企业的定位，以实现营销的目的。

【案例分析3-9】

从寻找目标客户入手——成都“夕阳红”项目定位过程

1）项目因素分析

成都××实业开发有限公司在成都东门的龙舟路有一块占地31亩的土地待开发，需进行项目定位及整合营销策划。

××企划公司选派精兵强将组成强大阵容，对该楼盘做了大量的市场调查工作。经调查，发现该楼盘的主要优势有：楼盘地处东门，土地价格便宜；位置紧临龙舟路，交通方便；牛市口小学、幼儿园、四川师大附中分布四周；紧邻府南河，背靠望江公园、河心公园，环境清幽；莲花新区及农贸市场、牛沙便道农贸市场就在附近，生活方便。同时，发现几处明显的劣势：小区占地面积小，不可能开发高档楼盘，因为不能满足高档楼盘必须配置的会所及其他大型配套项目设施。

成都××实业开发有限公司是一家年轻的公司，刚介入房地产领域，自身缺乏知名度，经济实力也不济，没有成片大规模开发的实力，竞争能力弱。如果走中低档路线，又发现：特色不突出的竞争对手非常多，而且竞争对手实力较强，若打价格战，该公司不仅没把握取胜，说不定连本钱都收不回来。龙舟路沿线为旧城改造、老成渝公路拓宽改造的重点城区，房地产开发新项目非常多，并且成都东门国有老厂商单位非常多，经济效益普遍较差，故价位低，卖点雷同。

怎样能在中低价位的楼盘上做出鲜明的个性色彩，填补市场空白，切中市场特色需求，是项目面临的最大难题。

经过广泛的市场调查，对全市楼盘分布、项目特色、开发成本、营销周期和营销实效的深入了解分析，策划小组感到：现实条件下，从概念出发的特色牌几乎开发殆尽，开发商的经济实力和地段条件又不允许涉足如“高科技”“古典”“欧美风情”这类豪华概念，必须从新的角度寻求市场空白。在对地块周边服务设施的调查中，遇到一对老年夫妻，他们到附近的医院就诊，由于排队挂号、候诊、拍肺部X光片、血液检查、等候检查和化验结果、交费取药等原因，为了一点普通感冒折腾近5个小时，心情苦闷烦躁而使病情加重。“老年人看病难”的诉求触动了策划小组的灵感。能不能从年龄切入，开发专门适合老年人安度晚年的住宅楼盘呢？

2）寻找目标客户

统计显示：中国60岁以上老龄人，占总人口的比例不断上升，已接近10%，标志着中国即将进入老龄社会。全国60岁以上人口超过1.2亿人，占世界老年人口的1/5，居世界第一位。而成都市60岁以上老龄人口约130万人，占全市总人口比例接近13%，成都市已提前进入老龄社会。（涉及数据为项目当年情况）

针对这130万老年人，进一步细分：具备中低档楼盘购买力者占10%以上，即13万人；统一按“老两口”计算，则为6.5万户老年家庭。再把成都市区分为东、南、西、北4块，东门片区占1/4，则有意在东门买楼盘的老年家庭约为1.6万户。针对这1.6万户的基数，开发全成都绝无仅有的百余套老年住宅，完全具备成功的条件。

3）目标客户分析

有了目标客户的量化指标，策划小组又对老年住宅的需求心理和资金来源等进行了深入分析。

（1）需求心理分析

①老年人和下一代、下两代由于生存环境、所受教育等不同，在生活方式、习惯及思想观念等方面难免产生“代沟”。多数被访问者认为：解决“代沟”的最佳方式是老年人与子女分开居住，节假日儿女上门探望，全家团聚。

②年轻人有自己的生活和工作特点，现代生活节奏加快，竞争加剧，压力加大，生活无规律，与老年人住在一起相互干扰影响，令人头痛。

③敬老院虽然“火爆”，但入敬老院使人心理上有“被遗弃”的感觉，子女也有不孝的负罪感。只要不是孤寡老人，一般不愿意入敬老院。

④老年人再婚后，新建立的老年家庭不易与子女完全和睦共处，分户购房是最佳选择。

⑤老年人喜欢安静、淡泊、朴素的生活，对物质要求不高，不愿地处闹市和商业区、工厂区，与子女的居住要求差异较大。

⑥老年人怕孤独，在相对集中的老年公寓，子女上班上学后，老人们仍有同龄伙伴、共同话题、共同乐趣。

(2) 资金来源分析

①老年人常常有多年的积蓄和稳定的退休金。

②子女们可以共同出资为老年人买房，既尽了孝心，日后也可成为遗产。

③本来准备送父母去敬老院的子女，可以用入敬老院费转为购房款，既解决了后顾之忧，又摆脱了“负罪感”。

通过以上分析，开发商确立了开发老年公寓的决心，将楼盘定名为“夕阳红”。

4) 公寓特色设计

项目确定后，我们立即着手，针对老年人的心理和生理特点，紧紧围绕老年人的生活需求，广泛开展调研和征询，为老年人群体量身定做最合理、最合适的住房。

①所有路面都进行防滑处理。

②所有通道、门槛都采取无障碍设计。

③房型设计上，力求通风、干燥、采光、隔音、结构合理。

④装修适用合理，不奢侈豪华。

⑤其他公寓配置大面积花草绿地，老年公寓配置各户“自留地”。

⑥高档小区配置游泳池，老年公寓配置钓鱼池。

⑦室内设计处处突出安全第一，壁柜防止碰头，插座防止碰撞踢踏。

⑧水龙头不用螺丝头，防止拧不紧，拧不开。

⑨窗户采用推拉杆式，避免头伸出窗外。

⑩阳台外设自动晾衣架，收晾衣物十分方便。

⑪通过楼盘物业管理系统，成立钓鱼协会、老年棋协，与外部联合开办川剧座唱、老年大学等。

⑫通过楼盘物业管理系统，配备专职保健医生、护士，方便老年人常见病就诊，开设家庭病房，上门提供医疗、护理等服务。

5) 环境配套设施

①利用附近的农贸市场，解决老年人柴米油盐等生活必需品的采购。

②利用附近3、12、14、31、38、51、68、75、77路公交车，充分解决老年人办事、亲友子女探望等交通问题。

③与附近医院挂钩，解决老年人“就医难”的问题。

④与附近公园挂钩，解决老年人休闲、锻炼、娱乐的需求。

⑤与附近的幼儿园、小学挂钩，解决老年人替子女照料孙子孙女，就近入托、入学，方便接送的需求。

6) 宣传促销

针对老年人特点，制定与众不同的老年公寓促销策略：

①大力宣扬中华民族“尊老爱幼”的传统美德，倡导“孝心”消费，引导子女为老人集资买房。

②挖掘有关“尊老敬老”、为老年人排忧解难办实事的正反两方面新闻素材，通过新闻热线向媒体提供。巧妙联系社会对“老年公寓”“老年社区”的舆论期盼和呼吁，利用

新闻媒体扩大本楼盘的知名度和美誉度，既提高效率，又降低成本。

③制定相对较低的价格，采用分期付款、银行按揭等灵活的收费方式。

④从下岗职工中招聘一批中年妇女担任售楼代表，这样既能提高与老年人的亲和力，又相对降低了用工成本。

⑤创造“拉家常”售楼方式，让中年妇女售楼代表充分“倾听”老人们的“唠叨”，与老人们推心置腹，陪老人们货比三家。

7）策划效果

经过缜密的策划后，楼盘以“夕阳红”命名，正式开盘；响亮提出，是专门为老年人量身定做的房子；全面的户型设计，环境、配套都完全符合老年人的习惯和内在需求；响亮地传播了楼盘的广告主题语：“成熟地爱一次。”楼盘推出后，由于定位准确、特色突出、营销独特、房价便宜、功能完善，因而大受好评，创造了开盘两个月销售一空的奇迹，并赢得了可观的社会效益和经济效益。

分析：地块本身的局限限制了项目高端化的可能，但老龄化社会对养老地产的需求趋势被营销团队敏锐抓住，并挖掘出老年公寓这个潜在优势，定位精准且有创意。

3.3.2 房地产产品定位方法

房地产企业研究建立产品结构和经营范围战略，决定开发和销售何种产品给客户，并制定满足其利益和需求的产品策略是房地产企业的重大决策。

房地产产品是指用于满足人们生产、生活、工作、投资需要的房产产品、人造空间、自然环境和各种相关服务的总称。它包含3个层次的产品概念：首先是核心产品，即实质产品层次，是指房地产产品为消费者提供最基本的效用和利益，如满足生活居住需求、办公经营需求、投资获利需求、资产增值需求等。其次是形式产品，即核心产品的基本外在形式，是核心产品所展示的全部外部特征，如位置、建筑风格、质量、户型、周边园林环境等。最后是延伸产品，即消费者通过房地产产品的消费而得到的附加服务和附加利益，如销售服务、物业服务、社区文化等。三个产品层次中核心产品是基础，但其价值必须通过形式产品得到提升与实现，延伸产品是差异化营销的竞争重点。

产品定位是指企业针对一个或几个目标市场的需求并结合企业所具有的资源优势，为目标客户提供满足其欲望和需求产品的过程。产品定位的出发点和依据一般有以下3个方面：

（1）根据产品特色定位

以房地产产品特色进行定位，如某办公用房强调所处的优势区域、优良的物业管理等；住宅小区则突出结构合理，设施配套，功能齐全，环境幽雅等。

（2）根据利益定位

这种定位方法注重强调消费者的利益，如有的房地产产品定位侧重于“经济实惠”“物美价廉”，有的侧重于“增值快速”“坐拥厚利”，而有的则强调“名流气派”“高档享受”。

（3）根据竞争需要定位

如果企业所选择的目标市场已有强劲有力的竞争者，则可以根据竞争需要进行定位，一般有两种策略：一是与现有竞争者并存，就是将自己的产品位置确定在现有的竞争产品的旁边。从实践中看，一些实力不太雄厚的中小房地产企业大多选用此种策略。二是逐步取代现有竞争者，就是将现有竞争者赶出原有的位置并取而代之，占有其市场份额。这种策略主要为实力雄厚的房地产大企业所选用。

房地产产品定位具体有以下3种方法：

1）房地产产品SWOT分析定位法

（1）房地产产品SWOT分析定位法的概念

SWOT战略分析模型是20世纪60年代由战略设计学派代表人物钱德勒和安德鲁提出的战略分析工具。SWOT是优势（strength）、劣势（weakness）、机会（opportunity）和威胁（threats）的合称。SWOT分析方法认为企业外部环境对企业战略形成有重大影响，战略形成过程实际上是把企业内部的优势和劣势与外部环境的机会和威胁进行匹配的过程。在房地产产品SWOT分析定位中，房地产企业通过分析外部环境中的机会和威胁及对项目可能产生的影响，寻找自身的优势和特有的资源，并分析企业存在的劣势，通过匹配分析提出可行的房地产产品战略。房地产产品SWOT分析定位如图3-1所示。

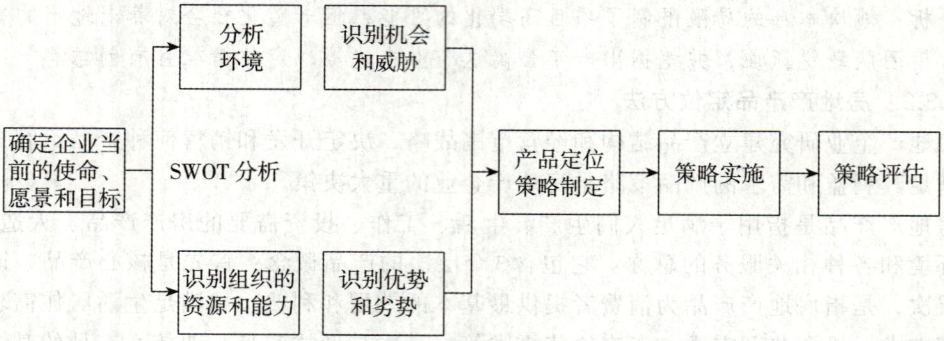

图3-1　房地产产品SWOT分析定位

（2）房地产产品SWOT分析定位法过程

①内部资源分析（优势与劣势）。

房地产企业进行内部资源分析，主要分析组织的核心竞争力。核心竞争力是能够给企业创造价值、给企业带来竞争优势的与众不同的资源和能力。例如，某房地产经纪公司打算成为高档写字楼销售商，但是目前公司房地产经纪人员多为几年前招收的“60后”下岗工人，虽经过房地产业务培训，具备一定的房屋销售能力，但很难适应以外资企业为主力客户的写字楼销售工作。这时，尽管高档写字楼销售市场呈现销售人员短缺的状况，但该公司因为自身资源条件不具备，不能成为写字楼的销售代理商。

②外部环境分析（机会与威胁）。

房地产产品的外部环境主要由三部分构成：总体环境、产业环境和竞争环境。总体环境分析要从政治法律（political）、经济（economic）、社会文化（social）和技术（technological）四个层面进行环境评估，即外部总体环境PEST分析。例如，在国家关于禁止开发高档别墅项目的政策环境下，房地产企业显然不能以别墅产品作为企业的主打产品。产业环境对房地产产品的影响更为直接。一个产业的竞争程度和产业利润潜力由五个方面的竞争力量反映并决定，即迈克尔·波特提出的“产业竞争五力模型”。这五种力量包括新进入者的威胁、替代产品或服务的威胁、购买者讨价还价的能力、供应商讨价还价的能力，以及现有企业之间的竞争。如某代理公司具备高档写字楼销售经验，但是外部市场上高档写字楼销售面临困境，该代理公司就会放弃代理销售高档写字楼的战略。竞争环境分析主要指对竞争对手的目标、战略意图、产品线、销售策略等进行分析。

③构造产品SWOT分析矩阵。

将调查得出的各种因素根据轻重缓急或影响程度用排序方式，构造SWOT矩阵，举例见表3-4。在此过程中，将那些对产品发展有直接的、重要的、迫切的、久远的影响因素优先排列出来，而将那些间接的、次要的、不迫切的、短暂的影响因素排列在后面。

表3-4　某房地产产品SWOT分析矩阵实例

S（优势）	W（劣势）
地段：位于南山大道和南新路之间，属于商业与居住两相宜的成熟地段 交通：处于次干道路口，交通便利 配套：紧邻家乐福商圈，生活配套完备 教育：南山实验小学形成了强大支撑 产品：楼盘外立面形象良好 工程形象：楼盘处于准现房状态	规模：本项目规模较小，难与大盘抗衡 自身配套：单体建筑，缺乏目前市场上流行的小区环境和小区花园 户型：主力户型以三居室为主，对本区域而言面积偏大 售楼处：售楼处偏僻，形象较差 片区：地处南山老地段，不属于目前热卖片区，不易于吸引区外人士前来购买
O（机会）	**T（威胁）**
商业配套：万佳超市即将进驻广场裙楼，将极大地吸引客户的关注度，增加居住氛围 教育配套：可通过强化对南山实验小学的宣传而增加客户群 营销：通过卖点的重新整合、完善包装和促销手段来激活销售	区外竞争：南山巨大的住宅推出量，使本项目面临巨大的竞争压力 区内竞争：周边正在销售和即将销售的楼盘直接冲击本项目 销售时机：本项目主销期仅剩下两个月，销售压力大

④制定行动对策。

根据SWOT分析制定出的行动对策有四种，如图3-2所示。第一，WT对策，即考虑劣势因素和威胁因素，目的是努力使这些因素影响都趋于最小。第二，WO对策，即着重考虑劣势因素和机会因素，目的是对企业劣势资源进行投资，以改善企业的劣势资源并努力使劣势因素影响趋于最小，这样才能充分利用外部市场机会，使之不会成为企业利用机会的障碍。第三，ST对策，即着重考虑优势因素和威胁因素，目的是努力使优势因素影响趋于最大，充分利用企业内部资源和能力，组合成企业核心竞争力，应对企业面临的外部威胁因素并使威胁因素影响趋于最小。例如，国家出台调控房地产市场的相关政策，提高首付款比例，房地产市场需求低迷。有实力的房地产企业利用其资金和品牌优势设计符合当前市场需求的中小户型住房，吸引资金量小的购房者。第四，SO对策，即着重考虑优势因素和机会因素，目的在于努力使这两种因素影响都趋于最大。充分发挥企业内部资源优势，充分利用外部积极的市场机会，设计开发多种符合市场需求的产品。

其中，WT对策是一种最为悲观的对策，是处在最困难的情况下不得不采取的对策；WO对策和ST对策是一种苦乐参半的对策，是处在一般情况下采取的对策；SO对策是一种最理想的对策，是处在最为顺畅的情况下采取的对策。

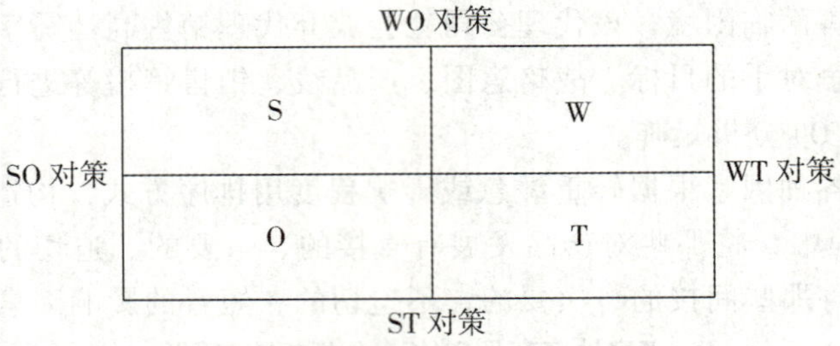

图 3-2　SWOT 分析方法示意

延伸阅读 3-1

某项目 SWOT 策略分析

2）房地产产品建筑策划定位法

对于房地产这种有形产品而言，房屋的核心价值集中体现在建筑环节，同时是产品差异化竞争优势的来源之一。建筑方案决定房地产产品的使用功能、使用方式、表现形式，甚至决定使用者的生活行为，因此建筑方案对产品起着决定性的作用。在房地产产品定位中需要使用建筑学的相关知识，但不同于建筑设计本身。

（1）房地产产品建筑策划定位法的概念

建筑策划定位法是指根据总体规划的目标，从建筑学的角度出发，依据相关经验和规范，以实态调查为基础，经过客观分析，最终得出实现既定目标所应遵循的策划定位方法。它为建筑设计能够最终充分地实现总体规划的目标，保证项目在设计完成之后具有较高的经济效益、环境效益和社会效益而提供科学的依据。这种定位方法主要应用在新建房地产项目中。

对人在建筑环境中的活动及人对建筑使用的实态调查和分析是关键。活动实态和使用实态的复杂性，使得传统的建筑语汇在描述其活动机理时显得贫乏且缺少空间需求的度量。而建筑目标的形成、设计的展开与实施却离不开定量的计算，空间的大小、人流动线的分析、使用质量的保证，都需要有一个定量的注释和说明。

（2）房地产产品建筑策划定位法的流程

建筑策划定位法的流程如图 3-3 所示。

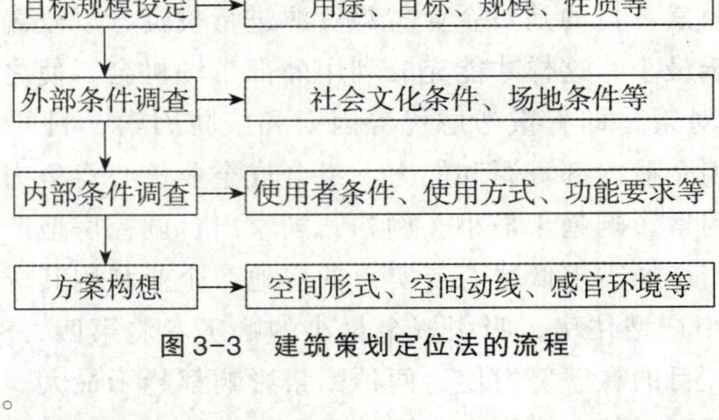

图 3-3　建筑策划定位法的流程

①目标规模设定。

目标规模的设定必须以满足使用为前提，同时避免不切合实际的浪费与虚设。它主要是求得抽象单位尺寸，在某种使用方式下的负荷人数和空间特征，以及项目在环境中的实际运行状况。抽象单位尺寸是指一些人均用地数量、人均用地面积、人均单位尺寸等指标。使用方式是对“使用时间-人数要素-使用空间”的考察。这具体包括建筑的大小、高低、面积容积、空间体量、尺度，建筑与街道的距离，建筑与环境的影响方式等方面的静态研究；使用者活动流线、轨迹，使用者由内到外对目标空间的使用方式，空间组合比例及环境空间使用量上的分配比等。

②外部条件调查。

外部条件主要包括地理条件、地域条件、社会文化条件、景观条件、技术条件、经济条件，以及一些总体规划中的控制性条件等。本书第2章中论述的市场调查方法同样适用于建筑策划的外部条件调查，调查内容包括地理位置、地理特征、地理气候，用地本身在城市中的景观效应、用地周边的景观资源和景观特征等。

③内部条件调查。

内部条件主要指建设项目自身条件，如功能要求、使用者条件、使用方式、建设者的设计要求、管理条件，以及基地内的场地性质。

使用者在建筑空间中的使用方式主要有两类：人与人的活动和人与物的活动。使用者既可分为空间固有使用者和空间外来使用者，又可分为服务者和被服务者。因此，对使用者的分类和使用特征的研究是建筑策划内部条件调查的关键，它决定空间主体的使用方式和空间的基本构成。一些建筑空间使用者的分类与使用特征可概括为表3-5。

表3-5 建筑空间使用者的分类和使用特征

建筑类型	被服务者	服务者	使用特征
住宅	住户、来访者	物业管理人员	日常工作
写字楼	租用者、来访者	物业管理人员	日常工作
商店	客户、购买者	销售员、管理员	随机
酒店	旅客、来访者	管理和服务人员	24小时服务
活动中心	活动参与者	管理者、筹办者	有组织、随机

建筑实体必须满足空间功能条件、空间心理感观条件、空间文化条件，因此在内部条件的把握中需要在建筑内部和外部的空间中把握使用者的活动特征。

④方案构想。

方案构想包括研究项目空间构想内容、探讨空间动线、列出空间内容明细表、分析空间感观环境。

第一，空间构想内容。

空间构想内容主要包括活动空间、联系空间、领域空间。

活动空间（activity space，AS），一般指人在其中有明确行为的内容空间，多为具体的房间。AS构想时主要注意空间利用的充分性、使用者行为的流畅性、满足使用者的视觉诱导性。

联系空间（circulation space，CS），一般指联络各个AS中使用者行为流通的过渡空间，多为过道、通道、前厅等。CS是空间策划中最具表现形式的部分，也是建筑设计中重点刻画的对象，在CS中出现了“流通空间”“共享空间”“灰空间”等富有空间感的概念和形式。

领域空间（block space，BS），由同种活动和连续有关行为形成的组群，即由AS通过CS相连而成。

第二，空间动线。

空间动线又是流线，是使用者在CS中的轨迹，动线系统就是CS系统。在动线策划中一定要简洁明了，力求选用距离短、直接的方式。

根据使用者的活动特征，建筑中的人类活动主要分为三类：一是无特定目的的运动（如散步）；二是往复运动（如从居室到卫生间的运动）；三是回复原地点的运动（如从展览室入口，又回到入口）。空间动线的策划不单是人或物的通道，也是使用者动线活动的集结场所。

第三，空间内容明细表。

建设项目的空间内容明细表即为房间明细表，是设计任务书的基本组成部分。它包括两个方面：各空间名称的确定和空间规模的确定。

第四，空间感观环境。

空间感观环境是指空间环境中对人的感官构成影响的环境物理量，主要为空间的感觉、光和色彩的感觉、密度和尺度的感觉、时间的感觉。

延伸阅读3-2

户型分析

3）房地产产品目标客户需求定位法

（1）目标客户需求定位法的概念

产品定位，即房地产企业根据目标客户的需求特点，使产品在目标客户心目中建立特定位置、公认形象的活动过程。为了能与竞争对手展开竞争，房地产企业需要在营销过程中确定它能最有效为之服务的目标市场，根据选定的目标市场的需求开发和销售有针对性的产品。市场细分、目标市场和产品定位的关系如图3-4所示。

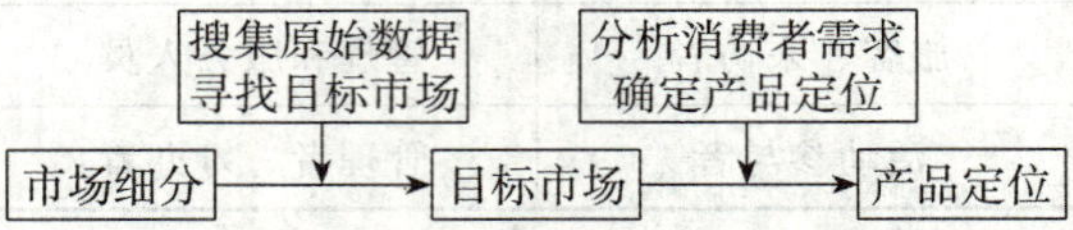

图3-4　市场细分、目标市场和产品定位的关系

目标客户需求定位法是指房地产企业在物业产品定位时，根据所选定的目标市场的实际需求，开发建设出能满足目标客户个性化需求的产品。

【案例分析3-10】

大宁金茂府户型体系

户型体系的构建首先需要确定面积区间。上海大宁金茂府作为高单价项目，分为东西两个区域。首先开发的西区物业客户可接受的面积区间与总价区间是多少？是否一定就是上海房市普遍认知的大尺度、大面积的产品？大宁金茂府团队通过深入调查发现：①2014年，大宁区域品质二手房市场，有大量70～80平方米的两房抛售，二手价在400万元左右，周边对于700万元左右3房以上的功能户型，存在大量需求；②上海2012—2014年6万元/平方米以上项目成交结构中，3房主力成交价在1 000万～1 200万元之间，4房在1 500万元左右。

这表明在上海北区域，真实存在着一个6万～8万元/平方米、总价700万～1000万元、3房～4房的优质改善型项目的需求市场。通过对全市及高端公寓产品热销面积段及热销总价交叉分析，倒排适销对路户型，对西区产品提出了基本的定位：打造出在控制总价的同时，能满足客户功能需求的“迷你化豪宅”。西区主推95平方米、158平方米、192

平方米的纯公寓产品，95平方米总价在700万元左右，158平方米总价在1 200万左右，192平方米总价在1 500万~1 600万元，以实现西区冲流量、回现金、树品牌的目标。

后续开发的东区产品承担着合理流量、超高溢价的开发目标。2015年以后，随着市场对大宁区域及项目认知度的大幅提升，通过对西区成交客户的再调研，东区重点增加收纳、空间舒适度，并根据客户价值敏感点增加精装配置，先推出112平方米公寓户型。随后根据市场热销总价倒排适销对路的户型，并通过优化空间控制4房面积，主推159平方米及170平方米两个户型，与市场普遍180平方米以上的4房形成区隔，实现了“单价高溢价”的目标。最后，针上海内中环叠墅新品极其稀缺、科技精装叠墅空白的市场情况，参考内中环别墅二手房价格，推出总价3 000万元左右、220~270平方米科技精装叠墅产品。

分析：准确的户型配比（各种户型套数占总套数的比重）是项目产品组合的基础，也是销售价格与回款速度的重要考虑因素，所以准确预测未来的市场旺销户型、明星户型是户型配比的关键。

（2）目标客户需求定位法的步骤

①确定目标客户。

市场细分后，房地产企业要对选择进入哪些目标市场或为多少个目标市场服务做出决策。

②目标客户特征分析。

对目标客户进行分析，确定目标客户所属的目标角色状态和追求的核心价值，指出主要目标客户的特征，包括目标客户的购买动机、欲望、需求等特征，从而设计出相应的产品。

③设计产品，进行营销策划并组织实施。

在设计产品之后，需要制订一个营销组合方案并实施这个方案，使产品设计目标能够真正实现。这不仅是品牌推广的过程，也是产品价格、渠道策略和沟通策略有机组合的过程。

3.3.3 房地产品牌策略

在房地产市场竞争日益激烈而且复杂化的今天，如何才能求得生存和发展是每个房地产企业都在探索的话题。从战略角度来看，在其他条件相差不大的情况下，品牌（楼盘品牌和企业品牌）的树立就成为决胜的关键。

1）楼盘品牌策略

楼盘品牌是企业的无形资产，成功的楼盘品牌策略可以增加该项目的知名度、认知度、美誉度和附加值。楼盘品牌策略就是通过产品本身的高品质创造概念，对其加以宣传来树立产品形象。其最直接的体现方式是楼盘的名称和标志。

（1）名称

成功的命名是项目成功推广的开始，案名效应是吸引目标客户群体、刺激其购买欲望的重要途径之一。通过楼盘案名，客户群体在心理需求上受到一种购买欲望的启示，不同楼盘，不同案名，提供给客户不同的需求。成功的案名往往在一定程度上起到导购的作用，能起到事半功倍的效果，客户则可通过楼盘案名，加深对需求楼盘的了解。房地产命名一般有两种方式：通用命名和自由命名。通用命名由“修饰语+中心语”构成；自由命名则不受限制。

界定一个楼盘名称是否出彩，最简单的一个标准就是既要切合项目情况和定位，又要富有创意，不落俗套。好的楼盘名称应具备以下几个特征：

①项目名应该符合现代汉语词汇的构词规则：项目名的中心语可以分为现代式和传统式。现代式中心语有花园、公寓、别墅、广场、大厦、街区、社区、中心、海岸、国际、城、村、山庄等。传统式中心语有苑、庭、湾、邸、居、馆、阁、坊、轩、筑、庐、座、第、都、谷、府、园、人家等。通用名的修饰语一般采用地名、开发商名、植物名、自然现象及传统吉祥语、欧美地名、时尚式用语（SOHO）等。

②项目自由命名应该具有个性、别具一格，如春江花月、西域年华、七里香溪、枫丹白露、岸上蓝山、风雅钱塘、天元2005、第六大道、阳光100、青山湖81号等。

③楼盘名称作为一个标识性强、具有个性的自我标记，应与地块的地理、环境、布局、物业的产品定位、客户的定位相吻合，体现楼盘的与众不同。

④要考虑项目的大小、定位、品位，暗喻物业的风格和档次。

⑤应考虑物业名称是否具有较强的亲和力、地方特色，是否更个性化。

⑥要从名称的音、形、义上进行多方面审视，如发音响亮、书写美观（放大或缩小都不影响字形的美观和清晰，利于传播推广）、寓意美好、朗朗上口、令人遐想。

（2）产品品质

产品品质包括产品质量（建筑风格、装修标准、户型结构、实用率、容积率、绿化率等）、服务（售前、售中、售后物业管理服务）和功能等内容。

有了好的名称还要以较高的产品品质作为依托，否则会弱化品牌效应。保有和提升品牌价值，需要始终保持产品品质，能够做到产品领先、服务领先、品位领先。所谓产品领先，是指产品的技术和功能领先、质量领先、附加值领先、发展趋势领先，从而满足消费者对品质的期望。所谓服务领先，是指企业提供高附加值的特色服务。住宅物业管理等售后服务一直是薄弱环节，成为消费者投诉的热点。例如，某房地产开发集团恰恰选中这一环节，走出一条“以物业创品牌，以物业促销售”的成功之路，其物业服务精髓是“精、诚、信”，即通过服务细节量化、标准化处理，体现人性化的服务特色。所谓品位领先，是指产品和经营的格调高雅，包含良好的审美意识和文化意识。例如，某市一个住宅小区，利用自然地形地貌特点，建设了富有徽派特色的统一坡屋面、马头墙、歇山顶的建筑群。项目依山傍水，将住宅外观与优美的自然环境融为一体，并且小区内疏密有致的几十种树木上，常年栖息着各种鸟类，空气质量达到一级水平。高质量的环境品位、浓厚的文化气息，使人与自然、人与空间、人与人关系和谐统一。

（3）创造概念

创造概念是指设计、执行及控制各种方案，以促使目标群体接纳某些社会观念、主张或做法，本质上是将项目定位的独特性与优势聚焦到某个主题上面，往往体现在物质价值和精神价值两个层面。具体而言，概念可以分为：

①区位概念。如今，城市的功能分区越来越明显，而且随着生活水平的提高和生活观念的变化，区位的优劣不再有绝对的统一标准，每个人根据自己的生活和事业需要各有侧重地选择。可以说每个地段或区位都是理想的，就看房地产企业针对项目所处区位是否能开发出反映区位特征并具有特色的楼盘。

②生活概念。居住生活模式概念的包装实际上是一种生活居住概念的引导，与区位息息相关。房地产企业可以根据现代生活方式和经济结构的变化，设计引导现代生活和工作的“生活新概念”的房地产产品。比如奥林匹克花园的“科学健康生活方式”就很受市场欢迎。同时，只要能言之成理，能自圆其说，能打动消费者就算成功。

③品质概念。物业品质概念包含建筑风格、装修标准、户型结构、实用率、容积率、绿化率、会所等内容，以及住宅建设标准中规定的经济性、适用性、耐久性、舒适性等内容，也包括产品附加服务。物业品质概念的包装就是要在这诸多的范畴中把楼盘最具代表性和说服力的内容加以概括、提炼，然后在广告中加以宣传，在销售中通过销售人员向客户进行描述。

（4）追求个性化

目前国内房地产开发常有模仿、复制的现象发生，一种模式或风格受到市场的欢迎，就会有众多的模仿者一拥而上，是一个大众化风格弥漫的时代。但在其中不乏一些主动创新者，从平庸中稍加些许变化就成了流行和时尚，即成为个性化产品，从而受到消费者的青睐和追逐。

市场上已有太多的平庸作品和典范作品，消费者崇尚创新，追崇名牌，成为品牌的护花使者。消费者口味的变化使品牌的个性化风采愈演愈烈，直至推至巅峰。现在众多的企业都在辛苦创新，因为创新才是出路，才能赢得消费者、赢得市场，机会正是在一个个创新中产生和把握的。

延伸阅读3-3

常见的主题概念类型

2）企业品牌策略

良好的品牌策略可以对内提高员工尽职度，对外提高客户忠诚度，给企业带来高额的经济效益和良好的声誉及显赫的社会地位。在品牌策略的执行过程中，有以下几种方案可供选择：

（1）产品效应策略

企业品牌的树立离不开产品，只有把握市场趋势与需求脉搏，不断改进物业功能，完善配套设施，将以人为本的精神贯穿于房地产开发、服务的全过程，提供被市场接受的产品，才能使企业品牌得到提升。同时，企业有了良好的品牌就必须向社会提供名副其实的产品并保持连续性，使企业品牌得到维持和发展，否则将葬送信誉、被市场淘汰。例如，某市一个房地产企业在品牌创立过程中，聘请著名策划人士，对人们的生活方式、教育概念进行引导，将普通的地产项目转化为国际化学校、别墅、成功人士的会所这个三位一体的全新系统工程。通过给富人提供一个文明、高尚的生活环境，把其后代培养成文化水平高、素质高的人才，勾画出一个理想型生活社区典范，取得了巨大成功。但是这一借助外力作用造就的非专业化品牌，由于定位过高以及对经营资源的过度使用，毕其功于一役，使品牌战略难以持续进行，成为品牌的经典和孤本。其后继者不得不通过保留品牌合理的文化内涵，重新进行定位（将定位于高收入阶层转向定位于中等收入阶层），从而重新赢得了市场。

（2）人物营销策略

人物营销是指用以创造、维持或改变对特定人物的态度或行为的一系列营销活动。人物营销的目的在于塑造名人——一个可引起注意、兴趣、行动的知名人物，可以帮助组织达成目标。

（3）企业与楼盘品牌联动策略

延伸阅读3-4
重庆JLH项目市场定位

企业品牌策略与楼盘品牌策略既对立又统一。对立的一面体现在时效上，它们是长远目标与短期目标的矛盾、是整体与个体的关系、是代理商与开发企业的区分。统一表现在目的与结果上，它们都是以盈利为最终目标；同时表现在二者的相互关联上，企业品牌可以带动新楼盘品牌尽快树立，而众多楼盘品牌的积累可以支撑企业品牌的延续和发展。所以，二者应有机结合，将楼盘品牌的树立视为企业品牌树立过程中的一个步骤，保持项目开发的连续性，避免“急功近利”（只注重楼盘品牌而忽视企业品牌的树立）和“脱离现实”（只注重企业品牌而忽视楼盘品牌的树立）的问题出现。

本章小结

本章是房地产设计之前的定位与设想，能不能获得消费者的认同，定位相当关键。在学习过程中，要掌握市场定位，尤其是产品定位的内容、步骤和方法。实践过程中，本章讲述的方法需要和具体的项目情况结合，具体问题具体分析、解决，不能照抄书本。学生在学习中可以主动找些案例进行分析，以增进对本章内容的理解。

关键概念

市场细分　房地产项目市场定位　单一市场模式　复合市场模式　SWOT分析　产品定位

基础知识练习

△ 选择题

1）WT对策是指（　　）。

A.考虑优势因素和机会因素，目的在于努力使这两种因素影响都趋于最大

B.考虑优势因素和威胁因素，目的在于努力使优势因素影响趋于最大，使威胁因素影响趋于最小，用优势抵抗威胁

C.考虑劣势因素和机会因素，目的在于努力使劣势因素影响趋于最小，使机会因素影响趋于最大，使劣势不成为机会的障碍

D.考虑劣势因素和威胁因素，目的在于努力使这些因素影响都趋于最小

2）市场细分不应考虑的因素主要有（　　）。

A.地理因素　B.人口因素　C.政治因素

D.行为因素　E.价格因素

3）调查显示，W市H区是高等院校和科研院所密集地区，高校教师和科研人员近年来收入稳定，收入水平有较大提高，原有住宅建筑面积一般在80平方米左右，户型多为2室1厅。他们改善住房条件的愿望十分强烈，而周边未有合适楼盘推出。该地区原有某企业效益不好，破产后土地闲置，A开发商拟获取该土地使用权，按规划要求进行住宅开发。

（1）不宜定位为项目主力户型的是（　　）。

A.3室1厅　B.3室2厅　C.2室1厅　D.4室2厅

(2) 最难以成为其主要销售对象的是（ ）。

A.高校教师 B.科研人员 C.工业企业职工 D.国家公务人员

4）产品品质不包括（ ）。

A.产品质量 B.产品价格 C.产品功能 D.配套服务

5）建筑设计中重点策划的对象是（ ）。

A.联系空间 B.活动空间 C.领域空间 D.共享空间

△ 简答题

1）房地产市场细分的变量有哪些？

2）房地产市场细分的主要方法有哪些？如何使用？

3）房地产目标市场选择应考虑的因素有哪些？

4）房地产产品的内涵是什么？

5）房地产产品定位的内容有哪些？

6）房地产产品定位的方法有哪些？各有什么特点？

7）什么是房地产产品品牌策略？包括哪几方面的内容？

实践操作训练

△ 案例题

灵山卫朝阳新村项目市场定位报告

1）项目分析

(1) 项目概况

项目位置：山东青岛胶南市灵山卫海滨大道北侧。

规划总用地：总占地365亩，总建筑面积30万平方米。一期占地111亩，19栋多层和4栋小高层，总建筑面积9.56万平方米，即将推出的为4栋小高层。

物业类型：点式小高层带电梯，两梯3户。

地理位置如图3-5所示。

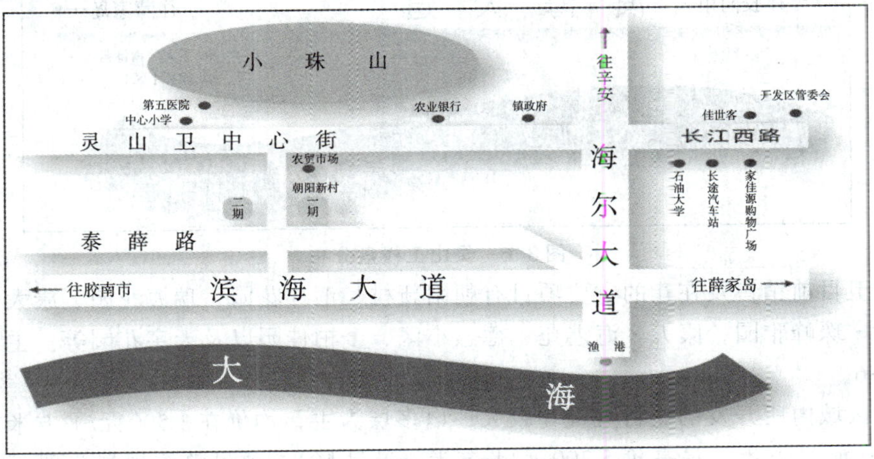

图3-5 灵山卫朝阳新村项目地理位置

项目位于灵山卫中心区域，距青岛开发区仅4.5千米，北依小珠山，南临大海。

（2）周边生活配套

灵山卫镇生活配套完善，学校医院配备齐全，但规模较小，仅以满足生活基本需求为主，缺乏娱乐及消费场所，金融机构以农行及农村信用社为主。

灵山卫镇主导产业为针织纺织业，规模普遍较小，区域内大型企业有热电厂、灵山船厂、积米崖渔港、康大集团。

（3）项目经济指标

项目总用地：365亩。

总建筑面积：30万平方米。

容积率：1.1。

绿化率：42.3%。

一期占地111亩，建筑面积9.56万平方米，4栋小高层、19栋多层，即将推出的为4栋小高层，一期车位共800个。

2）竞争环境分析

（1）周边竞争型楼盘调查

灵山卫楼盘分布如图3-6所示。

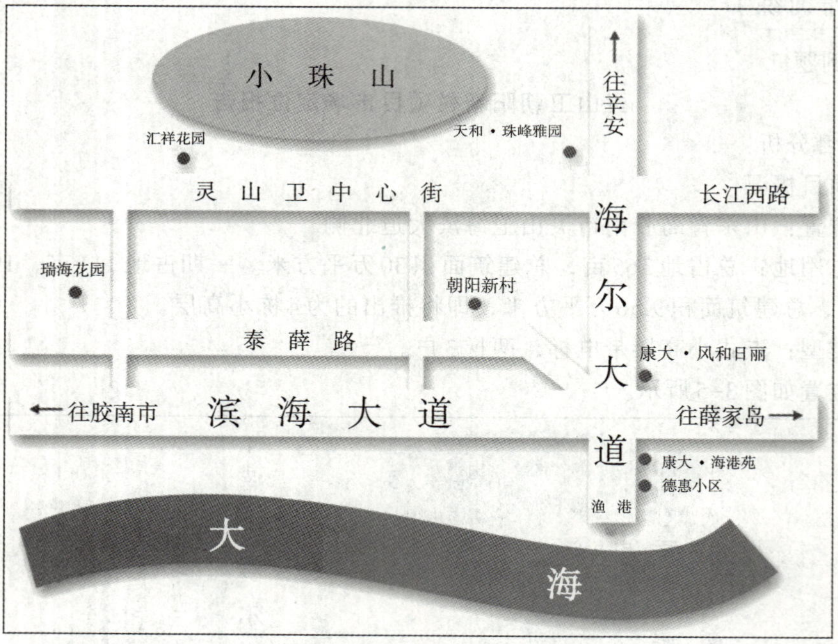

图3-6 灵山卫楼盘分布

灵山卫目前销售及在建的主要项目有朝阳新村、汇祥花园、瑞海花园、康大·风和日丽、天和·珠峰雅园、康大·海港苑、德惠小区、金柏佳园以及天宇花园等。主要楼盘比较见表3-6。

目前区域内所开发的项目规模均较大，以多层为主，均价在3 500元/平方米左右，最低价2 980元/平方米，最高价5 200元/平方米（精装修）。项目整体规划合理，色彩造型明亮，建筑选材高档。交房标准以简装毛坯房为主，部分精装修或单送厨卫装修。

表3-6 **灵山卫主要楼盘比较**

名称	地理位置	建设规模	主力户型	户型平均面积（平方米）	绿化率	销售价格（元/平方米）	销售状况	装修标准
朝阳新村	灵山卫滨海大道北侧	总占地365亩，总建筑面积30万平方米，一期占地111亩，19栋多层和4栋小高层	2×2、3×2	2×2 80 3×2 110	42.3%	起价2 800，均价3 000，最高价3 680	一期售完，仅余部分大户型	毛坯房
汇祥花园	灵山卫第五医院对面	总建筑面积15.7万平方米	1×1、2×1 2×2、3×2 多层	2×1 80 3×2 110	42%	起价2 980，均价3 130，最高价3 280		毛坯房
康大·风和日丽	滨海大道与海尔大道交会处	总建筑面积25万平方米，总户数2 000户	2×2、3×2复式 多层、高层	2×2、3×2 92~270	40.6%	多层起价3 900，均价4 550，最高价5 200 高层4 230 ~ 5 200	一期20栋售完，目前二期13栋，三期11栋，销售良好	精装修
瑞海花园	滨海大道灵山卫镇西门外	占地306亩	2×2、3×2 多层6+1 高层24F、28F	2×2 92 ~ 97 3×2 111 ~ 148	40%	起价3 930，均价4 250，最高价3 980	北区已交房，南区销售正常	毛坯房
天和·珠峰雅园	灵山卫中心街靠近海尔大道		2×2、3×2 小高层10F 高层19F	2×2 86 3×2 130		起价3 930，均价4 250，最高价4 600		毛坯房
康大·海港苑	灵山卫积米崖港区	二期总建筑面积2万平方米，共5栋多层	2×2、3×2 多层	2×2、3×2 99 ~ 130	36.5%	均价3 300，最高价3 500	一期全部售完，二期2万平方米尚未开发	毛坯房
德惠小区	灵山卫积米崖港区	共开发68栋	2×2、3×2 多层	3×2 126 ~ 136		均价3 500，最高价3 580	一期售完，二期未开发	毛坯房

（2）项目SWOT分析

◆ S——优势

①位于灵山卫中心城区，生活设施齐备。

②前期销售良好，入住率相对较高。

③依山面海，环境优美。

④园林景观，用料高档。

⑤紧靠开发区，距开发区中心城区仅5千米。

◆ W——劣势

①公共交通配套不完善，主要交通工具为大巴，营运不定时。

②目前处于建设前期，道路及空气质量状况不佳。

③南面地势略高，遮挡部分看海景观。

◆ O——机会

①开发区发展良好，有利于区域房地产市场的持续发展。

②开发区写字楼等商务场所林立，高收入人群稳步壮大，市场需求较大。

③区域内市场营销推广手段落后，具有较大操盘空间。

④小高层户型为区域内稀缺产品。

◆ T——威胁

①区域内同质性项目多，竞争激烈。

②开发区内推盘量大，分散市场关注。

（3）目标客户群

①客户群需求分析

为充分了解区域市场客户购房需求及意向，直接掌握市场动向，在灵山卫、开发区内及胶南市区随机抽样100份，进行住房需求问卷调查，具体统计情况见表3-7。

表3-7 区域市场客户购房需求及意向问卷调查统计情况

目前所属区域	青岛开发区	胶南市区	灵山卫		
	60	8	32		
目前居住面积	80～90平方米	90～110平方米	110～130平方米	130平方米以上	
	51	31	15	3	
区域需求	开发区	辛安	黄岛	灵山卫	薛家岛
	65	2	2	18	13
物业形态需求	多层	小高层	高层	别墅	其他
	50	31	6	10	3
面积需求	80～90平方米	90～110平方米	110～130平方米	130平方米以上	
	41	33	23	3	
户型需求	1×1	2×2	3×2		
	4	57	39		
单价需求	3 000元以下	3 000～3 500元	3 500～4 000元	4 000～4 500元	4 500元以上
	40	33	18	8	1
物业管理费需求	0.5～0.8元	0.8～1.2元	1.2～1.5元		
	65	24	11		
理想小区规模	5万平方米以下	5万～10万平方米	10万～20万平方米	20万平方米以上	
	26	49	20	5	

区域市场客户购房需求及意向比较分析如图3-7所示。

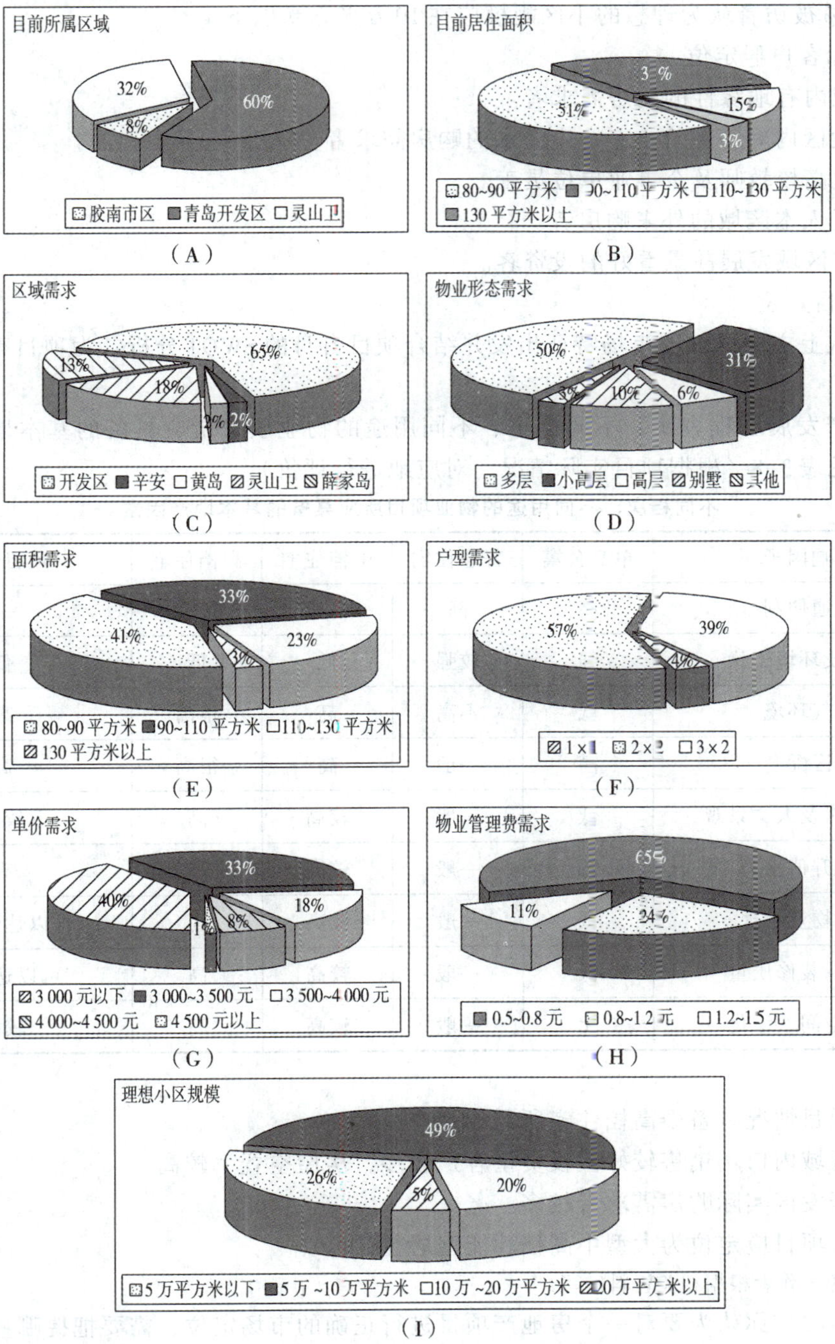

图3-7　区域市场客户购房需求及意向比较分析

由表3-7和图3-7可以看出：

◆ 开发区及灵山卫为目前市场热捧区域，两项合计共83%。

◆ 80～130平方米的2室及3室市场需求量最大，占到总需求量的九成以上。

◆ 3 500元/平方米以下的价格为购房者所期望的最理想价格。

◆ 区域内市场对多层及小高层有较高的认同度。

◆ 75%被访者认为理想的小区规模应在10万平方米以下。

②目标客户群定位

a.区域内有地缘性的购房需求者。

b.开发区内对房屋价格有一定要求的购房需求者。

c.周边高校教师及企事业单位员工。

d.欲迁入本区域的外来购房者。

e.对本区域发展前景看好的投资客。

3）项目定位

首先从上文中总结的市场特征出发并结合项目自身的SWOT分析，为项目整体品质进行定位。

房地产发展历程表明，不同档次、不同用途的物业项目所应具备的基本地产因素不同，具体见表3-8（根据项目实际情况，对应地进行评价）。

表3-8 **不同档次、不同用途的物业项目所应具备的基本地产因素**

影响因子	单身公寓	普通住宅	中档住宅	高档住宅	项目情况
交通便利	高	高	一般	很高	一般
噪声及环境干扰	强	较强	低	低	低
大气环境	低	不高	高	很高	高
小区配套	高	一般	高	很高	高
周边自然及人文景观	低	一般	较高	高	较高
地段升值潜力	低	一般	较高	高	高
小区物业管理	低	一般	较高	高	可以达到较高
建筑、装修质量	低	一般	较高	高	可以达到高
休闲空间、绿化	无	一般	较高	高	较高

分析：

（1）项目情况具备中高档住宅所需的地产因素。

（2）区域内市场销售较好但投资型客户较多，房屋空置率较高。

（3）开发区实际购房需求者较多。

因此，项目应定位为大型中高档功能型居住社区。

资料来源 作者根据相关资料编写.

问题：（1）你认为要对一个房地产项目进行正确的市场定位，需要把握哪些要点？

（2）请分析灵山卫朝阳新村项目市场定位的优点与不足。你将怎样弥补不足？

△ 案例题

请根据图3-8和图3-9的户型图分析各户型的优劣。

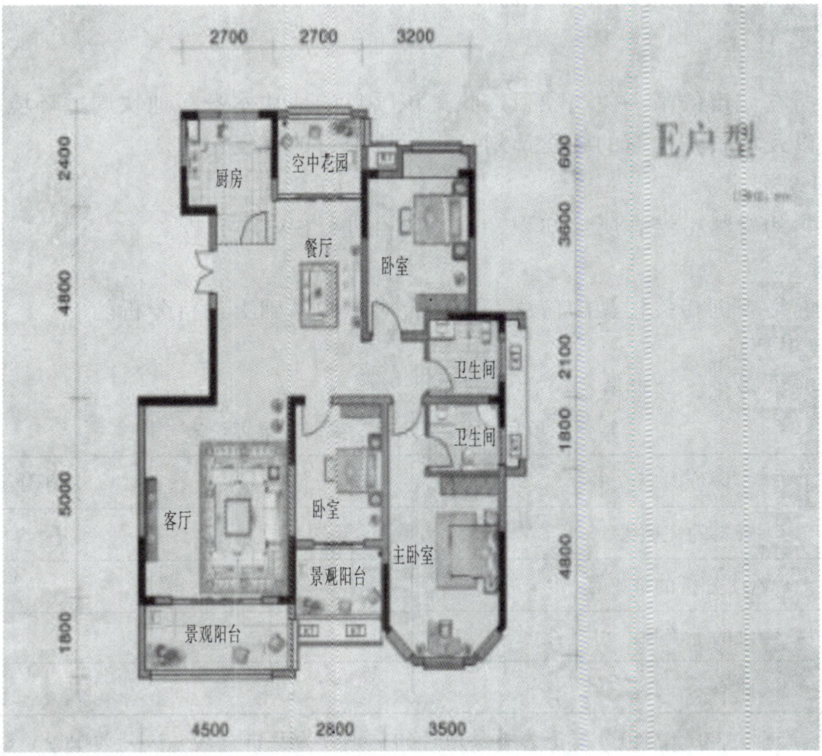

图3-8 户型图（一）

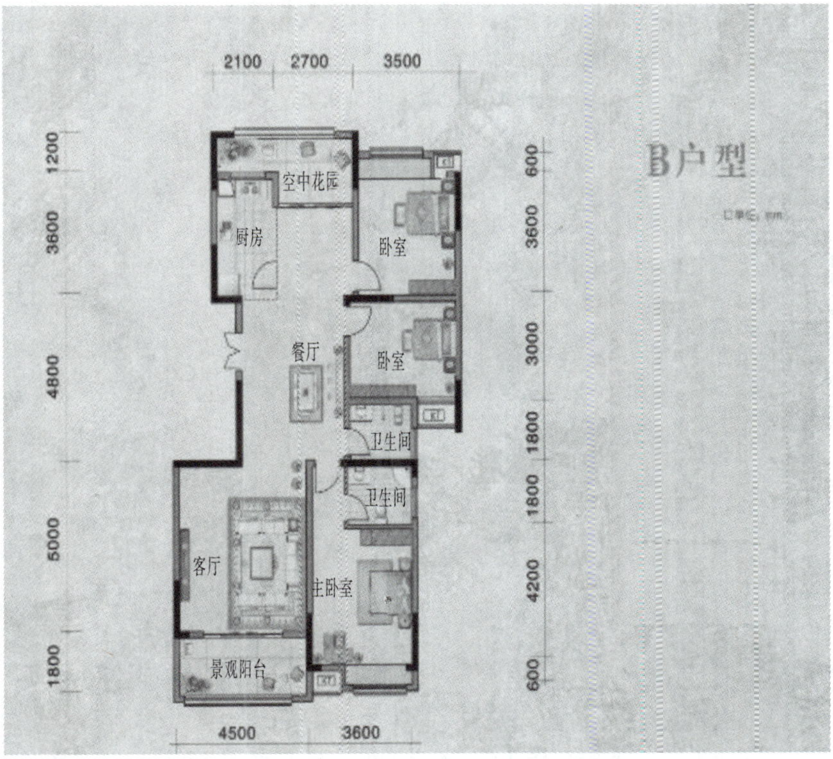

图3-9 户型图（二）

△ 实训题

[实训情境设计]

寻找你所在城市的某一住宅项目，收集该项目的地块本身、地块周边环境、区域房地产市场资料以及项目开发商的开发计划，进行该项目的市场定位。

[实训任务要求]

根据收集的材料，结合所学知识，对该项目进行SWOT分析。

[实训提示]

可利用网络查询相关楼盘的信息，在综合对比的基础上进行分析。

[实训效果评价]

将实训效果量化，参照表3-9进行评价。

表3-9 **“某住宅项目SWOT分析”实训效果评价表**

评价内容	分值（分）	评分（分）
资料的完整性	30	
SWOT分析的准确性	30	
市场定位的准确性、可行性	40	
实训效果总体评价	100	

注：考评满分为100分。60分以下为不及格；60~69分为及格；70~79分为中等；80~89分为良好；90分以上为优秀。

第4章

房地产项目定价

学习目标

通过本章的学习，认识房地产价格的形成规律；了解房地产价格的影响因素和价格的调整方法；熟悉房地产价格的制定方法尤其是市场比较定价法；掌握房地产价格策略的方法和技巧。

引　例

恒大推出“88天保价，无理由退房”政策

在新冠肺炎疫情影响的情况下，恒大地产做了一个创新营销活动，竟然在3天之内，购房者认购了47 500套房，总价为580亿元！

2020年2月13日，恒大推出了“88天保价，无理由退房”政策，即购房者只需在线上平台缴纳5 000元订金即可预订房源，还有很多权益可以享受：

①缴纳的5 000元订金在购房时可抵扣20 000元；

②推荐他人购房成功，缴纳的5 000订金返还，另外还可获得1%的佣金外加10 000元的奖励金；

③你预定的这套房源，如果被人抢购，你的5 000元订金返还，另外再给你5 000元作为补偿；

④在5月10日前，也就是88天的期限之后，如果你不购买预订的这套房源，也没有人购买它，那么5 000元退还给你；

⑤每推荐一个新的认购客户奖励100元，最多奖励500元。

在5 000元认购活动火了以后，恒大在2月16日又推出了一个营销活动：2月18日—2月29日，恒大全国住宅7.5折优惠；3月1日—3月31日，恒大全国住宅7.8折优惠！

资料来源　佚名.二月危情时刻 恒大“套路营销”下的抢收与难控的融资成本［EB/OL］.［2020-02-21］. https：//www.sohu.com/a/374699101_120321933.有改动.

4.1　定价依据

房地产产品与其他商品在本质上并没有多大区别，其价格主要受供求关系和开发商的成本影响，但是房地产产品的特殊性，形成了与其他商品不同的价格特点：受自然因素的影响很大；制约房地产价格的不确定性因素多，且价格变化大，价格形式灵活；价格地区性强；价值实现时间长、形式多。

4.1.1　房地产价格构成

一般来说，房屋作为一种商品，其销售价格基本包括以下几个部分：土地价格、建筑安装费、管理费、开发投资贷款利息、税金、利润等。房地产价格是房地产价值的货币体现。对于商品房，其价格的计算公式为：

房地产价格=成本+利润+税金+差价

具体而言，商品房价格包括以下几项内容：

1）成本

（1）土地征用费

它是指房地产开发商进行土地开发所发生的向被征地单位支付的各项费用的总和，如土地补偿费、耕地占用费和新菜地开发建设基金等。

（2）拆迁安置补偿费

它是指拆除被拆迁人的房屋及地上附着物，补偿被拆迁人重新安置而发生的费用，如搬迁费、周转费、临时设施费和过渡费。

如果是熟地摘牌，则土地出让金里面就包含了上述两项费用。

（3）勘察设计及前期工程费

它包括前期规划、设计、可行性研究、水文地质勘测及三通一平等土地开发工程费支出。

（4）房屋建筑安装工程费

它又称主体工程费，包括建筑安装企业按照施工图预算的费用和开发企业支付的应计入项目成本的工程费用。

（5）住宅小区基础设施建设费

建筑物两米以外和小区规划红线内的各种管线和道路工程、绿化工程费用。

（6）住宅小区非营业性公共配套设施费

有关费用包括派出所、幼儿园等的建设费。

（7）管理费

它包括管理人员的工资、办公费、差旅费、固定资产使用费、销售费以及公证费、契约费、房产税、车船税、土地使用税、市政配套费如报建费等。

（8）贷款利息

它是指房地产开发商为开发房地产从金融机构取得贷款而需支付的利息费用。

2）利润

它是指开发经营单位销售商品房之后的销售收入扣除全部生产、销售成本和税金之后的净利润。

3）税金

它是指增值税以及城市维护建设税和教育费附加等，简称“增值税及附加”。

4）差价

前面三项构成商品房的均价，因为楼层、朝向和地段的不同，需要对均价进行调整，这种调增或调减的价格差就是差价。

4.1.2 房地产价格的影响因素

1）一般因素

一般因素是指影响房屋价格的一般的、普遍的、共同的因素，对房屋价格的总体水平产生影响。它包括土地价格水平、经济发展状况、人口状况、社会治安状况等宏观因素。

①土地价格水平。土地价格水平由土地制度、城市规划、土地供需状况等因素决定。一般来说，土地价格越高，房屋价格也越高。

②经济发展状况。它主要指经济发展速度、人均GDP、财政收支状况、居民消费能力等。人均GDP越高，经济发展速度越快，房屋价格水平也越高。

③人口状况。它主要包括人口数量、人口密度、移民数量和家庭人口结构等方面。例如，家庭人口结构小型化，对房屋单位需求增加，房屋价格水平就会提高。

④社会治安状况。它主要指国际环境、国内政治局势、区域社会治安等。区域社会治安状况良好，房价水平就上涨，反之则下跌。

2）市场因素

市场因素是指对房屋价格产生重要影响的整体市场的供求状况、租售水平、目标客户的心理价格水平以及销售策划的策略把握和销售控制等因素。市场因素包括销售临近阶段的市场环境、周边楼盘及同质楼盘的供应和销售状况、销售战略及销售进度安排、客户取向等因素。

①销售临近阶段的市场环境，主要指项目临近发售，总体市场、区域市场面临的供应和销售状况、租售水平。

②周边楼盘及同质楼盘的供应和销售状况，主要指以项目为中心，半径2千米以内的楼盘和区域内同质楼盘的供应与销售状况。

③销售战略及销售进度安排，主要指每月楼盘销售进度安排和楼盘宣传推广强度。

④客户取向，主要指目标客户首付、月供、总价、按揭成数、朝向、大小、用途的取向。

3）项目因素

项目因素是项目本身条件和特征对房屋价格有影响的因素。它包括项目所处位置、交通状况、配套设施、建筑密度、自然环境、人文环境、停车位、平面户型、建筑外形、物业管理、开发商品牌等因素。

①所处位置，主要指地段，是购买物业的重要选择要素。

②交通状况，主要包括与交通主干道的间距、可选择的交通工具的方便性、人员出入的快捷度。

③配套设施，主要包括社区配套设施和楼宇配套设施两部分。社区配套设施包括社区环境、商业配套、金融机构、教育文化设施等；楼宇配套设施是指电梯、空调、消防等设施的完善程度。

④建筑密度，是建筑基底面积与红线土地面积之比，可以反映建筑物间距是否足够，能否保证建筑单位的舒适度和开敞度。

⑤自然环境，主要指周边环境景观，如绿地、公园、水面、山体等。

⑥人文环境，主要包括社区氛围、人文情况。

⑦停车位，主要指车位的充足、车辆出入方便性、地上和地下停车位等。

⑧平面户型，主要指平面布置是否方正、合理，实用率情况，采光通风情况，景观情况等。

⑨建筑外形，主要指外部建筑风格与环境相融得体，不落伍且符合目标消费者心理预期。

⑩物业管理，主要指物业管理公司的知名度、管理能力和信誉。成熟、专业的物业管理公司的介入可以提升物业形象及促进物业增值。

⑪开发商品牌，主要指开发商的社会认同度，如深圳万科地产开发的项目比周边其他开发商开发的同质项目售价要高。

4.1.3 房地产的定价目标

定价目标是定价要达到的目标，主要有利润最大化目标、合理利润目标、提高市场占有率目标和应对竞争者目标。一般来说，开发商要树立品牌和利润最大化，就要制定高价；相反，开发商只是赚取合理利润、提高占有率或回笼资金，就可以走低价路线和中价路线。问题是开发商的目标往往并不单一，有时甚至互相矛盾，例如销售进度要快且售价又要高。一般先选择好某阶段最想实现的目标，然后定价或采取相应的价格策略。

4.2 市场比较定价法

市场比较定价法也叫市场比较法，是一种完全经过市场验证的定价方法。房地产市场价格在市场的反复验证中，不断总结规律，进行调整，才能很好地被市场接受。

4.2.1 市场比较定价法的步骤

1）制定均价

（1）均价形成的理由

均价的制定和房地产本身的成本没有任何关系，考虑的完全是项目的市场供求关系和市场接受度。其参照的主要是同区域楼盘、同质楼盘、同客户群楼盘、同户型楼盘、同规模楼盘、同价位楼盘；比较的因素有地理位置、楼宇质量、物业管理、工程形象进度、营销推广力度等方面。

（2）均价的含义

习惯上说，一个楼盘的均价代表了市场对楼盘品质的综合评价。在本质上，均价表现为开发商对项目总体销售额的预期。整体均价无法说明某一栋楼、某一个单位之间档次的不同。

例如，深圳某小区均价为50 000元/平方米，但是该小区同样有40 000元/平方米、38 000元/平方米等价格较低的楼盘；中低档次的楼盘也有很好的顶层复式。

整体均价必须分解，即先定出整体均价，再进行分解：分栋（分组）（根据所处位置、景观等因素）；分产品类型（如高层、小高层）；分期推出（因法律文件或因展示的策略方面的原因）。

（3）市场比较定价法确定均价的程序

①搜集和选择比较对象。比较对象应该具备如下特征：与本楼盘处于以本项目为中心的同一地区或同一供需圈，半径2千米的范围是重中之重，若范围内不够，可再扩大，凡是竞争对手都应纳入视线范围；市场比较楼盘应不少于3个；与本楼盘的用途、交易类型基本相似；与本楼盘的成交日期相近，相差不能超过一年。

②统一价格基础，把比较对象的价格调整为相同的付款方式、单位、币种和价格内涵。如期房价格和现房价格、买卖价格和租赁价格、整套价格和单位面积的价格等，就需要换算成统一的形式。

③交易情况修正，是指把利害关系人之间的交易，拍卖、招标、尾盘抛售或急于卖房时的交易，附带抵押或租约的交易，相邻地产的交易修正为正常情况下的交易价格。

④交易日期的修正。一般来说，房地产市场整体有一个价格变化走势，如房地产景气指数等，根据这个走势调高或调低比较对象的价格。

⑤房地产状况修正，是指比较对象和本楼盘之间在区位（繁华程度、交通便捷程度、噪声、环境景观、楼层朝向、城市规划、外部公共设施完善程度等）、权益（土地使用年限、容积率等）、实物状况（地块面积、内部设施完善程度、地势、地质、新旧程度、建筑结构、设备、装修、工程质量等）等方面存在差异，要进行修正，状况好，则调高，否则调低。

⑥确定影响价格的各因素的权重。不同类型房地产的价格影响因素不同，不同阶段、同一类型房地产的各个价格影响因素权重不同，最好是与销售人员，尤其是在同一区域卖楼的销售人员进行座谈、分析。

⑦计算整体比较均价。参见“案例分析4-1”。

2）制定分栋、分期均价

第一，分栋、分期之前，先将各栋、各期面积及其占总面积的比例算出来，以便找到平衡。

第二，分栋、分期的思考出发点：①根据各自的相对位置、条件等，找准均价；②根据销售阶段的策略安排，找出项目不同阶段最合适的均价。

3）层差和朝向差

（1）关注最低层和最高层（除顶层复式的标准层）的总差价

例如，从一般的经验来看，当每栋总层差大于400元/平方米时，销售一般从中低层开动；当每栋总层差在400～1 500元/平方米时，销售一般从高层开动。我们在制定价目表时，选择竞争对手的薄弱处，制定有竞争力的价格，不论是1～5层，还是10～15层，还是25～30层，通过层差的反复试算，可以形成有竞争力的价格。关注同层最高价、最低价的差距，在某一方向有特别景观时尤为重要。

（2）层差和朝向差一定不是均匀的

层差和朝向差一定不是均匀的，可以是零，也可以是1 000元/平方米，甚至更高，完全取决于销售需要。朝向差根据景观、朝向（采光、通风，根据情况可以单列）、遮挡、户型面积、户型设计等因素，分析每个户型。层差大幅跳动的可能有：①景观突变的楼层；②吉数，如8、9、22、28等；③心理数，例如，9层和10层之间、19层和20层之间等。

（3）档次越高的楼盘，客户对层差和朝向差的敏感性越低

例如，深圳1999年推出的豪宅项目鸣翠谷，其南向高层层差比较大，但客户对有着景观资源的南向层差大的反应并不强烈。

（4）根据层差和朝向差选定方案

根据不同的层差和朝向差，模拟不同的销售情况，进行方案比较，选定方案。

（5）高层顶层、多层底层带花园的特殊单位应特殊考虑

适当的同层单位差会表现为每个单位都会成交。

（6）恰当的层差和朝向差表现为销售迅速突破，随后全面开花

4）形成价目表

通过以上步骤，经过电脑试算选定2～3个方案后，进行如下调整：

①划分总价/单价区段，最好用色彩标注。例如，总价小于200万元或每平方米单价小于15 000元的，检查其与销售阶段目标的配合程度。

②根据目标客户的感受，选择用总价/单价表示，甚至用月供或每平方米月供表示。

③一次性印刷价目表会给客户以清晰、易把握的感觉。

5）特别调整

例如，针对顶层复式或量小户型，可依据以上方法另行调整价格。

6）付款方式

①根据目标客户设计相适应的付款方式，并确定主打的付款方式。

②设计折扣时，一般在8.5～9.5折，超过两头的情况除非有意引导，一般情况下慎用。

③根据各付款方式的估算比例和折扣，计算出综合折扣。

④在综合折扣基础上考虑如下因素，形成最终折扣：

a.开发商关系客户购房的面积比例和再折扣范围。例如，可以考虑开发商关系客户的需要，预留1%的优惠折扣。

b.销售过程中的促销再折扣的比例和范围。例如，举办促销活动，给予适当的折扣，促进销售。

c.尾盘的再折扣比例和范围。

【案例分析4-1】

某项目制定的付款方式和折扣

①付款方式及折扣（见表4-1）。

表4-1 **某项目付款方式及折扣**

类别方式	折扣	所占比例	综合折扣
一次性付款	0.90	5%	0.925
三成首期	0.92	65%	
两成首期，一成一年免息	0.94	15%	
一成首期，两成两年免息	0.95	10%	
建筑期分期	0.92	5%	

②促销折扣安排（见表4-2）。

表4-2 **某项目促销折扣**

折扣方式	时间	比例	优惠折扣	综合折扣
第一阶段（开盘1个月）	8/11—9/10	15%	2%	0.0195
第二阶段（第2个月）	9/11—10/10	10%	2%	
第三阶段（元旦前）	10/11—1/1	5%	25%	
第四阶段（尾盘期）	1/2以后	5%	4%	

实收折扣=0.925-0.0195=0.9055

4.2.2 价目表调整方法

1）制定均价的因素调整

第一，确定市场比较楼盘权重。根据各市场比较楼盘物业类型、所处区位、市场销售期等因素对本项目的相关影响程度确定各市场比较楼盘的权重。

第二，确定每一市场比较楼盘的项目调整因素及其权重。对住宅项目来说，调整因素有地域因素、楼盘个别因素、物业管理、工程形象进度、营销5个方面。表4-3是住宅项目因素调整表。其他类型的项目调整因素略有不同。

表4-3 住宅项目因素调整表

定价因素	细化因素		权重（%）	打分	得分	备注
地域因素	环境	升值前景				
		生活气氛				
		人文气氛				
		自然环境（噪声）				
		治安状况				
		区域印象				
	交通	车行、管制				
		公共交通				
		关口				
	配套	学校、幼儿园				
		菜市场、商场				
		医院、银行				
楼盘个别因素	规模（显示配套、空间、开发商实力、升值潜力及社会影响力）					
	平面设计（实用性、面积、是否有新意、朝向、通风、采光、每梯几户、是否为当前流行户型等）					
	设备（电梯、智能化、直饮水、中央热水、消防等）					
	装修（地面、厨、卫、门窗等）					
	建筑选材					
	外观（大堂、会所、外立面）					
	景观					
	车位					
	承建商（防水处理、新技术）					
	开发商实力					

续表

物业管理	品牌				
	收费				
工程形象进度	潜在风险				
营销	市场时机、营销包装				
其他影响因素					
合计					

第三，对每个市场比较楼盘进行项目因素调整，得出比较价格，并根据比较价格得出本项目均价。

【案例分析4-2】

某项目均价的制定

（1）根据目前市场在售楼盘，选取市场比较楼盘，根据经验确定对本项目影响的权重。

同质同区：楼盘A为20%。

同质异区：楼盘B为15%，楼盘C为15%，楼盘D为10%。

异质同区：楼盘E为10%，楼盘F为15%，楼盘G为10%。

异质异区：楼盘H为5%。

（2）根据市场调查和经验进行项目因素调整，见表4-4。

表4-4 **楼盘A项目因素调整表**

项目因素	细化因素		权重（%）	打分	得分（%）=权重×打分	备注
地域因素（46%）	环境（29%）	升值前景	3	0.2	0.6	临近新中心区
		生活气氛	7	0.1	0.7	
		人文气氛	7	0	0	
		自然环境（噪声）	7	0	0	噪声较大，景观较好
		治安状况	3	0	0	
		区域印象	2	0.1	0.2	
	交通（7%）	车行、管制	2	0.1	0.2	
		公共交通	2	0.2	0.4	
		关口	3	−0.2	−0.6	
	配套（10%）	学校、幼儿园	5	0.1	0.5	
		菜市场、商场	3	0.2	0.6	
		医院、银行	2	0	0	

续表

<table>
<tr><th>项目因素</th><th colspan="3">细化因素</th><th>权重（%）</th><th>打分</th><th>得分（%）=权重×打分</th><th>备注</th></tr>
<tr><td rowspan="10">楼盘个别因素（40%）</td><td colspan="3">规模（显示配套、空间、开发商实力、升值潜力及社会影响力）</td><td>5</td><td>−0.2</td><td>−1</td><td>总建筑面积约6万平方米，32层4栋</td></tr>
<tr><td colspan="3">平面设计（实用性、面积、是否有新意、朝向、通风、采光、每梯几户、是否为当前流行户型等）</td><td>13</td><td>−0.2</td><td>−2.6</td><td>主力户型2室、3室，通风采光一般，户型设计一般，实用率低，1梯4户</td></tr>
<tr><td colspan="3">水（中央热水、消防等）</td><td>3</td><td>0.1</td><td>0.3</td><td>进口电梯、宽频数据网等</td></tr>
<tr><td colspan="3">装修（地面、厨、卫、门窗等）</td><td>5</td><td>0</td><td>0</td><td>毛坯房</td></tr>
<tr><td colspan="3">建筑选材</td><td>2</td><td>0.1</td><td>0.2</td><td>水泥强度等级高、中空玻璃</td></tr>
<tr><td colspan="3">外观（大堂、会所、外立面）</td><td>3</td><td>0.1</td><td>0.3</td><td></td></tr>
<tr><td colspan="3">景观</td><td>4</td><td>−0.2</td><td>−0.8</td><td>主要为小区绿化</td></tr>
<tr><td colspan="3">车位</td><td>2</td><td>0.1</td><td>0.2</td><td></td></tr>
<tr><td colspan="3">承建商（防水处理、新技术）</td><td>2</td><td>0</td><td>0</td><td></td></tr>
<tr><td colspan="3">开发商实力</td><td>1</td><td>0.1</td><td>0.1</td><td></td></tr>
<tr><td rowspan="2">物业管理（8%）</td><td colspan="3">品牌</td><td>5</td><td>0</td><td>0</td><td></td></tr>
<tr><td colspan="3">收费</td><td>3</td><td>0</td><td>0</td><td></td></tr>
<tr><td>工程形象进度（3%）</td><td colspan="3">潜在风险</td><td>3</td><td>0</td><td>0</td><td>尚在建设中</td></tr>
<tr><td>营销（3%）</td><td colspan="3">市场时机、营销包装</td><td>3</td><td>0.1</td><td>0.3</td><td>专业营销</td></tr>
<tr><td>合计</td><td colspan="3"></td><td>100</td><td></td><td>−0.4</td><td></td></tr>
<tr><td>楼盘折实均价（元/平方米）</td><td>3 300.00</td><td>价格实现（元/平方米）</td><td>1.00</td><td>比较价格（元/平方米）</td><td>3 286.80</td><td>权重</td><td>20%</td></tr>
</table>

在表4-4中，“打分”取值范围为−1～1，表示各因素的影响程度；“楼盘折实均价”为该比较楼盘实际销售均价；“价格实现”取值为0～1，表示实际销售程度；“比较价格”=“楼盘折实均价”×（1+合计得分）。

（3）根据选定的市场比较楼盘比较价格，得出该项目的均价，见表4-5。

表4-5 市场比较楼盘价格表

比较楼盘	楼盘A	楼盘B	楼盘C	楼盘D	楼盘E	楼盘F	楼盘G	楼盘H	合计
楼盘价格（元/平方米）	3 300	3 400	3 550	3 500	3 620	5 200	4 100	3 600	
比较价格（元/平方米）	3 286.8	3 515.6	3 578.4	3 608.5	3 801	4 716.4	4 288.6	3 816	
权重	20%	15%	15%	10%	10%	15%	10%	5%	100%
权重值（元/平方米）=比较价格×权重	657.36	527.34	536.76	360.85	380.1	707.46	428.86	190.8	3 789.53

本项目均价等于各楼盘权重值之和，根据表4-5，本项目的均价为3 789.53元/平方米。

分析：市场比较定价法需要将比较对象在本次定价过程中的权重确定，一般相似度越高权重越大。各子因素的权重主要取决于这些因素对目标客户的重要程度，重要程度越大则权重越大。

资料来源 作者根据相关资料编写.

2）楼栋之间的因素调整

根据楼栋整体品质的分析，确定影响项目楼栋价格调整的主要因素。

【案例分析4-3】

某项目楼栋调整因素

分析楼栋之间的差异，确定影响该项目楼栋的因素有朝向、周边景观、噪声等；然后根据经验和调查判断其不同的权重（见表4-6）；最后根据判断的权重调整价目表。

表4-6 楼栋因素调整表

市场比较楼盘	权重（%）	影响因素
朝向	50	东南向、西北向、转角窗、通风、采光
周边景观	30	平房、海景、城区景观、山景、立交桥，12层以下受周边楼盘遮挡
噪声	15	创业路、翻身路

分析：朝向上，不考虑噪声等因素的话，一般南向≥东向≥西向≥北向。

资料来源 作者根据相关资料编写.

3）楼层之间的因素调整

（1）景观分布因素调整

随着生活水平的提高，消费者对景观、居住环境的要求也随之提高。楼层和位置的不同，导致景观差异很大。景观因素差异分配成为楼层制定价格的依据之一。要能够客观地做到景观因素调整，首先必须制定景观分布表。不同楼层的东、南、西、北的景观差异，根据不同的景观打分分配。

【案例分析 4-4】

某项目的景观分布表和因素调整见表 4-7。

表 4-7　**某项目的景观分布表和因素调整**

楼号楼层	1#	2#	3#
2～9层	东面：小区入口庭院 南面：小区中央庭院 北面：石洲学校教学楼	东面：小区入口庭院 南面：小区中央庭院 西面：汇雅居小区花园	南面：小区中央庭院 西面：汇雅居小区花园 北面：石洲学校篮球场
10～21层	东面：未来时代、世界之窗 南面：小区中央庭院 北面：教学楼、名商 GOLF	东面：未来时代、世界之窗 南面：小区中央庭院、世纪村 西面：汇雅苑、沙河 GOLF	南面：小区中央庭院、世纪村 西面：汇雅苑、沙河 GOLF 北面：教学楼、名商 GOLF
22～33层	东面：世界之窗、侨城片区 南面：滨海大道、海景、世纪村 北面：名商 GOLF	东面：世界之窗、侨城片区 南面：滨海大道、海景、世纪村 西面：沙河 GOLF	南面：滨海大道、海景、世纪村 西面：沙河 GOLF 北面：名商 COLF

分析：景观如江景、海景、山景、小区园林比朝向对价格影响程度更大。比如有江景的西向比没江景的东向要优。

对每一户型在景观上进行比较打分。对于不同楼层景观差异大的关键部位再分段打分。如将 1#楼分成 2～9 层、10～21 层、22～33 层 3 段，进行立体比较，然后根据不同的景观进行修正。修正表在这里不做论述。

资料来源　作者根据相关资料编写.

（2）其他因素调整

延伸阅读 4-1

其他因素，如朝向、采光、通风、户型、面积、噪声等也需要排队比较打分，进行修正。

打分计算举例

【实战演练 4-1】

各因素调整的参考信息见表 4-8。

表 4-8　**各因素调整的参考表**

因素	修正值	小计	权重分析
景观	2～4	2～4	
朝向	1～2	2～4.5	多层>高层
采光	0.5		
通风	0.5		
视野	0～1.5		
户型	1.5～2	2～6	
面积	0.5～2		客户层面差异大
户型比例	0～2		主力户型突出
噪声	0.5～1	0.5～1	
风险（包括工程进度、展示进度、入伙时间等）	0～1	0～1	分阶段进行的项目需要考虑

参照各因素调整的参考表，在对你周边熟悉的楼盘进行市场比较法定价后，再进行其他因素调整。

4.3 其他定价法

在房地产的实际销售过程中，除了市场比较定价法以外，还有成本导向定价法、竞争导向定价法及未来收益定价法。

4.3.1 成本导向定价法

成本导向定价法就是以产品的总成本为中心来制定价格，这一类定价方法主要有成本加成定价法、目标成本定价法。

1）成本加成定价法

它是以成本为基础，加上预期的利润来确定产品的售价。

（1）完全成本定价法

完全成本是指生产商品房的成本与销售费用之和。其计算公式为：

价格=完全成本+利润+税金

公式中的利润，可以用成本利润率，也可以用销售利润率来计算。

（2）变动成本定价法

在成本加成定价法中，还有一种变动成本定价法。这种方法只考虑变动成本，不考虑固定成本，往往在竞争十分激烈或者产品已从成熟期进入衰退期的时候采用。其计算公式为：

售价=平均变动成本+按一定比例计算出的利润+应缴纳税金

2）目标成本定价法

目标成本定价法，是以期望达到的成本目标为依据来制定商品房价格的方法。其计算公式为：

价格=目标成本+目标利润+税金

目标成本不同于实际成本，是为实现定价目标谋求长远和整体利益而测定的一种“影子成本”。其计算公式是：

$$目标成本=\frac{价格\times(1-税率)}{1+目标利润率}$$

【实战演练4-2】

某项目为建筑面积25 000平方米的写字楼，根据该写字楼的装修标准，估计其建造成本为6 000万元，目标利润要达到2 400万元，其销售税金和销售费用为销售额的15%。请对该写字楼进行定价。

总价格=（6 000+2 400）÷（1−15%）=9 882（万元）

4.3.2 竞争导向定价法

竞争导向定价法，是以竞争对手产品（简称竞品）的价格为基础来制定本企业产品价格的一种定价方法。一般有3种情况：一是与竞品一样；二是高于竞品的价格；三是低于竞品的价格。到底采用哪一种，要根据产品特性、产品所处生命周期以及企业定价目标来决定。一般来说，有如下几种具体方法。

1）随行就市法

它是以竞品现行的平均价格水平为基础，再适当考虑本企业产品的质量、成本等因素来确定产品价格的方法。此种方法风险小，消费者容易接受，竞品能卖出去本企业产品也能卖出去，同时与竞争对手“和平共处”，避免激烈竞争。此法一般以主要竞品的价格为房地产开发企业产品定价的基础。因为在竞争的市场条件下，销售同种商品房的各个房地产开发企业可以比照，按此定价具有一定的参照性。

2）竞争价格定价法

它是企业立足市场竞争而对自己产品进行定价的方法。这种定价法一般为实力雄厚的、产品具有特色的大企业所采用，一般采用低价，以抢占市场，提高自己产品的市场占有率或者兼并小企业，也有的企业实力非常强大，可以采取高价的形式抢占高端市场并赚取高利润。

3）投标定价法

投标定价法是通过招标的方式，从两个或两个以上的相互竞争的潜在买主中，选择出价高者的定价的方法。具体有3种形式：一是明码标价，由招标者事先公开标底，供投标者参考，然后择其高者成交；二是暗标底价，事先由公证人监督将标底密封保存，开标前绝对保密，开标后以此为依据确定中标者；三是议标定价，招标人事先报出试探性的价格，然后由投标者报价，经过讨价还价，最后择其优者成交。

4）拍卖定价法

拍卖定价法是卖方预先展示所出售的商品，在一定时间、地点，按照一定的规则，由买方公开叫价竞买的方法。一般卖方规定一个较低的起价，买方不断抬高价格，一直到最后一个竞价者，即到最高价格时，卖方把商品卖给出价最高的买方。投标报价法和拍卖定价法一般是用于交易案例少的稀缺产品，如楼王、独栋等。

4.3.3　未来收益定价法

未来收益定价法是指用一些具有投资价值的商业服务物业和一些小户型投资性物业等的未来年租金（或年总收益）乘以一定的收益倍数，由此求得房地产价格的方法。

收益倍数与市场上心理投资预期收益相关。确定收益倍数是比较困难的事，市场上心理投资预期收益可以作为定价的参照。例如，某物业年总收益为6万元，市场上心理投资预期收益是5%，即20年可收回投资。物业收益倍数在20倍左右。

4.4　定价策略

定价策略是指企业为了在目标市场上实现自己的定价目标，所确定的定价指导思想和定价原则。定价策略应根据产品本身的市场情况、成本状况、消费构成、消费心理等多方面因素来制定。不同产品在不同时间、不同地点要采用不同的定价策略。

4.4.1　总体定价策略

房地产总体定价策略一般可分为低价策略、高价策略、中价策略3种。每种定价策略各有不同的定价依据。

1）低价策略

采用低价策略，一般以提高市场占有率为主要目标，而销售利润往往为次要目标。其定价依据主要是：①扩大市场容量，转换有效需求，让无法支付高价的新消费者成为实际购买者；②企业的产品多为较低档次的商品房，其价格弹性较大，低价会促进销售，从而提高利润总额；③企业的开发成本较低，期望的利润也低；④市场上同类楼盘相对过剩，市场竞争激烈；⑤作为领先部队，保持优势；⑥低价可阻止实力不足的竞争者进入市场，使企业可在竞争压力最小的情况下，获得大量顾客。

2）高价策略

采用高价策略的主要目的是在短时间内赚取暴利，而销售量与市场占有率可能无法相对提高。其定价的主要依据是：①企业开发的楼盘档次较高，价格需求弹性较小，高价造成的需求或销售量减少幅度很小；②该类楼盘的消费者档次较高，对价格的关注较少；③企业对利润的期望值较高；④同类型的楼盘竞争相对较少；⑤在一定时期内，这一类型的楼盘供应缺乏，企业希望通过高价策略获得较多的利润；⑥企业希望通过高价树立品牌形象；⑦楼盘的特色、功能、服务及区位是独一无二的。

3）中价策略

这种策略一般适用于房地产市场状况较为稳定的区域内的楼盘，房地产企业希望在现有的市场状况下保持其市场占有率。其定价的依据是：①市场消费容量较为稳定，成交量大；②楼盘投放市场后比较成熟，消费者认同程度较高；③区域房地产市场的发展进入了成熟阶段；④价位容易被开发商和消费者接受；⑤市场供求较为平衡；⑥市场竞争较弱；⑦企业的利润期望值一般。

4.4.2 过程定价策略

房地产销售过程是指开发的楼盘或小区从预售开始到售完为止的全过程。在实际销售中，项目要经历预热期、开盘（可能多次开盘）、强销期、清盘期等销售过程，市场销售环境可能相当复杂多变，房地产企业往往需要在确定总体定价策略后，再根据实际情况确定其销售过程的过程定价策略。过程定价策略一般有以下几种：

1）低开高走定价策略

这种定价策略多用于期房销售。期房销售价与其施工进度密切相关，由于开发商投入的资金不同，一个楼盘的市场价其实是在不断变动之中的。

低开高走定价策略就是随建筑物的成形和不断接近竣工，根据销售进展情况，每到一个调价时点，按预先确定的幅度调高一次售价的策略，也就是价格有计划定期提高的定价策略。这种策略是较常见的定价策略，尤其适合处于宏观经济恢复阶段或者人气较旺的待售楼盘或小区采用。

低开的目的是吸引市场视线，其路线是提升价格。

低开高走定价策略的优点：每次调价能造成房地产增值的假象，给前期购房者以信心，从而能进一步形成紧缺，刺激有购房动机者的购买欲，促使其产生立即购房的想法；迅速占领市场打开局面。但是，这种定价策略容易使消费者误解为开发商实力不强、品质不高，若使用不当，如提价速度过快或每次提价幅度过大，易使后期销售预留的提价空间过早失去，从而让竞争者夺走顾客。因此，运用这种策略的关键是掌握好调价频率和调价幅度。

调价频率的关键是吸引需求。每次调价后若能不断吸引顾客购买，这就说明调价频率是正确的。没有市场客户积累基础的主观调价，不仅会影响购买人气，而且会直接影响成交量。

调价幅度的关键是小幅递增。一般每次调价涨幅在2%～3%之间，如每平方米10 000元左右的楼盘，每次调价幅度在200～300元/平方米之间较为合适。调价后的几天，可配以适当折扣策略，作为价格局部过渡，有新客源时，再撤销折扣。

调价时机的选择要考虑两个因素：销售期和销售率。销售期为4～8个月时，销售2个月左右可以调整；销售率达到三成就可以调整。

2）高开低走定价策略

这种定价策略类似"撇脂定价策略"，正如将一锅牛奶中的油脂（精华）部分一下撇走的做法，其目的是开发商在新开发的楼盘上市初期，以高价开盘销售，迅速从市场上获取丰富的营销利润。然后降价销售，力求尽快将投资全部收回。

这种策略一般适用于两种情况：第一，一些高档商品房，市场竞争趋于平缓，开发商在以高价开盘取得成功，基本完成了预期的营销目标后，希望通过降价将剩余部分顺带售出，以回笼资金；第二，楼盘或小区销售处于宏观经济的衰退阶段，或者由于竞争过度，高价开盘并未达到预期效果，开发商不得不调低售价，以推动市场吸纳物业，尽早收回投资。高开低走的优点是：可以提升项目形象与知名度，迅速回笼资金；缺点是前期购房者会因为降价而有贬值的失落感，新来的购房者会有持币观望的可能。

3）稳定价格策略

这种价格策略是指在整个营销期间，楼盘的售价始终保持相对稳定，既不大幅度提价，也不大幅度降价。这种策略一般适用于房地产市场状况稳定的区域内的楼盘销售，或是在房地产开发项目销售量小、项目销售期短时采用，例如利用稳定价格策略销售几个大客户购买物业后剩下的少量部分物业。

4.4.3 价格促销策略

在房地产销售过程中，价格作为最为敏感的因素对销售的促进相当重要。"没有卖不出去的房子，只有卖不出去的价格"，由此可见，价格对促进销售的影响。

1）扩大客户层面

针对部分客户的承受能力，考虑首付的成数，给出客户认为轻松的按揭方式。如首付二成，另外一成由开发商垫付，业主入住前付清给开发商。如此，缓解了首付和月供的压力，无形中扩大了客户群。返租模式销售商业用房，返租期（一般4～8年）内的房租一次性抵首付款，变相打折的同时降低了首付、增加了投资者的投资杠杆，市场上比较受欢迎。

2）销售过程价格优惠

房地产进入销售阶段，价格优惠策略是普遍采用的策略。价格优惠策略包括迅速积聚人气的"一口价"优惠、"日进斗金"优惠、配合营销活动的价格优惠、老业主带新业主的价格优惠、特价房、买房抽奖中汽车等。"一口价"优惠，一般是在考虑项目总体均价不变的同时，可以额外拿出少量单位，不分楼层推出统一价格，使目标消费者清楚其价格的优惠。此策略的使用对促销、积聚人气作用很大。

3）折扣策略

①现金折扣。现金折扣是指对按照约定付款日付款的购买者给予一定的折扣，对提前付款的则折扣更大，这样可加速企业资金回笼。

②数量折扣。数量折扣是指根据消费者购买物业的面积和金额的多少，给予折扣，鼓

励多消费，比如常见的团购房活动。

③季节折扣。季节折扣是指对非旺季购买商品房的给予优惠折扣。淡季的买房送契税、送家电也是变相降低客户的付款压力，促进成交。

④功能折扣。功能折扣是指根据不同的中间商在销售中所起的作用不同分别给予中间商不同的折扣，总的折扣控制在计划折扣内就行。例如，个别中间商介绍一个团购，并且完全不要开发商再做推销工作，则可以把较大的折扣给予这个中间商。如果只是介绍给开发商去接洽谈判，则给予该中间商的折扣就要少得多了。

本章小结

价格是营销中最重要的因素，“没有卖不出的房子，只有卖不出的价格”，可见价格的重要性。要制定好有价有市的合理价格，必须掌握好价格的影响因素和定价的原则。不同的原则有不同的价格制定取向和结果。

至于价格制定的方法，如市场比较定价法等最终服务于定价原则，它的原理简单，但是操作起来需要细心和认真。其他方法是市场比较定价法的补充。

价格制定好后，还需要深入研究如何运用它，运用得好，卖得快、卖得高，否则就会有价无市或有市无价。价格策略回答了如何运用价格达到销售的目的。

价格调整是事后的补救和应对措施。

关键概念

市场比较定价法　价格构成　房地产状况修正　成本导向定价法　竞争导向定价法　未来收益定价法　整体价格策略　过程价格策略　价格促销策略

基础知识练习

△ 选择题

1）影响房地产定价的因素主要有一般因素、市场因素和（　　）。

A.政策因素　B.经营目标因素　C.供求因素　D.项目因素

2）在以提高市场占有率为主要目标、营销利润为次要目标时，应采取的价格策略是（　　）。

A.高价策略　B.低价策略　C.中价策略　D.成本价策略

3）在采用低开高走定价策略时，确定调价频率的关键在于（　　）。

A.小幅递增　B.前快后慢　C.前慢后快　D.吸引需求

4）某房地产开发公司给某项目定位为单身白领公寓，考虑到项目规模较小，并且所处片区不属于当前的热卖区，公司准备大力宣传即将建设的商圈来吸引客户关注，并希望通过强劲的营销迅速打开局面，定价策略拟采用低开高走的策略。项目推出以后，销售情况良好，但是一个月后销售量急剧下降，公司管理层马上召开紧急会议，研究原因及对策。试分析（多选题）：

（1）在本项目定位中采用的SWOT分析的行动对策主要是（　　）。

A.WT对策　B.WO对策　C.ST对策　D.SO对策

（2）销售量下降的原因可能有（　　）。

A.竞争楼盘出现　　B.广告支出减少　　C.市场定位不准　　D.利润下调

（3）最后经调查研究发现，销售量下降的最主要原因是定价策略使用不当。关于这种定价策略正确的说法是（　　）。

A.低开高走策略适用于高档商品房

B.这种策略的运用关键是掌握好调价频率和调价幅度

C.适用于销售量小、销售期短的房地产开发项目

D.优点是每次调价能造成房地产增值的假象，增加人气，刺激购买欲

△ 简答题

1）采用市场比较定价法，价格制定的步骤有哪些？

2）什么是均价？如何制定均价？

3）均价制定以后，需要进行哪些因素调整？

4）什么是成本导向定价法？简述应如何运用该法制定价格。

5）价格促销有哪些实用的方法？

6）本章的引例中，恒大采用了什么样的价格策略？我们应该如何借鉴使用其做法？

实践操作训练

△ 案例题

某项目采用市场比较定价法制定价格

1）某项目价格策略背景资料

龙华镇因受地铁开工等的影响成为今年的竞争热点，4月份同时就有几个楼盘开盘，如风和日丽、雅苑、星光之约、美丽家园、万科四季花城，加上龙华在售的楼盘，如新城市花园、金庸阁、弘诚阁、大信花园、赛龙豪轩、世纪华庭、乐景花园、华昱苑、银臬花园、新华苑、花园广场、金龙华广场等，都在争抢龙华镇有限的客户。尽管风和日丽、星光之约、万科四季花城将目标对准了市区的置业者，但不可否认已经分流了部分龙华镇客户，而且随着上述大盘开发程度的深入，还将继续分流龙华镇有限的客户资源。

对本楼盘而言，形势是严峻的。与竞争对手直面竞争，在满足楼盘基本品质的前提下，只有在包装、价格、广告等营销策略上比竞争对手胜出一筹，才能赢得胜利。价格策略正是基于以上因素制定的。

2）总体策略

项目因历史问题，1号、2号、3号、4号、5号楼建造时间各不相同，1号、2号楼是1994年建成的，户型设计已远远落后于当今市场；4号、5号楼为从1994年开始建设至今未完工的工程，俗称“烂尾楼”，在市场中负面影响较大，即使户型参照当今市场流行户型进行了修改，如增设凸窗等，但仍是之前的结构，因设计要求的变化仍在加固基础；3号楼则基本与当前市场竞争楼盘的品质吻合，属新建工程，已封顶。根据以上情况，本项目的价格制定分成3部分：3号楼根据市场比较定价法，选择了相似性、可比性强的竞争楼盘确定均价；1号、2号楼与3号楼比较后确定均价；4号、5号楼与3号楼比较后确定均价。将1号、2号、3号、4号、5号楼在价格上分成3部分，而应用同样的包装及宣传策略，不仅能规避本项目的弱势如烂尾楼，还能提升整个项目销售，逐步快速地将消化面扩展到1号、2号、4号、5号楼，达到销售的均衡和利益的最大化。

3）价格确定

3号楼的均价形成如下：

市场比较定价法选取了同地域、同品质、同概念、同客户来源的7个市场比较楼盘，即风和日丽、中环花园、赛龙豪轩、华昱苑、大信花园、美丽家园、花园广场，通过地理位置、楼盘质量、现场包装、物业管理、工程形象进度等项目的比较得出本项目3号楼的市场均价为2 661元/平方米，见表4-9。

1号楼与2号楼的均价形成：

1号、2号楼与3号楼主要区别在于升值潜力、凸窗、平面设计、面积、建筑外观、空间高度、梁柱位置、实用率、建筑质量的因素，这些因素在楼盘影响因素中共占30%。1号、2号楼与3号楼比较因素调整表见表4-10。

表4-9　　3号楼市场均价的形成

比较楼盘	合计得分	均价（元/平方米）	比较价格=均价×（1-合计得分）（元/平方米）	权重	权重值（元/平方米）
风和日丽	0.204	3 310	2 635	20%	527
中环花园	0.034	2 800	2 705	15%	406
赛龙豪轩	−0.072	2 700	2 894	10%	289
华昱苑	−0.06	2 138	2 266	5%	113
大信花园	0.114	2 800	2 481	10%	248
美丽家园	0.076	2 900	2 680	30%	804
花园广场	−0.094	2 500	2 735	10%	274
合计		—	—	100%	2 661

表4-10　　1号、2号楼与3号楼比较因素调整表

调整因素	权重（%）	1号楼		2号楼	
		打分	得分（%）	打分	得分（%）
升值潜力	15	−0.6	−9	−0.8	−12
凸窗	9	−1	−9	−1	−9
平面设计	15	−0.8	−12	−0.6	−9
面积	15	−0.6	−9	−0.6	−9
建筑外观	14	−0.6	−8.4	−0.8	−11.2
空间高度	5	0.6	3	0.4	2
梁柱位置	6	−0.4	−2.4	−0.6	−3.6
实用率	10	1	10	0.4	4
建筑质量	11	−0.8	−8.8	−1	−11
合计	100	—	−45.6	—	−58.8
楼盘影响总权重=合计×30%	—	—	−13.7	—	−17.7
均价（元/平方米）=3号楼均价×（1+楼盘影响总权重）	—	—	2 296	—	2 190
1号、2号楼均价（元/平方米）=（1号楼均价+2号楼均价）÷2	2 243				

建筑年限因1号、2号楼较3号楼早建7年，正常折旧。

均价：2 243×（70−7）÷70=2 019（元/平方米）。

1号、2号楼均价确定为2 020元/平方米。

4号楼与5号楼的均价的形成：

4号、5号楼与3号楼的差异也通过以下项目的比较得出均价，见表4−11。

表4−11　　4号、5号楼与3号楼比较因素调整表

<table>
<tr><th rowspan="2">调整因素</th><th rowspan="2">权重（%）</th><th colspan="2">4号楼</th><th colspan="2">5号楼</th></tr>
<tr><th>打分</th><th>得分（%）</th><th>打分</th><th>得分（%）</th></tr>
<tr><td>升值潜力</td><td>15</td><td>−0.6</td><td>−9</td><td>−0.4</td><td>−6</td></tr>
<tr><td>凸窗</td><td>9</td><td>0</td><td>0</td><td>0</td><td>0</td></tr>
<tr><td>平面设计</td><td>15</td><td>−0.2</td><td>−3</td><td>0</td><td>0</td></tr>
<tr><td>面积</td><td>15</td><td>−0.6</td><td>−9</td><td>−0.4</td><td>−6</td></tr>
<tr><td>建筑外观</td><td>14</td><td>−0.4</td><td>−5.6</td><td>−0.2</td><td>−2.8</td></tr>
<tr><td>空间高度</td><td>5</td><td>0.4</td><td>2</td><td>0.4</td><td>2</td></tr>
<tr><td>梁柱位置</td><td>6</td><td>−0.6</td><td>−3.6</td><td>0</td><td>0</td></tr>
<tr><td>实用率</td><td>10</td><td>0.4</td><td>4</td><td>0.4</td><td>4</td></tr>
<tr><td>建筑质量</td><td>11</td><td>−0.8</td><td>−8.8</td><td>−0.6</td><td>−6.6</td></tr>
<tr><td>合计</td><td>100</td><td>—</td><td>−33</td><td>—</td><td>−15.4</td></tr>
<tr><td>楼盘影响总权重=合计×30%</td><td>—</td><td>—</td><td>−9.9</td><td>—</td><td>−4.62</td></tr>
<tr><td>均价（元/平方米）=3号楼均价×（1+楼盘影响总权重）</td><td>—</td><td>—</td><td>2 397</td><td>—</td><td>2 538</td></tr>
<tr><td>4号、5号楼均价（元/平方米）=（4号楼均价+5号楼均价）÷2</td><td colspan="5">2 458</td></tr>
</table>

建筑年限也同样折旧。

均价：2 468×（70−7）÷70=2 221（元/平方米）。

4号、5号楼均价确定为2 222元/平方米。

4）付款方式

建立在调查基础上，充分分析竞争楼盘的付款方式，达到相同条件下发掘“灵活、轻松”付款方式吸引置业者。在龙华区域市场上，有些开发商为了促销，吸引客户尽快成交，设置了零首付、一成首付、二成首付等付款方式以降低置业门槛，而本项目的客户群又定位为生意人，资金周转对他们尤为重要，考虑到开发商对资金回笼的要求，本项目的付款方式设定为如下3种：

（1）一次性付款：

①当日交10 000元定金；

②15日内付房款的50%；

③30日内交完全款。

（2）正常按揭（三成首付、七成按揭）：

①当日交10 000元定金；

②15日内付房款的30%；

③接到通知做银行按揭。

（3）轻松按揭（一成首付、七成按揭，二成1年4次免息付款）：

①当日交10 000元定金；

②15日内付房款的10%；

③接到通知做银行按揭；

④二成1年4次免息付款。

预计一次性付款、正常按揭、轻松按揭的销售比例分别为10%、40%、50%，其折扣见表4-12。

表4-12 **不同付款方式的折扣和销售比例**

付款方式	折扣	销售比例（%）
一次性付款	0.91	10
正常按揭	0.94	50
轻松按揭	0.96	40
平均折扣：0.91×10%+0.94×50%+0.96×40%=0.945		

5）销售各阶段优惠

本项目适合做"短、平、快"项目，在具备认购条件后即开始积累客户，在开盘前蓄势，给予客户一定优惠，销售分4个阶段，见表4-13。

表4-13 **销售各阶段优惠**

阶段	时间	优惠	折扣	预计比例	套数（378）
Ⅰ	从内部认购起到开盘后一周内	2个点	0.927	25%	95
Ⅱ～Ⅳ	开盘一周后	无	0.947	75%	283

在整个过程中考虑到客户营销的作用，因本项目客户为本区域的客户，口碑传播的作用大、成本低，设计了"以老带新：已落定的老客户带新客户，每成交一个额外有0.5%"的优惠，可在购房款上扣减或以1 000元现金大礼包返还，预计比例为30%。

为甄别"以老带新"，限定新客户第一次到访现场必须有老客户陪同。

平均折扣=0.927×25%×70%+0.947×75%×70%+（0.927-0.005）×25%×30%+（0.947-0.005）×75%×30%
=0.9405

在楼价的设计中采用0.9405的折扣计算以保证均价的实现：

3号楼实收均价为2 660元/平方米，价目表均价为2 828元/平方米；

1号、2号楼实收均价为2 020元/平方米，价目表均价为2 148元/平方米；

4号、5号楼实收均价为2 222元/平方米，价目表均价为2 363元/平方米。

6）均价调整

基于以上均价设定，再对楼盘内的每套房进行权重比较，从楼层、朝向、通风、采光、景观、户型、面积、噪声等方面进行打分，以期将好房与差房合理拉开差价，在销售上又能产生联动。

楼层差异：受气候条件的影响，一层潮湿，顶层漏水、日晒，这些为销售难点，中间楼层最受客户欢迎，因此在楼层差价上拉开差距，差值最大为180元/平方米。

朝向、通风、采光差异：每套房所在位置不同，朝向、通风、采光各有不同，南北向，无遮挡通风，采光好。

景观差异：根据对中心庭院景观的视野范围及层次定差价。香港的半山豪宅，看海景的角度不同，价格也不同，海景180度与120度、90度的价格差可达到25%，利润差可达100%，这就是一个景观量化的价值。

户型、面积差异：由于本楼盘的客户群为首次置业者，受价格因素影响，同样的户型只要能满足一定的功能，更多客户愿意选择总价不高的小户型。此外，房间布局是否合理、是否浪费面积也是差价的原因。

噪声差异：临路的、临商场的噪声大，临小区中心的相对安静，差价由此而来。

经过以上差异比较，每套房在考虑以上的因素后适当拉开价格差距，因朝向、通风、采光、景观、户型、面积、噪声等因素差价最大为400元/平方米（1号、2号、4号、5号楼差价为200元/平方米），如此使好房卖好价、差房价格合理，且销售时互不干扰。

7）重点突出

重点户型：2室2厅、3室2厅。

本楼盘的户型比例见表4-14。

表4-14 **楼盘户型比例**

楼栋	1室1厅1卫	2室2厅1卫	3室2厅1卫	3室2厅2卫	合计
3号	24	124	86	12	246
1号、2号	0	42	42	0	84
4号、5号	0	24	0	24	48
合计	24	190	128	36	378
比例（%）	6.3	50.3	33.9	9.5	100

2室2厅1卫和3室2厅1卫为本楼盘的主力户型。

本楼盘的户型面积分布表见表4-15。

表4-15 **户型面积分布表**

户型	型号	面积（平方米）	套数
3室2厅2卫（36套）	C	90.49	12
	C′	89.87	24
3室2厅1卫（128套）	A	79.17\79.18\79.61\80.71\80.73	34
	E	77.64\77.67\78.39\78.51\78.90\79.26	52
	K	87.38\87.77\87.84\88.[illegible]9	42
2室2厅1卫（190套）	B	63.68\63.70\63.79\63.97\64.00\64.03\64.94\65.30	56
	F	65.23\65.26\65.36\65.41\65.58\66.00\65.14	56
	H	77.66\77.82	12
	H′	77.06	24
	J	77.07\77.26\77.53\76.[illegible]8	42
1室1厅1卫（24套）	C	34.91\34.92	12
	D	32.79\32.80	12
合计			378

从表4-15中可以看出：2室2厅1卫户型应是销售的重点和难点，尤其是1号、2号楼中的42套J户型，面积较B、F户型大约12平方米，而设计又落后，如果没有价格上的优惠再辅之以样本展示，难以让客户动心。销售初期首先突击112套B、F户型，在销售达到一定的比例后再重点推J户型。

资料来源 作者根据相关资料编写.

问题：针对该项目，你认为还可以采用哪种定价策略？

△ 实训题

[实训情境设计]

长沙中一九骏项目位于金星大道与枫林路交会处往南500米，紧邻湖南财政经济学院南门，与岳麓山隔路相望。项目西北边车程不到3分钟的位置是长沙大河西综合交通枢纽，在2015年启用。项目往东500米是即将建设的2 700亩西湖水上公园，往西更是拥有5 000亩梅溪湖风光，地段升值潜力无限！

项目是由7栋32、33层的高层住宅和3栋双联别墅组成，户型设计采用的是21世纪最流行的N+1，N+2户型，全景零分摊，主要户型有1室、2室、3室、双联别墅等，住宅面积从39平方米到136平方米，别墅面积为460平方米，可以不同程度地满足您的住宅需要。建筑本身采用了外围护结构节能、给水节能、电气节能设计，减少无功损耗。小区的正中央配套有3 000平方米中央景观湖和5 000平方米的山体公园。社区内配备了近9 950平方米的特色商业街区，将建立社区会所、医院、银行、超市、洗衣店等日常生活所需的配套设施。

[实训任务要求]

根据所给材料，运用市场比较定价法对该项目的7栋高层住宅进行正确的市场价格确定。

[实训提示]

可参照同地域、同类型的3～4个楼盘来进行比较。

[实训效果评价]

将实训效果量化，参照表4-16进行评价。

表4-16 **楼盘比较实训效果评价表**

评价内容	分值（分）	评分（分）
所选比较楼盘的可比性	20	
比较楼盘因素调整的正确性	30	
各楼盘权重的合理性	20	
比较价格计算的正确性	30	
实训效果总体评价	100	

注：考评满分为100分。60分以下为不及格；60～69分为及格；70～79分为中等；80～89分为良好；90分以上为优秀。

第5章

房地产项目营销推广

学习目标

通过本章的学习，认识到房地产项目销售前的整个推广方案的内容和作用；了解房地产推广的营销计划的注意事项；熟悉房地产营销推广中的品牌策略、渠道策略和广告计划的编写；掌握推广的卖点提炼和广告主题的提炼。

引　例

广告文案

很多地产项目喜欢在楼盘广告中描述很多年后的规划，比如某楼盘附近十年后规划有地铁口、名校等，但事实上很多是不确定的规划。而“买房送学位”诸如此类的广告语也是不被许可的。“别让你的房子，拖累了你的孩子。”这句广告语用得比较泛滥了。换个角度，可以这样说：打开窗，送你一片操场，让铃声，叫醒你的床！

5.1 房地产营销计划

房地产营销计划是指房地产企业或房地产经纪机构为实现房地产营销目标所制定的一系列对未来营销活动的安排和打算。房地产营销计划是有效指导、协调房地产企业营销活动的主要依据。

5.1.1　房地产营销计划的内容

营销计划是指导房地产企业营销活动的重要过程，每个营销计划必须要注意三点：确定关键的营销问题、有效利用资源、衡量最终结果。不同的房地产企业由于其所处的市场时期不同，它的营销计划也是不同的，但均需含有一般基本的内容、格式。房地产营销计划主要是针对项目编制的，其地域性、时效性很强。房地产营销计划要形成正式的文字，一般可包括八项内容，各部分的内容因具体要求不同，详细程度也有所不同（如图5-1所示）。

1）房地产营销计划内容概要

房地产营销计划首先要对本计划的主要营销目标和措施建议做简要概括的说明，类似内容概要。这是整个房地产营销计划的精神所在。要简单概述目标、主要卖点、竞争策略，简要描述项目状况，如区位、性质、规模、主体功能、立项背景，以及本计划的目录等。房地产营销计划内容概要的目的就是让企业高层主管很快掌握计划的核心内容。如果上级主管或有关人员需要进一步仔细推敲计划，可查阅计划书中的有关内容。所以，在形式上，最好在内容概要的后面，附上整个计划的目标，同时，在内容概要的有关内容中，用括号注明在计划书中的相应页码，以方便检索。

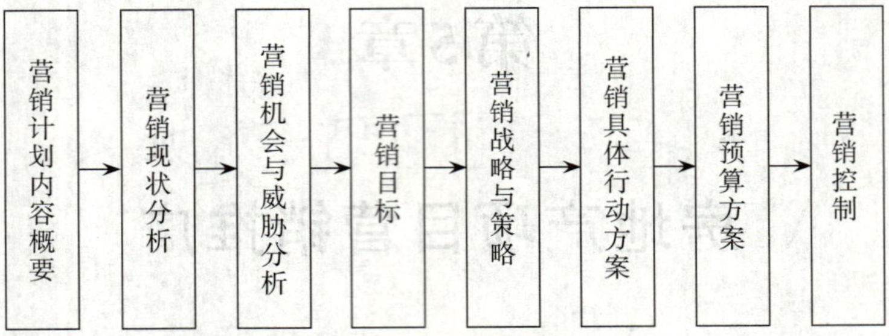

图5-1　房地产营销计划内容

2）房地产营销现状分析

（1）市场状况

市场状况主要说明项目所在区域房地产市场的基本情况，包括本区域房地产市场的规模，过去几年的房地产市场增长总量、总额，市场供求状况、价格趋势、适销的房型等。

（2）竞争形势

竞争形势应指出项目所在区域市场竞争态势和企业的主要竞争者，并分析每个竞争者的规模、目标、市场占有率、同类物业的特点、市场营销战略和策略及变化趋势，以及其他有助于了解竞争者意图、行为的资料。

（3）项目的投资环境

项目的投资环境主要阐述影响该房地产项目市场营销的宏观环境的有关因素，如人口、经济、技术、政治、法律、社会文化等方面的具体因素，并要分析它们的现状及未来变化的趋势。例如，该地域的经济发展水平和居民收入及消费状况，当地政府和社会为项目投资提供的有关法律、法规、政策、服务等支持或阻碍情况，项目开发建设中相关的基础设施条件，包括供水、供气、供电、交通、材料供应、融资条件、劳动力条件等。

3）房地产营销机会与威胁分析

机会是指营销环境中对企业有利的因素；威胁是指营销环境中对企业不利的因素。通过分析现状，围绕企业产品，找出主要的机会和威胁、优势与劣势以及面临的具体问题。

（1）机会与威胁分析

阐述来自企业外部的能够左右企业未来的因素，以便考虑可以采取的行动，如房地产市场发展趋势、技术发展和竞争者发展状况等。对企业所面临的机会和威胁，要有时间顺序，并分出轻重缓急，使更重要、更紧迫的问题能得到应有的关注。

（2）优势与劣势分析

说明企业在资源、能力方面的基本特征，反映企业在市场竞争中与竞争对手相比较的长处和短处。优势是企业用于开发机会、对付威胁所具备的内部因素，如具有高品质、有特色的物业产品等；劣势是企业因此必须改进、完善的某些内部条件，如人才结构不合理，广告、公关宣传不得力等。

（3）问题分析

将机会与威胁、优势与劣势分析的结果，用于确定计划中必须注意的主要问题。

房地产企业在这些方面进行的决策及分析决定，是企业形成有关市场营销的目标、战略和策略、战术的主要依据。因此，营销计划中应对营销机会和威胁做出详细的分析。

4）房地产营销目标

这是房地产营销计划的核心部分，对随后的策略和行动方案的拟订起到指导作用。计划目标可分为两类：财务目标和市场营销目标，如销售额（包括增长量、稳定性、市场份额等）、利润（包括利润水平、投资收益、经营效率等）和公众满意程度（包括股东和消费者的满意程度）。因此，正确选择营销目标必须要做到：

①各个目标应以明确且可度量的形式陈述出来，并要有一定的完成期限。

②各个目标应保持内在的一致性。

③应对目标分层次地加以说明。只有有了明确的营销计划目标，才能相应地制定具体的营销策略，即通过什么样的广告、促销等手段和人员培训、时间控制、组织保证等措施来执行营销计划，实现营销目标。

5）房地产营销战略与策略

制定的每一个目标都可通过多种途径去实现，营销管理者必须从各种可供选择的战略、策略中做出选择，并在计划书中详细陈述出来，包括目标市场、产品定位、产品组合、价格、分销渠道、销售队伍的配备、服务、广告、促销方式、项目研究与开发和市场调研等具体策略。

制订这部分计划需要营销部门仔细地进行市场调查、研究、分析，并且要与企业其他各部门人员共同协商，争取理解、支持与合作。

6）房地产营销具体行动方案

有了营销战略、策略，还要将其转化为具体的行动方案，阐明行动的具体内容、时间、主体及成本等问题。也就是说，要进一步从做什么、何时做、谁来做、花费多少成本以及达到什么要求、如何考核等方面，全盘考虑房地产市场营销战略、策略实施过程中涉及的各个因素、环节和内容。

7）房地产营销预算方案

房地产营销预算是一个关于预算盈利或亏损的报告，要根据房地产具体行动方案编制预算方案。上级主管部门负责该预算的审查、批准或修改。而一旦房地产营销预算方案获得批准，此预算即成为房地产支出营销费用的财务安排的依据。企业年度财务计划控制要求在保证公司实现销售目标的同时，尽量减少支出。这就要求在营销推广实施之前对推广费用进行合理计划，使其能得到有效的控制。

（1）营销成本的主要构成

房地产项目的营销，从策划、组织到推广实施，成本由以下几方面组成：

①资料费，指房地产项目在销售前应做好的一些准备工作所需的费用。

②广告费，指项目在进行市场推广时用于产品形象宣传所需的费用。

③销售管理费。

④中介服务费，指委托中介机构进行市场调查、价格评估、营销策划、销售代理等所支付的费用。

（2）编制预算的方法

①量力而行法，即将推广预算设定在公司所能负担的水平上，此法简单易行，但完全忽视推广对销售量的影响，会导致推广支出超量或广告支出不足。

②销售百分比法，即以特定（当期或预测数）销售额的百分比或售价的一定比率决定

推广预算，是最为常用的方法。此法的优点有：根据企业的负担能力而定，就财务而言合理可行；考虑到了推广成本、售价与企业利润之间的关系；普遍采纳此法可以使竞争趋于稳定。但此法也有不足之处：灵活性不够，在销量下降时，不能满足推广费用增加的需要；推广预算随着销量不停波动，对长期规划不利；只有经验基础，并没有理论作为支撑，销售与推广的因果关系倒置。

③追随法，即通过留意竞争对手的推广活动并估计其推广费用，然后依行业平均水平来制定预算。此法的依据有：竞争对手的预算代表智慧的结晶；可以避免广告大战。但仅仅是主观感觉而已，并没有证据来加以证实。

④目标任务法，此法最合逻辑，具体实施过程为：明确制定目标—确定实现这些目标所应执行的任务—估计执行这些任务的成本—计算推广预算。

8）房地产营销控制

房地产营销控制的目的是保证公司达到在计划期内设立的营销利润目标和其他目标。常用的做法是把计划规定的目标、预算按月或季度分开，便于上级主管对计划执行情况随时监督检查，以保证计划的顺利执行，及时纠正偏差和失误，并对意外情况做好相应的准备。例如，管理部门对市场上的销售、利润绩效进行监控，找出造成严重绩效偏差的原因，采取措施来缩小目标和实际之间的差距等。房地产营销计划控制包括房地产市场销售分析、市场占有率分析、市场营销费用对销售额比率分析和顾客满意度分析等。

在有些房地产营销计划的控制部分，还包括针对意外事件的应急计划。应急计划简明扼要地列举可能发生的各种不利情况、发生的概率和危害程度、应当采取的预防措施和必须准备的善后措施。制订和附列应急计划，目的是事先考虑可能出现的重大危机和可能产生的各种困难。

5.1.2 编制房地产营销计划应树立的观念

1）长远观念

具有长远观念是一个企业可持续发展的关键，因此房地产企业的经营活动不能只顾眼前，要有长远目标和眼光，要有持续的经营方针和经营策略。

房地产企业只有具备了长远观念，才能将眼前经营管理活动与企业的长远目标和战略规划结合起来，使企业按照既定的目标有计划、有步骤健康发展，克服企业发展中的盲目性和短期行为。房地产营销计划强调坚持长远观念，特别要注意创建经营特色，因此在制订房地产营销计划时应注意把日常的经营活动与建立长期经营特色结合起来，促进企业长远发展。

2）超前观念

在当今变幻莫测的市场中，房地产企业的经营者要善于研究和发现消费者的需求及其变化，并及时加以利用，使之变为企业经营的有利条件，并由此做出具有预见性的经营决策，这就需要具备超前观念。

3）整体观念

首先，必须树立整体观念、全局观念来通盘考虑，尽量使企业内部各部门为实现共同目标而协调高效运转。同样，房地产企业不可能脱离社会环境而单独存在，社会环境的各个方面如政治、经济、文化、地理、气候、风俗习惯、宗教信仰等，无不对房地产营销活动起着影响作用。其次，房地产营销活动必须适应社会环境的变化，要树立从社会这个更大的全局出发来考虑和安排房地产营销活动的观念。

5.2 推广策略

5.2.1 挖掘卖点

所谓卖点，就是产品所具有的、不容易被竞争对手抄袭的，又可以展示的、能够得到目标客户认同的特质。从定义上看，卖点必须具备三个条件：

（1）卖点是楼盘自身具有的、不容易被竞争对手复制的独有优越特点；

（2）卖点必须能够被展示，能够被表现出来；

（3）卖点必须能够得到目标客户认同，与其“买点”相匹配。

卖点与项目定位的不同之处就在于卖点必须是能够展示的，否则就无法在市场推广中发挥作用。同时，由于项目定位与项目销售之间有一定的时间间隔，在这段时间里，市场情况往往会发生一定变化，因此在定位阶段确定的个性化特点有时到了销售阶段已无法发挥作用，必须重新挖掘。

挖掘卖点按如下顺序开展：

1）片区市场研究

房地产片区的概念属于一个比较小的区域概念，通常根据城市的行政区来划分。片区市场研究主要包括以下六个方面内容：

①片区的总体规划，包括土地性质、住宅规划、市政配套、景观规划、道路交通规划及人口规划等，如“滨水新区”“国际新城”“基金小镇”等强调片区的定位与未来。

②片区的功能定位。

③片区内地产开发动态。

④片区内物业的价格水平分析。

⑤片区内物业的营销方式分析。

⑥片区内已建、在建和拟建项目分析。

2）竞品的动态研究

我们在此所说的对手包含两方面含义：其一是指竞争对手；其二是指竞争性楼盘。“知己知彼，百战不殆”，时刻跟踪竞争对手的动向，对于处于竞争白热化市场中的房地产商而言，乃制胜的关键。我们要了解竞争对手的背景、组织架构、资金状况、管理机制、决策机制、考核机制，还要了解其土地储备、历年来项目开发状况以及未来的项目开发计划。对竞争性楼盘而言，我们应该分两种情况：一类是同一片区的楼盘；另一类是不同片区但定位相似的楼盘。拿到这些楼盘数据后，要进行销售率、营销推广、户型等多方面的对比分析。

①确定竞争对手的目标。我们需要分析竞争对手对目前的盈利状况、市场占有率、现金流量、工程质量、服务水平等项目指标的重视程度。

②评估竞争对手的优势和劣势。要评估竞争对手的优势和劣势，首先要搜集有关竞争对手的信息并加以整理、比较和分析，最后得出其优势和劣势的结论。实事求是地评估竞争对手的实力是必不可少的，这种实力决定了它发起进攻或反击的能力以及处理房地产营销中突发事件的能力。

③识别竞争对手的现行战略。一般而言，处于同一战略集团的企业，有着基本相同的战略选择，所以首先划分房地产业的战略集团是有效的、必需的。

④辨别竞争对手的假设，包括竞争对手对自己的假设和对房地产业及产业中其他企业的假设，从中可以发现竞争对手在管理上的偏见和盲点并为我所用。

此项研究的资料搜集主要通过媒体信息搜集、实地考察及有针对性地访问（如访问对方营销经理）等方式进行。

3）消费者构成及购买行为研究

项目市场推广人员要了解市场，借助市场调研，明确下列问题：

①哪些人会购买？他们有什么特征（年龄、性别、地区、经济收入状况等）？——购买者

②他们购买哪种楼盘（对项目规划设计、价格、户型、质量、位置、配套设施等要求）？——购买对象

③他们为什么要购买这些楼盘？——购买目的

④谁参与了购买过程？——购买组织

⑤他们以什么方式购买商品？——购买方式

⑥他们准备什么时候购买商品？——购买时间

⑦他们在哪里购买商品？——购买地点

了解消费者要参考图5-2的刺激-反应模式。市场推广刺激和其他刺激进入消费者的意识后，消费者的特征和决策过程促使了购买决策。营销推广人员的任务就是要了解在出现外部刺激后到做出购买决策前的消费者意识中所发生的变化。我们要回答的问题是：消费者特征是如何影响购买行为的？

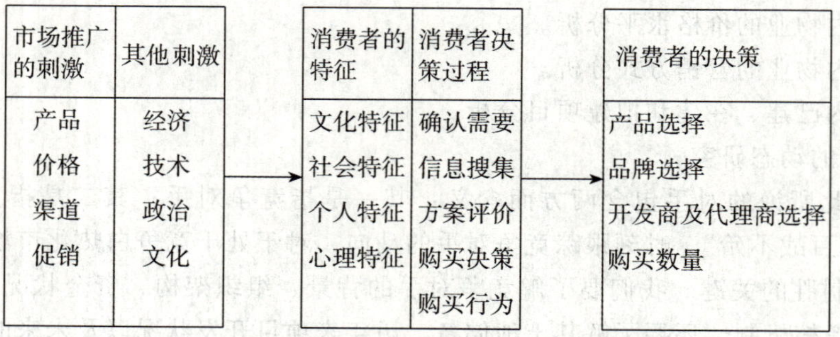

图5-2　刺激-反应模式

此项研究的资料搜集主要通过专业的问卷调查、电话采访、谈话法等方式进行，可采用全面普查、随机抽样调查、非随机抽样调查、重点调查等方法。

4）进行卖点提炼

在房地产营销的实际操作中，不应仅仅局限某一卖点，需要多种手段并用提炼卖点。常用的卖点提炼方法有：

（1）概念策划模式

在这种模式中，将各种优点聚焦到某个概念上，如地段、设计、生活方式、环保概念等，使得优点集中且清晰，便于消费者接受。可强调物业管理，宣传环保特征，突出保安系统的技术先进，推荐智能化，注重环境设计、材料的精良等。这种功能优势对销售起到

重要的引导作用，使购买者在众多的楼盘中，比较容易选择到自己偏好的东西。

（2）卖点群策划模式

随着房地产供应量的增加，需求相对减少，房地产购买者开始从容选择。开发商必须尽快适应购买者的挑剔，可采用“人有我优”的经营策略。开发商可有意识地博采众长于一身，争取别人能提供的条件自己都能提供，在短期内对购买者做出承诺。开发商在追求尽善尽美的同时，尽其所能地向市场罗列全部卖点。

（3）等值策划模式

不是所有的畅销楼盘的卖点相加，克隆一个项目，就可以创造出一个新的明星楼盘。这是因为：每一个楼盘都有自身的市场定位和统领项目的概念设计，只有适合项目本身的卖点才可以相融洽，否则就像写文章时华丽辞藻的机械堆砌；卖点堆砌导致成本过高，不实用，市场承受力差。等值策划是在众多价值影响因素中进行权衡取舍，从中发现项目本身的潜在价值，加以发掘和包装，让消费者认可，从而实现其最大价值。比如：针对消费者关注室内环境的诉求，着重强调新风系统、室内装修材料环保健康等。

【实战演练5-1】

深圳四季花城

1）基本概况

开发商：万科企业股份有限公司。

位置：深圳市龙岗区坂田街道布龙公路与五和大道交会处。

交通：社区配有住户专车往来市区。

类型与规模：四季花城占地面积为217 498.1平方米，总建筑面积为407 479平方米，规划总居住户数3 096户，居住人数达1.1万人左右，是深圳市罕有的超大型社区。四季花城一期总建筑面积为76 427平方米，二期总建筑面积为107 998平方米，绿化率为40%，容积率为1.87。

社区配套：

300米商业街：华润超市、便利店、诊所、银行、书店、面包店、洗衣店、海尔专卖店、装饰材料店、布艺店、美容美发店、咖啡店等。

会所：泳池、健身房、桑拿室、淋浴室、壁球室、桌球室、乒乓球室、棋牌室、麻将房、室外儿童游乐场、网吧、按摩室、阅览室等。

幼儿园：海丽达幼儿园。

其他设施：网球场、缓跑田径场、烧烤园、风味美食街等。

2）户型

四季花城以两室及3室户型为主，面积为45～140平方米，顶层户型送阁楼。

3）建筑设计特点

采用低密度、低楼层、大绿洲的设计手法。建筑呈现欧式的田园坡屋顶与现代风格相结合的特点，简洁而明快。

4）特色及卖点

①欧洲小镇风情；

②惬意、舒适的生活空间；

③欧式风情商业街；

④四季花城分为10个街区组；

⑤万科物业管理，除日常清洁、家政服务外，还提供4点半学校等系列服务。

请就四季花城项目进行卖点提炼。

5.2.2 推广渠道策略

1）房地产营销渠道组成

房地产营销渠道是指实现房地产产品由开发商转移给消费者的途径。房地产营销渠道由以下成员组成：

房地产开发商：房地产开发商是房地产产品的生产者，是房地产市场营销渠道的起点。

房地产中间商：房地产中间商主要是代理商，即房地产经纪公司，它没有房地产产品的所有权，只是在买卖双方之间起媒介作用，促成交易，赚取佣金。

消费者：消费者即购房者，是整个营销渠道的终点，也是人际传播实现销售过程中的中间人。

2）房地产营销渠道类型

在房地产营销中，主要有两种营销渠道形式：直接营销渠道形式和间接营销渠道形式。

（1）房地产直接营销渠道（即开发商自行销售）

直接营销渠道是指开发商自己直接将房地产产品销售给顾客。其过程为：

房地产开发商→消费者（业主或租户）

房地产开发商直接销售产品，从而与广大消费者直接接触，有利于搜集消费者对产品的意见，有利于企业工作的改进，提高竞争力和建立良好的企业形象。但是，这种方式要求房地产开发商拥有很强的销售队伍，包括一个有效的营销机构和既懂房地产营销又懂相关法律知识的高素质的营销人员队伍。房地产开发商采用直接销售方式的情况主要有大型房地产开发公司的项目、所开发的项目处于卖方市场条件下的以及品质优良的楼盘等。此外，房地产开发商如果希望对自己的项目加强控制，也往往选择直接销售方式。

（2）房地产间接营销渠道（即委托房地产中间商销售）

房地产间接营销渠道是指开发商经过中间环节把房地产产品销售给消费者，主要是进行代理销售，一般要委托房地产经纪公司销售。其过程为：

房地产开发商→中间商→消费者（业主或租户）

一般的小型房地产开发企业，由于本身的实力不强以及聘用专职人员需较高成本等原因，多采用委托房地产经纪公司的销售方式。对于拥有销售队伍的房地产开发企业，有时也要借助房地产经纪公司的帮助，有利于发挥中间商的营销专业特长。对于那些专业的房地产经纪公司，并不是简单的销售介入，而是在项目的前期就已经介入，帮助房地产开发商进行项目定位、户型设计等。

（3）顾客营销

人们认为，在一个人的生活圈子里，他可以接触到并能促使类似购买的人最多可以达到250人。因而在房地产的销售中，如果一个已经购房的业主，通过现身说法向朋友、同事推销楼盘，可以产生比销售人员推销更好的效果。资料表明，在广州，大型项目的销售额中有约25%是由业主介绍熟人购买的。发动已经购房的业主加入销售队伍，已经成为房地产销售的重要渠道。为此，开发商要建立业主档案，并制定针对业主和购买者的双重优惠措施。这个优惠措施的费用来源是业主在直销中节省下来的广告费用和其他销售费用，并且对业主和购买者的双重优惠要好于仅仅对单方面进行的优惠。其过程为：

房地产开发商→消费者（业主或租户）→消费者（业主或租户）

在实践中，我们应该特别注意利用第三种营销渠道，发挥其事半功倍的作用，全员营销也可以说是顾客营销的扩大版。

3）房地产营销渠道具体形式

随着房地产市场竞争的日趋激烈，房地产营销渠道策略虽然只有直接和间接两种基本类型，但是随着市场营销的不断创新，这两类销售渠道拥有很多具体的表现形式。

（1）商品房内部认购销售

所谓**内部认购**，本意指的是开发企业内部员工以较优惠的条件购买本企业开发的商品房，后来逐渐地把范围扩大到了普通消费者，进而演变成一种前期吸引消费者或筹集部分认购资金的手法。现在许多城市已经明令禁止采用内部认购进行商品房销售，所以发行VIP卡、入会等新方式出现了，但其目的无外乎以下几点：

①能从内部认购中获取客户，从而更清楚地掌握客户的购房意向及市场需求；

②项目处于期房阶段，没有现房，没有样板房，不能给客户目睹实在的东西，只能通过内部认购、加入俱乐部、开推介会等营销手段，让社会认识项目、了解项目，可为项目起到初步宣传的作用，为项目造势；

③为售楼员在培训中提供一个亲临现场实习的好机会；

④以优惠的价格出售商品房给对项目有信心的客户，可以快速回笼资金，同时积累首批客户。

（2）开发商建立直销店

开发商建立直销店是指由房地产企业以连锁的形式在各地设立直销店，负责某地区的销售业务，如碧桂园在各大城市设立直销中心推介其文旅地产项目。没有谁能比房地产开发商更了解自己的楼盘，直销渠道使开发商了解市场需求，完全打破了房地产市场有史以来一直以楼盘为中心的销售理念，开创了一种以客户为中心的崭新营销渠道。已经有越来越多的开发商走向这一渠道，拥有自己的销售队伍，他们相信，了解产品，直接面对客户，才是营销渠道建设的真谛。

直销店应设立在交通便利地点，以便区域内顾客上门。这种销售方式的优点是人员精简，讲究服务质量，强调企业形象。其缺点则为等待顾客上门，缺乏积极性，潜在顾客易被采用人海战术为主的中介公司所拦截，销售额较小。

（3）开发商或代理商派员直销

公司派大量销售人员到市场主动上门，寻找客户，即携带产品说明书、广告传单主动出击，在目标客户较集中地段，上门推销。其优点是针对性较强，销售效果较好，服务成功率较高；其缺点是这种零散的组织形式，管理难度大。一旦克服管理的问题，可以起到事半功倍的效果，是营销推广的利器。

（4）包销代理渠道

包销代理是指由代理商充当商品房批发商的角色，一次性包销整个楼盘，形成“零尾盘”的销售形式。“零尾盘”的好处是不言自明的，尤其是在市场风险日渐高涨的房地产行业。对于任何一个房地产开发商来说，“零尾盘”可以盘活资金，以最快的速度进行后期开发。

（5）全程代理渠道

全程代理是指代理商参与房地产开发经营的全过程。代理商甚至在开发商拿到地块以前就进行市场调研、项目定位，从项目的可行性研究着手，提供建筑规划设计任务书、建筑承包商的选择、施工监理的组织、销售策划推广，直至物业管理等全过程一条龙服务。全程代理可以降低开发、营销风险，避免投资的盲目性，也有助于推动代理市场的规范化、专业化进程。

（6）网络营销

网络技术的推广，给房地产信息的沟通、传播、展示带来全新的理念，同时，网上直销、电子商务、房产超市等新兴事物的出现对传统营销渠道提出了挑战。第一，房地产企业可以通过网上直接进行有针对性的市场调研，了解消费者的需求和心态，便于进行分析和定位，把握营销策划的方向。通过各种手段收集的网民数据库本身也是最好的准客户档案。第二，有利于为客户提供个性化的售前和售后服务。数据库营销利用网络的交互式运作，为供需之间开展双向交流提供了便利。第三，可以实现远程售楼管理，有利于总部与分部的即时沟通。在促销展示数字化方面，部分房地产企业开始通过先进的数字技术展示楼盘，丰富楼盘广告的表现形式。第四，它无限拓展了房地产产品的销售渠道。一方面，网上销售无工作时间的限制。另一方面，房地产网上销售无场地限制，准业主可以随地进行房地产消费。第五，它给房地产后期消费带来增值服务。因为有了互联网，才有“彩生活”，才有智能化小区，不仅给楼盘增加了卖点也给业主的生活带来了方便。

延伸阅读5-1

跨界+精准定位——两极化市场下苏州网红公寓极速圈粉

4）房地产分销渠道管理

如果开发商选择使用间接销售渠道，必须要加强分销渠道的管理。

（1）选择渠道成员

选择时应遵循的原则有：

①效益原则，即考虑用最小的投入获得最大的产出。一般开发商直接销售费用较低，经销商次之，委托代理费用最高。

②协同原则，就是中间商要和开发商真诚合作。

③可控性原则，在整个营销过程中，开发商始终能掌握主动权，对营销活动起到有效的控制。

④风险性原则，在选择营销渠道时要遵守风险适度原则，选择风险系数小的营销渠道。

⑤素质原则，一般情况下要选择具体的中间商，必须考虑以下素质：

a.要考虑中间商的资质、实力、形象及信誉情况。

b.要考虑中间商以往的销售业绩，还要针对不同的房地产类型选择适当的中间商。

c.要具体考虑中间商的员工素质和服务水平。

d.要考虑中间商的管理水平和经营能力。

e.要考虑中间商的资金力量和财务状况。

（2）激励渠道成员

在房地产销售实践中，人们越来越多地看到这样的操作实例：开发商把支付营销企划的费用额度、支付时间与楼盘销售周期、销售率等业绩目标紧紧挂钩，或者协助代理商提高售后服务能力等，都是真正体现其对代理商的激励；当老客户介绍新客户来的时候，给予一定的奖励或者邀请他们参观曾经开发的楼盘等，也是一种激励。

（3）评估渠道成员

每隔一段时间，开发商必须对代理商的工作进行评估，主要从经济性、控制性和适应性等几个方面来评估渠道成员。

5.3 广告推广

5.3.1 广告策略的制定

1）目标市场策略

开发商通常并不针对整个市场做广告，而是针对其中的某个目标市场。哪个目标市场需要广告配合，广告就应该以哪个目标市场为目标并采取相应的广告策略。以兼有多层和高层住宅的小区广告策划为例：当小区刚起步时，以开发深受市场欢迎的多层住宅为主，这时可采用开拓性广告策略，结合多层住宅的销售热潮不断强化小区的知名度和客户的认知度，使楼盘迅速进入市场；当小区逐步成型时，则采用劝说性广告策略，以说服客户购买、提高市场占有率为目的；当小区初具规模，欲推出高层楼盘时，可采取提示性广告策略，以造声势、提醒客户留意认购期为主要目的。

2）市场定位策略

定位策略的根本目的是使楼盘处于与众不同的优势位置，从而使开发商在竞争中占据有利地位。定位时可根据目标客户群的要求，采取价格定位策略、品质定位策略、地段定位策略、时尚定位策略、投资回报定位策略等。市场定位不能偏差或含混不清，否则广告诉求时重点不明，难以给大众留下特定的、鲜明的印象。

3）广告诉求策略

根据诉求对象、诉求区域的特点，房地产广告可采用理性诉求策略，即通过真实、准确、公正地传达开发商或楼盘的有关信息或其带给客户的利益，让受众理智地做出决定；也可采用感性诉求策略，即向大众传达某种情感或感受，从而唤起受众的认同感和购买欲；当然还可用理性和感性相结合的诉求策略，即用理性诉求传达信息，以感性诉求激发受众的情感，从而达到最佳的广告效果。此外，要确定广告诉求的主题。所谓广告主题，就是广告的中心思想，是广告所要说明或表达的基本观念。广告主题必须符合完整、易懂、集中、协调、刺激、独特等要求，方能产生生命力。提炼广告主题来源主要有：

（1）从产品定位中提炼物业主题

广告首先要让消费者明确该项目是什么物业，熟悉物业的基本构成，如交通状况、绿化状况、建筑设计特点、装修标准等。产品定位包含小区规划、建筑风格、小区环境、户型设计、功能定位、物业名称、物业管理等内容。

将以上各项内容提炼为具体的主题，即形成推广主题，见表5–1。

表5-1　　产品定位内容与推广主题内容

序号	产品定位内容		推广主题内容
1	小区规划	具体化为	交通条件、周边配套、总占地面积、总建筑面积、总套数
2	建筑风格		描述该种风格的外立面特点
3	小区环境		楼间距、绿化率、容积率、绿化面积、各项配套
4	户型设计		户型种类、面积、室内布局、实用率及细部介绍
5	功能定位		社区智能化程度介绍及装修标准
6	物业名称		诠释楼盘名称的内涵和外延
7	物业管理		物业管理公司名称、服务内容、收费标准、配备设施

（2）从客户定位中寻找市场主题

准确的项目定位可以锁定项目的目标市场和目标消费者。在项目有了明确的市场定位之后，该项目所面向的消费者，一般来说就已经很明确了，包括：该类消费群体是怎样的一些人，他们的职业、收入、年龄、性别、文化层次、喜好及未来需要是怎样的，以及由此而引起的一些消费倾向等。

推广主题就是要从客户定位中找出符合其需要及能力的要素，并对这些要素加以描述，突出“卖给什么人、供什么人享用”。

（3）从形象定位中寻找广告主题

通过一两句精练的广告语来体现广告主题，以提高消费者对该项目的期望值，使其产生许多美好的联想和希望。例如，深圳招商地产海月花园的主打广告语“海风一路吹回家”，让人不仅明白交通的便捷，也体验到了海边生活的幸福和温馨。

（4）从价格定位中提炼价值主题

例如，深圳大世界商城的“好地段+低价格=投资上选”，言简意赅，突出了价格优势和地段优势，投资价值显而易见。

（5）从开发商定位中提炼信誉主题

例如，碧桂园地产致力于“希望社会因我的存在而变得更加美好”，所以碧桂园的形象广告语是“碧桂园，给您一个五星级的家”。

广告主题作为信息的焦点，在一个广告中不能有太多，而应根据不同情况进行筛选并最后集中。

延伸阅读5-2

某项目推广主题

4）广告表现策略

广告表现策略要解决的是广告中信息如何通过富有创意的思路、方式以及恰如其分的广告表现主题传达给受众。广告诉求的重点通常是楼盘的优点和特色，而广告表现的主题则具有更深一层的内涵，即楼盘带给客户的是生活品位的提高和由此而生的自豪感、优越感等。广告表现策略要求用创意对广告信息进行包装并确定广告设计、制作的风格和形式。广告创意讲求新颖独特，但不能离奇古怪。失败的创意有时让人厌恶，也会给楼盘销售带来负面影响。广告是否具有清晰的记忆点、利益点、支持点和沟通点，可以反映出该房地产广告的创意表现。

①挖掘记忆点。“广告就是要挖掘产品内在的戏剧性，让产品成为过目不忘的英雄。”例如2004年被评为深圳“后海楼王”的“海月花园”三期在开盘月内创出400套的销售业绩，其广告“家在蛇口，做一个没有乡愁的人”就成为移民置业者的极好记忆点，推动了项目的热销。

②找准利益点。这就是告诉目标客户项目能提供什么便利与利益。如“奥林匹克花园”以健康住宅为定位，以“运动就在家门口”为主题创作的一系列广告，清晰告诉公众，买的不仅是房子，也是健康社区、健康生活，明晰的利益诉求让消费者心动并行动。

③把握支持点。这就是应用科学原理或事实说明广告中的利益承诺点，泛指房地产广告中的说明部分。“广告是什么，广告就是让100万元看起来像1 000万元。”房地产广告要做到这一步，必须反复权衡和选择项目支持点。

④创设沟通点。这就是建立广告活动和消费者进行双向的信息沟通渠道。平面广告中设立赠品、有奖问答、扫描二维码的形式可以强化受众与开发商沟通的热情。

5）广告媒介策略

据统计，房地产企业80%的广告费用用于广告媒介，媒介选择不当，就有可能造成投入高、见效低的结果。通常房地产广告可以选用报纸、广播、电视和杂志等媒介，还有户外广告，如工地围墙宣传画、巨幅电脑喷绘、路牌、灯箱、车身广告、横幅等，这些可统称为“线上媒介”。“线下媒介”也是房地产企业常用的，像展销会、直邮、赞助及其他推销用的楼书、优惠券、单张（海报）等。广告媒介策略要求房地产企业和代理商合理选择媒介组合，形成全方位的广告空间，扩大广告受众的数量；要合理安排广告的发布时间、持续时间、频率、各媒介发布顺序等，特别重要的广告要提前预定好发布时间和版面位置。

5.3.2 网络营销

房地产网络营销是指房地产营销人员将房地产营销活动全部或部分建立在互联网基础之上的营销活动。

1）网络营销的运作机制

开发商利用互联网，通过对采购平台、广告平台、销售平台、信息平台、交流平台以及管理平台的架设等，分别与供应商、目标消费群、业主等发生相互的信息交流。

广告平台是指房地产的开发企业通过自身建立的网站，或者通过其他网站发布广告等手段，对产品进行广告宣传。这是继报纸、广播、电视和杂志后 进行房地产广告投放的第五个媒体。

销售平台可以分为网络直销和网络间接销售两种。其中直销是指开发商通过网络渠道直接销售产品。通行做法有两种：一种做法是企业在互联网上申请域名，建立自己的站点（如万科集团http：//www.vanke.com），由网络管理员负责产品销售信息的处理，而传统的销售工作可有机嵌入信息化营销流程；另一种做法是委托信息服务商（如搜房网http：//www.sofang.com）发布网上信息，以此与客户联系并直接销售产品。网络直销的低成本不仅可为开发商节省一笔数量可观的代理佣金，开发商还可利用网络工具（如电子邮件等）收集消费者对产品的反馈意见，既提高工作效率又能树立良好形象。网络直销适用于大企业建立产品形象和企业品牌。网络间接销售是指利用网上中介机构（如58同城上的二手房交易机构）进行销售。专业代理网站不仅拥有数量可观的访问群，而且具有房地产专业知识和丰富的营销经验，能够很好地完成营销策划，但本质上是利用网络拓宽渠道。这种间接渠道策略尤其适用于中小型房地产公司。

2）网络营销的优势

相较于其他媒体营销，房地产网络营销的最大优势在于较好地解决了信息不对称问题，使得房地产营销成为一种互动营销。消费者只需要在家里利用互联网，就可全面、及时地了解房地产楼盘的海量信息，而且可以与开发商进行双向沟通。具体来讲，网络营销的优势主要有：

(1）受众集中，广告效能高

与报纸、广播、电视等传统媒体营销相比，传统媒体营销的受众虽然多，但是分布过于广泛，年龄、收入等参数的差距较大，导致房地产媒体营销的实际命中率很低，广告的效能不高。而新的网络营销，却由于上网人员的特征，使得目标消费群较为集中。

(2）多媒体展示

传统的媒体表现手法单一，而网络媒体通过网络，运用三维展示、电子地图、语音解说等技术向购房者展示项目的所有信息，信息量大而翔实，不受时间、地域等限制。近年兴起的VR虚拟现实全景看房系统超越了现场销售人员讲解的效果，没有时间和天气等的局限，让购房者的选购有更大的自主性。

(3）主动性与互动性强

与传统营销相比，网络营销更强调互动式的信息交流，由强势促销转为软促销。消费者可以通过网络主动查询分散在各处的、感兴趣的房地产的价格、地理位置、品牌等，咨询有关信息。通过微信、QQ等提问并及时得到解答，开发商与消费者保持密集的双向沟通，大大提高了营销过程中消费者的地位。开发商也可以通过有效的沟通，充分了解消费者的需求，树立开发商及产品在消费者心目中的地位。

(4）效果易于测量

对于传统营销而言，最让人头痛的是如何得知营销的效果；而在网络营销当中，只要在网页中插入流量统计和探测流量来源的功能，多少人看过此广告、多少人点击进去详细查看等数据都易于被测出。最后，利用网络运营商提供的“广告运营报表”就可以对每一个投放的广告进行监控。

(5）精准营销

它可以按照购房者的具体IP地址、地理区域、城市等进行精确定向营销，亦可以按照时间、网络平台或浏览器类型进行定向营销。

(6）传播快捷

由于网络信息传播的快捷性与“所见即所得”的制作特点，从材料的提交到发布，只需要数小时或更短的时间就能把信息发布出去。

3）网络营销的主要方式

理论上，通过网上支付，可以在网上直接签订购房合同。但由于受网络真实性、体验性以及交易安全性等因素的限制，房地产作为大宗投资消费，消费者直接通过网络进行交易的情况非常少见，房地产网络营销目前主要还是发挥其广告推广媒体的作用，即通过网络给浏览者创造一个虚拟体验的环境，让他充分感受地产项目的特性，吸引他进入现实售楼处或者电话进一步沟通，为成交做好前期工作。房地产网络营销常见的推广方式有以下几种：

（1）SEO（search engine optimization，搜索引擎优化）

搜索引擎优化是中小企业最常见的一种推广方式之一，主要是通过搜索引擎的排名来提高网站的最大限度曝光率，从而提升网站的流量，扩大互联网的影响。

（2）PPC（pay per click，点击付费广告）

现在的企业大量采用了这种按照实际点击来付费的广告形式，其最主要的目的是得到最核心客户的点击。比较常见的网站有百度、搜狗搜索、360搜索、搜狐、腾讯等，当然现在有一些电子商务网站也采用了该推广模式，其最大的优势就是把每一分钱都花在了刀刃上。

（3）博客营销

博客营销也是一种较好的推广营销方式，其最主要的目的是对公司及其产品信息进行有效的传递。对于一个企业来说，最主要的问题在于博客的选择以及博客的合理应用，博客推广不在于多，而在于精，提供和传递有价值的信息才是大家所喜欢的信息。

（4）自营O2O平台

电子商务平台现在对于中小企业来说也是属于比较火的一种推广方式，因为能够很直接地实现传递信息和销售产品，我们需要做的就是利用二八定律，把大量有效的时间花费在有价值的O2O上，而其他的网站就仅仅属于信息发布平台。

2015年2月，SOHO中国推出的首个互联网产品SOHO 3Q正式开业。它利用O2O模式在线上选房、租赁、签约以及支付租金，实现短租办公。该模式充分利用互联网的高效便捷，解决了小微企业的写字楼办公需求，并显著提升了写字楼出租率。

（5）电子邮件营销

目前，企业还没有能合理有效地运用电子邮件营销，还处于发展阶段。现在电子邮件营销通常被一些虚假广告信息和垃圾信息推广所采用，一个邮箱每天能够轻松收到数量不等的垃圾邮件。其实，电子邮件营销是一种很有效的推广方式，将公司信息经过制作之后，对产品、促销、荣誉、刊物和相关资讯进行点对点的有效传播，可以使推广达到很好的效果。其中，掌握大量有效的目标客户群体电子邮箱资料很重要，这可以通过一些付费的方式获取。

（6）新闻软文营销

现在大部分企业都采用新闻软文营销方式在大型行业门户或者大型网站等对项目进行推广。采用这种方式需要注意以下几个方面：内容的真实性；内容的价值性；内容的推广方向。这几点一定要明确，最主要的是有效的信息。

（7）QQ群、微信群推广

QQ、微信作为现在中国使用群体较多的社交工具，对推广工作起到了很大的帮助。在推广过程中，要使用一些技巧，例如QQ群、微信群推广不宜采用传统的方式，如何增强群成员的黏性和活性非常重要，毕竟每一个人加入的QQ群、微信群会非常多。

（8）抖音、快手等短视频推广

随着移动互联时代的到来，抖音、快手等APP火了，男女老幼都拿着手机天天刷。抖音、快手等短视频丰富的互动玩法也为房地产企业带来了更多的营销空间，孔雀城、泰禾、万科、融创、碧桂园、恒大……越来越多的房地产企业在抖音、快手等短视频平台建立了营销阵地。如佳兆业未来城配合销售节点在抖音上投放了3波视频："我们不一样"模仿热门创意段子→部门领导蹭热点→魔术小视频等。

当然，网络营销的推广方法还有很多，但是不是每一种方法都适用于自己所服务的对象，具体问题具体对待。

【案例分析5-1】

房产众筹

2014年，苏州万科城项目联手某网站，推出一款房地产互联网金融理财产品。万科提供一套市价90万元左右的3室商品房，并规定认筹金额达54万元即以此价格开始拍卖。每位客户只需1 000元就能报名参与认筹并有资格参与拍卖，拍卖结束后溢价部分按照认筹金比例进行分红。按照此模式，开发商只需出让部分利益，即能收获客户储备和广告效应，洞察客户需求，并调整定价策略，一举多得！同时，此种方式更使得认筹客户获得投资收益、认购客户享低价购房的三赢局面！据说，该众筹项目上线仅9个小时，即认筹完毕。

分析：众筹模式被几家网络用得比较多。其实开发商并不指望靠众筹多卖房，但一场活动能拉过来三五百人，网络、微信朋友圈还可以开展宣传推广，是一种一举多得的广告方式。

资料来源　佚名. 成交为大，房地产互联网营销的那些成功案例［EB/OL］.［2020-04-07］. http://www.aiweibang.com/yuedu/20872456.html.

5.3.3　广告计划

广告计划又称广告实施计划，当我们确定了产品的广告诉求点和广告基调后，制订切实可行的广告计划便成为实现最终销售目标的必要步骤。而一个可操作的完整的广告计划通常包括广告周期的安排、广告主题的安排、广告媒体的安排和广告预算的编排4个部分。

1）广告周期的安排

一个楼盘的广告周期是隶属于它的营销周期的，作为一个相对独立的促销过程的营销周期，广告周期的安排便是其不可缺少的一个部分。通常，一个完整的营销周期由引导期、公开期、强销期和持续期4个部分组成。在引导期，大量的作业是一些销售前的准备工作，广告运用仅为一些新闻报道、户外媒体和形象广告。一进入公开期，楼盘则被正式推向市场，适量的报刊广告、广播电视广告和网络平台广告等配合人员推广，将销售气氛推向热潮。当强销期来临的时候，大量的报刊广告、广播电视广告和网络平台广告等，结合强有力的业务推广，如人员拜访、电话追踪、派报、邮寄等，立体的促销活动全面展开。为配合销售达到顶峰，或者在相对低落的时候创造又一个销售高潮，各种促销活动层出不穷。强销期过后的持续期，则是对前期积累客户的消化吸收和一些事务性的收尾工作，工作平稳，广告量也相对平稳。

营销周期的长短并没有严格的限定，短则两三个月，长则一两年。习惯上讲，一个房地产项目从刚开始预售到最后一套房屋的卖出，可以规划为一个完整的营销周期。但一个楼盘在整个销售过程中，或是因为持续时间长，或是因为销售状况的跌宕起伏，实践中往往不止一个营销周期存在。对于销售总量在十万平方米以上的社区型楼盘，每个不同的时间段，会有若干个相对独立的营销周期的存在，它们彼此配合，前后呼应，以阶段性的销售业绩达到最终的销售目标。相应地，表现在广告周期的安排上，便是一个由若干个相对独立的、彼此又相互配合的小的广告周期串联而成的大的广告周期。

2）广告主题的安排

一般来讲，一个楼盘总有几个主要诉求点，几个次要诉求点，除了说明书外，几乎任何一种媒体形式每次的内容表现，都是以一个主要诉求点结合几个次要诉求点来加以展示的。实际操作中，归纳总结出来的几个主要诉求点往往轮流作为广告的主题来强打。而且，当其中的一个主要诉求点被选为广告的主题时，其他的几个主要诉求点则变为次要诉求点。精心安排的广告主题的轮流展示，可以最大限度地吸引目标客户，可以保持楼盘的常新常亮。

广告主题的轮流安排不是无序的，是和广告周期的安排和广告诉求点的内容紧密相连的。在楼盘引导期和公开期，广告主题多以楼盘的规划优势、地段特征为主，通过形象的着力介绍，让一个新兴的事物尽快为客户所注目和了解。到了楼盘的强销期和持续期，除非楼盘有特别的优势，价格攻势往往成为广告的主要内容。在客户对楼盘了解的基础上，通过价格上的优惠折让和某些服务方面的承诺促使成交量迅速增加。

3）广告媒体的安排

延伸阅读5-3

2015年那些脑洞大开的楼盘广告

因为房地产的“不动产”特征，它的常用广告媒体一般为户外媒体、印刷媒体、报刊媒体、广播电视和网络平台媒体等。其中户外媒体因为位置固定，比较偏重于楼盘周围的区域性客源；印刷媒体可以定向派发，针对性和灵活性都较强；报刊媒体、广播电视和网络平台媒体等则覆盖面广，客源层多。

就“纵”的方面而言，一个完整的广告周期由引导期、公开期、强销期和持续期4个部分组成。在广告的引导期，广告媒体的安排以户外媒体和印刷媒体的投放为主，售楼处的搭建，样板房的建设，看板的制作以及大量的海报、说明书的定稿印刷等，占据了工作的主要内容。其他媒体的投放则除了在报刊媒体、广播电视和网络平台媒体等上发布举行的记者招待会情况外，几乎没有什么。进入广告的公开期和强销期，广告媒体的安排渐渐转向以报刊媒体、广播电视和网络平台媒体等的投放为主。户外媒体和印刷媒体的投放此时已经制作完工，因其具有相对的固定性，除非有特殊情况或者配合一些促销活动，一般改变不大，工作量也小。而报刊媒体、广播电视和网络平台媒体等的投放则开始在变化多端的竞争环境下，节奏加快，出招频频，以灵活多变的特色，发挥其独特的功效。到了广告的持续期，各类广告媒体的投放开始偃旗息鼓，销售上的广告宣传只是依靠前期的一些剩余的户外媒体和印刷媒体投放来维持，广告计划也接近尾声。

在“横”的方面，往往要求广告媒体的组合有效而不滥，尤其在产品强销期，对媒体的合理组合要求特别高。某价格为80 000元/平方米的楼盘，它的媒体组合的理想三维广告空间是这样设计的：客户坐飞机回上海，在座位上看到《东方航空》杂志中的楼盘广告；下飞机后坐车回市区，在虹桥路上则看到同样内容的户外看板；晚上翻开《新民晚报》，该楼盘的广告亦赫然在目；第二天早上听广播新闻，同样的信息飘然而至……视觉、听觉的多重刺激，将在最大限度上挖掘和引导目标客源。此时再配合业务人员的面对面推广，可以创造上乘的销售业绩。

4）广告预算的编排

就房地产销售而言，广告预算大致应该在楼盘销售总金额的1%～3%之间。大的公司因为有充足的资金保证，往往是根据计划来确定预算的。而大部分中小型公司，因为财力有限，广告预算基本上是量力而行，有时甚至是阶段性的滚动执行，销售结果一旦不尽如人意，广告预算便停止执行。

在销售的引导期，因为包括接待中心、样品屋在内的户外媒体、印刷媒体的设计制作的工作量相当大，再加上其他的准备工作，所以广告费的支出是比较大的，一般占总预算的30%～50%。到了公开期，报刊媒体等的费用开始上升，户外媒体、印刷媒体的投放因为已制作完成，则很少再产生费用。进入广告强销期，报刊媒体、广播电视和网络平台媒体等的广告密度显著增加，广告费用又陡然上升。另外，为了推动销售上台阶，穿插其中的各项促销活动又避免不了，因此大量的广告预算是必不可少的。这个时候的广告预算约占总量的40%。到了持续期，广告预算则慢慢趋近于零，销售也趋近结束。

5.3.4 广告效果

所谓广告效果，是指通过广告调查、广告策划、广告创意和制作、广告发布和实施等广告活动，对广告主、消费者及社会所产生的效益和作用。广告效果通常是在广告发布后测定的，但对于房地产广告却不太合适，事后测定不利于控制广告效果。

【案例分析5-2】

近年来，广告战不断升级，一个楼盘开发项目的广告投入可达到项目总投入的5%~6%，多则达到15%。人们打开电视、报纸等，看到大量的房地产广告。在如此多的广告投入中，日本东京有一个楼盘却另辟蹊径，出人意料地取得了较好的广告效果。它既不打广告，也不开展销会，只是在面向市郊公路和地铁的工地一侧树立一块告示牌。这块告示牌面积不大，极其朴素，只用白底黑字写着："为节约开支，降低售价，本住宅公寓不做广告，敬请留意工程进度。"寥寥二十来字，言简意赅，一目了然，即使在高速行驶的列车上也能被看得清清楚楚。没多久，随着工程的竣工，该项目全部数百套房子即告售罄。一则告示卖掉一栋楼，其成功之处就在于，开发商只是通过一个简单、实用而又巧妙的方式向公众传递了这样的信息：我有足够的资金盖好这栋楼；别人大做广告，花的是买家的钱，所以价格不会便宜；为了降低售价，我宁愿不做广告；我无需做广告说明我的楼盘是无可争议的好楼盘；要图实惠，就买我的楼盘吧。

分析：广告投入和广告效果之间不一定是线性关系，好的广告创意是广告效果的基本保证。

资料来源 高炳华. 房地产市场营销［M］. 武汉：华中科技大学出版社，2004.

提升广告效果明智的做法是在广告发布前就进行预测。先邀请目标客户群中的一些代表对广告的内容和媒介的选择发表见解，通过分析反馈意见再结合部分专业人士的建议，反复调整，就可使广告计划日臻完善。除了广告的创意、主题、发布时间和方式之外，还要懂得广告心理以确保广告效果的实现。

1）消费者对广告信息的处理过程

消费者对信息的处理有两个过程：

（1）选择、处理和储存资讯

人的认知过程是主动的，在无数的选择中，把想要的、必须处理的、由于某种原因引起注意的资讯挑选出来，并将之转化为一种简单的概念储存在记忆中，继而进行分类。

（2）衡量、增加、使用已储存的资讯

在碰到类似的新的资讯时，人们会将之与已储存的概念和类别加以衡量判断，或加深记忆或淘汰，从而形成长期记忆。而在有购买需要时，长期记忆就会起决定作用。

2）广告的心理功能

（1）沟通信息

这是广告最基本的心理功能。广告信息可以突破时空限制，及时、广泛地渗透到各地区和各消费群体。

（2）诱导消费

良好的广告，或以理服人或以情动人，可以吸引消费者的注意，建立或改变其对企业或产品的看法，使其产生好感和信赖，激发其潜在的购买欲望，说服和劝导其购买行为的实现。

（3）创造需求

广告可以改变人们的消费观念，引起新的消费需求，创造新需求。

（4）制造并传递流行

广告的宣传可以制造社会消费热点，使某些产品或观念为社会所接受，成为流行和时尚。

（5）教育大众

广告不仅指导消费，还影响人们的消费观念、文化艺术、社会道德等方面。健康的广告对消费者知识领域的扩大、精神生活的丰富、美育和社会公德的教育等，都有潜移默化的作用。

3）广告效果测定

（1）广告效果测定的内容

其内容包括广告活动过程效果的测定（广告调查评价、广告创意表现评价、广告策划评价、广告实施评价）、广告要素效果的测定（广告信息评价、广告作品评价、广告媒体效果评价）和广告目标效果的测定（广告经济效果测定、广告心理效果测定）3个方面。

（2）广告效果测定的方法

①直接评估法。该法就是邀请专家、学者或有代表性的顾客来评定广告的效果，一般是利用广告评价表来进行的，根据广告每一个项目的评价计算得分，见表5-2。

表5-2 **广告评价表**

评价项目和依据	权数A	广告作品的水平B					评分A×B
		1	2	3	4	5	
吸引注意的程度	0.2			√			0.6
对广告宣传重点的认识	0.2				√		0.8
能否了解广告的全部内容	0.1				√		0.4
广告引起的兴趣程度	0.1					√	0.5
对广告产品的好感程度	0.1					√	0.5
由广告引起的立即购买行为	0.2			√			0.6
由广告唤起的潜在需求	0.1				√		0.4
合计	1.0						3.8

评分等级：4～5分为最佳广告；3～4分为优等广告；2～3分为劣等广告；1～2分为最差广告。广告作品水平B也可以10分为满分。

②实地调查法。该法就是通过开展实地调查研究，测定广告效果的方法，有如下4种指标：

第一，到达率（覆盖率），指广告媒体与消费者接触率情况。常用报刊的发行数量、广播电视的收听收视率等来表示，对户外广告常用人流数量来表示。

第二，注意率，指广告受到注意的程度。常用广告实施后给消费者的印象深浅、记忆程度等来衡量。例如，用下面两个公式来作为尺度：

$$\text{注意率}=\frac{\text{似乎看过广告的人数}+\text{确定看过广告的人数}}{\text{阅读报刊的总人数}}\times 100\%$$

此公式用于印刷媒体广告。

$$\text{认知率}=\frac{\text{认知广告名称的人数}}{\text{广告节目收听、收视人数}}\times 100\%$$

此公式用于电视、广播等媒体的广告。

第三，有效率，是指通过广告，有多少人知道了广告企业或广告产品，有多少人对广告产品产生了好感和购买欲望，又有多少人真正相信按广告所说的去做会带来的好处，或通过广告纠正了自己原来的看法和态度。

第四，行动率，是指广告最终促成了多少购买行为的产生，包括销售的变化、市场占有率的变化（与主要竞争对手相比）、响应广告诉求而转变的态度变化。

在房地产销售领域，一般用电话进线量、上门客户量和成交量来衡量广告效果。电话进线量指为询问楼盘情况而打入的电话个数，直接反映了广告覆盖效果；上门客户量从另一个角度反映了广告的效果，有些人可能打电话但不上门，有些人可能上门但不打电话；成交的客户肯定是打电话者和上门者中的一部分，成交量反映了广告的最终效果。

（3）财务指标衡量

例如，管理者可以用图5-3对广告开支进行控制。

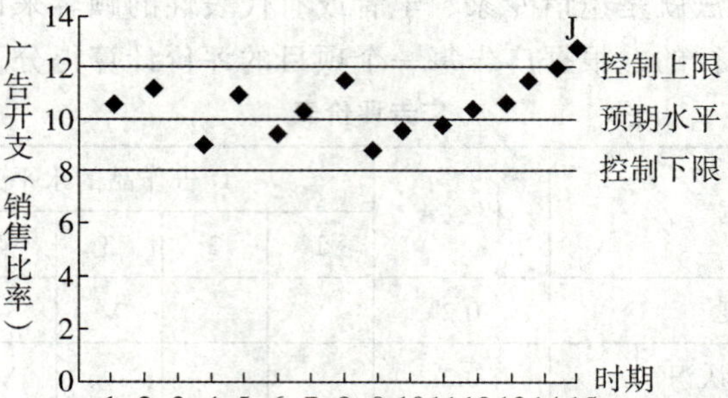

图5-3　财务指标衡量图

在超出控制上限范围时（如J点），应及时加以分析，追究原因。

4）纠正和调整

在广告效果达不到预期目标时，就应当对其进行必要的调整。根据广告效果测定的结果，可以发现问题发生的原因所在，再有针对性地进行调整。

①若是由调查资料有误造成的，则重新进行广告策划。

②若是由广告宣传过程出了差错造成的，则对广告宣传过程进行调整，如调整发布时机、媒体选择等。

③若是由衡量效果所用的方法不当造成的，则选择其他的效果测定方法进行测定。

应该说，一份完整的房地产项目推广方案在制订推广计划书时就应该准备另一套修正方案，否则一意孤行只会把事情搞砸。不难想象，对于一个新建的房地产项目进入市场前，我们拟订的方案不可能只有一个，不同的策划师所站的角度会有所不同，写出的策划方案也不同，只不过我们筛选的原则是方案最优化，但一个方案是不是最优化，也不是完全肯定的，最有效的检验方法是市场，所以应急方案是作为一个具有深谋远虑的策划师所必须考虑的。

本章小结

房地产营销推广是房地产推广前的策略大汇总，营销计划、营销的推广策略、广告策略都需要在此阶段予以确定，所以本章的内容既是对市场了解的策略汇总，也是后面销售实施的策略性思考和行动的指南与方针。

本章主要介绍了房地产营销推广计划的内容，但是推广计划中的组织计划则放在“房地产营销团队管理”一章中予以介绍。同时，介绍了卖点的提炼、渠道策略，这些策略的相互组合就形成了整个推广的纲领性文件——推广计划。随后，主要介绍广告的策略和广告计划，广告效果的把握要注意创意表达以及广告心理。广告的效果测定是事后的控制，需要提前准备应急方案。

关键概念

房地产营销计划　卖点　内部认购　包销代理　全程代理　房地产网络营销

基础知识练习

△ 选择题

1）楼盘推广中市场主题的确定具体来讲不是以（　　）为基础的。

A.产品定位　B.市场定位　C.形象定位　D.功能定位

2）户外广告不具备（　　）的特点。

A.长期性　B.固定性　C.覆盖率高　D.集中性

3）广告目标效果的测定主要是关于广告经济效果测定和（　　）测定。

A.广告社会效果　B.广告媒体效果　C.广告心理效果　D.广告创意效果

4）房地产营销渠道成员不包括（　　）。

A.房地产开发商　B.房地产中间商

C.消费者　D.房地产建筑承包商

5）对于尾盘来说，比较合适的推广渠道是（　　）。

A.全程代理　B.代理商包销　C.开发商自销　D.网络销售

△简答题

1）房地产项目的市场推广准备包含哪些主要内容？

2）如何挖掘楼盘卖点？如何提炼推广主题？

3）推广计划所包含的内容有哪些？营销成本的构成是什么？

4）广告策划的内容包括什么？

5）活动推广通常有哪些类型？活动推广的时机有哪些？

实践操作训练

△ 案例题

长沙“*墅”四期年度营销方案

1. 长沙住宅市场（略）

1.1　长沙市场概况（略）

1.2　长沙别墅市场情况分析

截至2015年11月底，别墅市场存量约为58万平方米，去化周期约为11.4个月。别墅成交量微幅上涨，成交价基本持平，库存量连续12个月下降。

1.3　项目竞品情况分析

竞品分析：

基于本案所在区域，对望城区的竞品进行项目圈定，主要竞品楼盘有龙湖湘风原著、金地三千府、中粮北纬28度、山与墅、天麓尚层、大汉汉园。2015年周边竞品总体成交525套，多为总价较低的经济型别墅，总价较高的独栋别墅难以去化，成交量均为个位数。其中，龙湖湘风原著、金地三千府、中粮北纬28度项目因总价较低，成交情况良好。

竞品市场预测：2016年周边竞品预计推出别墅价值16亿元，供应量大，去化周期长，品牌开发商云集，竞争激烈；其中以联排产品为主，产品同质化现象严重。

竞品核心竞争优势分析：

龙湖湘风原著：总价低，强展示，品牌物业。

金地三千府：品牌物业，总价低，环境资源优越。

中粮北纬28度：品牌物业、环境资源优越、总价较低。

山与墅：赠送多、总价低、环境资源优越。

天麓尚层：产品线丰富，总价较低。

片区竞争小结：片区别墅整体供应量大，品牌开发商云集；2016年均有新产品推出，推出产品以联排为主，总价低，去库存压力较大；核心竞争力均突出品牌、价低、环境优越，产品类型同质化严重。

1.4　竞品客群分析

龙湖湘风原著：成交客户以岳麓区为主，占比31%，其次是望城区、开福区及地州市的客户。成交客户以私营业主为主，占比28%，其次为高级公务员、房地产业内人士及企事业单位高管。客户群年龄在35～45岁之间。

金地三千府：洋房客户以25～30岁为主，多注重品牌，事业处于发展期的青年购房群体。

联排别墅客户：联排别墅客户以30～40岁为主，注重生活品质，事业处于稳定期。

总结：根据竞品项目客户分析，本项目客户以30～45岁为主，多为岳麓区的企事业单位职员和私营业主。另外，由于本项目产品性价比较高，届时会有一定比例的房地产行业内客户。

2.项目定位

2.1　价值点剖析

- 品牌价值：业内知名企业。
- 品质优势：超低密度豪宅，容积率为0.5，双首层，多组合露台设计。
- 户型优势：被设计师协会评为长沙最佳别墅户型。
- 圈层生活：超6 000平方米双会所，室内多功能休闲中心等。
- 交通优势：滨水新城央区，演绎新都市生活。
- 区位优势：湘江新区核心，新城热点板块。
- 配套优势：河西步步高、奥克斯广场、明发国际城商业配套。
- 教育优势：湖南师大附中、长郡中学、区实验小学多所名校。
- 环境优势：湿地生态公园、月亮岛、龙湖高尔夫俱乐部。

2.2　形象定位

竞品核心诉求点：自然资源、项目配套、对位客户。

本项目形象定位：低密纯墅·花样艺术家；金星北·中央区·低密纯墅豪宅。

3.项目营销策略

3.1　推售策略

3.1.1　销售策略

销售目标：预计四期开盘时间为2016年6月份，开盘去化40套，7月至年底有6个月，每月去化20套，全年任务160套，实现销售收入2亿元。

销售策略：

- 明确"纯墅"概念定位，以"纯墅"主题贯穿项目品牌发布、事件炒作、媒体推广等，从广度上扩大市场对项目的认知。
- 深入挖掘目标客群特征及需求，锁定圈层客户，升级体验，强化客户对项目的认可。
- 通过主力客户对项目品牌和品质的认同，制造热销氛围，以驱动销售，打破片区的销量天花板。

3.1.2　推售策略

货源情况：三期总体剩余183套，其中，面积320～520平方米的户型剩余130套，面积620～732平方米的户型剩余41套。

就目前销售情况看，322平方米及554平方米户型销售情况较其他户型稍好，其余户型销售情况较差。大户型产品由于面积较大、总价较高，所以造成一定积压，销售难度大。

四期产品统计：2016年项目将推出四期产品，以叠墅和联排产品为主，户型面积集中在110～183平方米，总价较低。

推售计划细则：前期根据周边竞品等确定价格，认筹时分A类、B类客户。A类客户缴纳10万元诚意金（不退），提前知晓价格，锁定房号。B类客户缴纳5万元诚意金（开盘未成功选房，可退），开盘日集中选房。

（1）推售产品：共计74套（18套联排，56套叠加），分拨推出认购房源，具体为20#（10联排）、29#（8联排）、62#（8联叠加，16户）、66#（10联叠加，20户）、70#（10联叠加，20户）。

（2）蓄客形式：

4月16日启动第一波产品20#（10联排）、70#（10联叠加，20户）认购。

5月15日启动第二波产品29#（8联排）、62#（8联叠加，16户）、66#（10联叠加，20户）认购。

A类客户交纳10万元诚意金，直接锁定房号，提交书面申请，单独释放认购单元的价格。

B类客户客户交纳5万元诚意金（开盘未成功选房，可退），开盘日集中选房。

（3）开盘时间：6月26日。

（4）开盘地址：某洲际酒店。

（5）选房形式：B类客户摇号选房。

3.2 活动策略

权威塑造价值

时间：4月初。

邀请政府相关人士、著名地产专家和长江商学院知名经济学家，解析湘江新区的区域价值，进行区域价值联合炒作，提升项目在湘江新区，乃至整个长沙地区的影响力。同时，奠定本项目在长沙别墅市场的美誉度和形象。

活动主题：“*墅”终极置业论坛暨产品发布会。

时间：5月初。

邀请行业专家、建筑师、住宅风水大师、设计师等参与“*墅”四期置业论坛，以规模和市场声音宣告“*墅”四期为长沙人最佳的别墅置业选择，以影响力形成潜在客群的心理印象，进而为开盘蓄势。

事件扩大影响力

活动主题：2016“*墅”耀动全城万人马拉松。

时间：4月上旬。

利用长沙马拉松活动的时机，品牌冠名、组建“*墅”环跑队，以独特的装扮吸引全城目光，扩大“*墅”在全城的影响力。

活动主题：魔法泡泡跑。

活动时间：4月下旬。

活动主题：橘洲音乐烟花秀——全长沙，向上看。

活动时间：5月中旬。

文化提升附加值

活动主题：儿童艺术教育“小小音乐家”。

时间：9月中旬。

启动“*墅”“小小音乐家”活动，以儿童艺术教育贯穿全年，在长沙全城范围内树立长江**集团对于少儿艺术教育的投入和关爱形象，扩大项目在全城范围内的知名度。邀请国际钢琴大师朗朗为长沙儿童传道、授业、解惑。

3.3 推广策略

“点”式媒体——高端购物中心设展点，网罗目标。

项目在高端购物中心设置展位进行宣传。

展场时间：7月至8月。

合作场所：万达广场、河西步步高、奥克斯广场等购物中心。

沿“线”媒体——精选途经的高速收费站、加油站，进行推广。

高速收费站、加油站推广——根据目标客群为有车一族的特性，有针对性地进行投放。

投放形式：与高速入口处收费站合作，在给发票的同时派发项目卡片。需要广告公司配合设计项目卡片，建议其尺寸与发票同等大小，便于递送。项目卡片要双面设计，一面主打项目形象，另一面主打产品信息。与望城、河西中心区域加油站洽谈，在消费者买单的同时赠送盒装纸巾，并在盒上印刷项目形象及产品信息。

全“面”媒体——新区新盘入市，网络炒作主推市场热点。

网络宣传——利用房地产门户网站进行项目炒作；项目微博、微信进行项目动态传播。

操作形式：在搜房、房信、新浪等点击率较高的主流地产网站显要位置宣传项目信息，同时配合项目卖点价值的炒作，让客户对本项目形成统一价值观。

推广内容：项目活动、项目价值炒作。

3.4　渠道策略

以线下渠道为主，多种渠道多管齐下，先保人气后争销量。

客户渠道利用——充分挖掘各渠道资源及关键人物，促进口碑传播

主力兵团——线下为王，多渠道搜索目标客户。

拓客渠道1——“*墅”老业主。

拓客方式：项目1～3期老业主资源重点挖掘，结合礼品派发。

拓客渠道2——中原渠道。

拓客方式：利用中原强大的CCES平台资源挖掘转介客户。

拓客渠道3——银行渠道。

拓客方式：与银行进行战略合作，对其大额储户、高端客户进行推介。

拓客渠道4——企业渠道。

拓客方式：与大集团的人力资源部门合作，组织企业内部推介。

拓客渠道5——圈层渠道。

拓客方式：嫁接商会、车行、高端美容会所等高端客户资源。

3.5　展示策略

（1）前台区域：项目价值诠释的重点区域与专属服务的直观体验沙盘展示和户型展示区：“*墅”别墅的品质感和品牌价值。

（2）谈客区：展示的品质感和高端性，内部装饰要具有艺术感。

（3）客户休息区：兼具艺术和休闲，圈层文化生活园林展示区域。

（4）营销中心后门区域：城市别墅的品质感和私密专属性。

（5）看房车：项目细节的把控，加强客户体验。

（6）看房通道：体现出未来“*墅”业主享有的园林景观体验。

（7）样板房外围：生活用具的品质感和高端性，内部装饰要具有艺术感。

（8）项目沿线金星北大道道树，全部用金布包装，在沿路绿植上挂节庆小彩球，增加营销气氛，晚上包装成发光树阵等。

问题：你认为“*墅”项目的市场营销策略可行吗？还有哪些地方需要进行调整或补充？

△ 实训题

［实训情境设计］

在你所在的城市收集某开发项目的资料和概况，进行市场调查和分析之后，按照该项目的开发计划进行营销推广计划的制订。

［实训任务要求］

就该项目撰写一份完整的营销计划书（重点是推广策略）。

［实训提示］

可参照上面的“案例题”结构进行撰写。

［实训效果评价］

将实训效果量化，参照表5-3进行评价。

表5-3 **某开发项目营销计划书实训效果评价表**

评价内容	分值（分）	评分（分）
案例资料的真实、全面性	10	
市场分析和定位的准确性	30	
推广策略与推广渠道的可行性	20	
广告的创新性	20	
推广预算的可行性	20	
实训效果总体评价	100	

注：考评满分为100分。60分以下为不及格；60～69分为及格；70～79分为中等；80～89分为良好；90分以上为优秀。

第6章

房地产销售

学习目标

通过本章的学习，认识房地产的销售过程；了解房地产销售控制的程序和方法；熟悉销售准备的内容和销售实施过程中的技巧；掌握销售促销方法和谈判的心理法则。

引　例

远洋·沁山水开盘策略

2008年楼市告急，成交量腰斩，开发商面对巨大回款压力。远洋·沁山水在5个月内分3期开盘，共推售14栋楼，推售面积达23万平方米，实现销售额29亿元。

开盘均价：首次开盘均价为11 000元/平方米，低于周边近2 000元/平方米，至第三期推盘时均价仅上涨至13 500元/平方米。

推盘策略：连续高频率快速推盘，快速回款，回避风险。

资料来源　作者根据相关资料编写.

6.1 销售准备

6.1.1 预售许可证

未竣工的房地产项目进入市场销售需要符合预售条件，才能准许销售。目前全国各地对项目预售的规定也有所不同。一般来讲，商品房预售条件及商品房预售许可证的办理程序，按照《城市房地产开发经营管理条例》和《城市商品房预售管理办法》的有关规定执行。取得预售许可证的条件有：预售人已取得房地产开发资质证书、营业执照。按照土地管理部门有关规定交付土地使用权出让金，已取得土地使用权证书。持有建设工程规划许可证和建设工程施工许可证，并已办理建设工程质量和安全监督手续。已确定施工进度和竣工交付使用时间。7层以下（含7层）的商品房项目，已完成结构工程并封顶；7层以上（不含7层）的商品房预售项目，已完成2/3的结构工程。已在项目所在地商业银行开设商品房预售款专用账户。预售商品房项目及其土地使用权未设定他项权利。法律、法规规定的其他条件。

6.1.2 销售资料的准备

销售资料的准备一般包括必要法律文件、宣传资料和销售文件的准备。

1）必要法律文件的准备

（1）建设工程规划许可证

根据相关法律的规定，在城市规划区新建、扩建、改建建筑工程和市政工程应向城市规划主管部门或派出机构领取建设工程规划许可证方可办理开工手续。建设工程规划许可证的附图和附件是该证的配套文件，具有同等法律效力。

建设工程竣工后，建设单位或个人持建筑工程竣工测绘报告向原审批部门申请规划验收，未经验收或验收不合格的，不予发放规划验收合格证，不予房地产权登记，不得投入使用。

（2）土地使用权证

（3）建设用地规划许可证

（4）施工许可证

（5）预售许可证

2）宣传资料的准备

一般来说，房地产销售的宣传资料有形象楼书、功能楼书、折页、置业锦囊、单张等形式。在进行资料准备时，一般要根据项目的具体规模、档次、目标客户群等来选择其中一种或多种组合使用。

（1）形象楼书

形象楼书是向消费者介绍楼盘产品特性的书面资料，包括楼盘的地理位置、周边配套、小区配套、户型资料、交楼标准、物业管理等信息。

（2）功能楼书

功能楼书一般来说是对房地产项目各方面较全面的说明，可以理解为一本简单的“产品说明书”。它将楼盘的开发商、整体规划、交通、建筑特色、内部规划、各层功能分区、各种户型介绍等展现在客户面前，让客户看后对楼盘整体品质有一个较全面的了解。

（3）折页、置业锦囊、单张

折页主要是形象楼书和功能楼书的一种简要版本与补充。在折页中，封面用来表现形象，而里页配以各种户型或楼盘的介绍，其他方面内容的介绍也可以采用插页夹在其中。置业锦囊则主要侧重于生活配套及目标客户关注问题的说明，补充了楼书没有介绍的有关产品和配套方面更为详细的内容。单张一般用于大量派送，如展销会或街头派送等。

3）销售文件的准备

（1）客户置业计划

项目在推向市场时，不同的面积单位、不同的楼层、不同的朝向，总价会不同。应事先制订出完善的客户置业计划，这样可以明确地告诉客户不同的付款方式和金额。

延伸阅读6-1

客户置业计划

（2）认购协议书

在房地产销售过程中，当客户选中了自己喜欢的房屋，需交纳一定数量的定金来确定其对该房屋的认购权，但此时还没有签订正式房地产买卖合同，而是签订认购协议书来保障客户和开发商双方的合法权益。

购房者通过销售人员的介绍，对所购物业全面了解后，选定自己购买的房屋，这时需要以交纳定金并签订房地产认购协议书的形式，来确定购房者对该房屋的认购权、该房号的成交价格及签订正式房地产买卖合同的时间等事项。通过房地产认购协议书来保证购房者与开发企业的合法权利。

销售人员在签署房地产认购协议书时应向购房者做如下提示：

第一，签订房地产认购协议书后是否可更名。

第二，签订房地产认购协议书后是否可换房。

第三，房地产认购协议书所指的单价是以套内面积还是以建筑面积定价。

第四，购房者应认真阅读房地产认购协议书的所有内容。

第五，购房者在确认购买前需了解的后续将要签署的相关文件及所展示的各项法律文书。

（3）购楼须知

延伸阅读6-2

××项目房地产认购协议书

房地产属于大宗消费品，购买过程复杂，为明晰购房者的购买程序，方便销售，事前应制定书面的购楼须知。购楼须知内容包括物业介绍、可购买对象、认购程序等。购楼须知拟定后应由相关法律人员审核，销售人员必须了解各种手续的办理流程及相关条件，并能在购房者办理手续的过程中进行解说。购楼须知的内容应明确购房者所购物业的具体信息、付款方式，并提醒购房者对所购物业进行清楚、详细的了解。

有的项目通常采取一些更加规范的做法，在购楼须知里增加了风险提示。例如，说明项目周边的设施可能存在的危险或不安因素，如加油站、油库、垃圾站、变电站等。

（4）购房相关税费须知

延伸阅读6-3

××花园认购须知

购房相关税费一般包括以下几个方面：契税、印花税、抵押登记费、房地产交易费，以及其他相关税费。由于不同地区各种税费标准不同，详细情况需要向当地政府机关咨询。

（5）抵押贷款须知

抵押贷款须知应由项目的抵押贷款银行提供，一般包括办理抵押贷款的手续和程序介绍、办理抵押贷款的条件和需要提供的资料说明、抵押贷款的方式介绍、抵押贷款的注意事项等。

（6）价目表

价格策略制定完成后要制作价目表，价目表可以按每套房的单价，也可以按每套房的总价，或单价和总价同时编制。

（7）付款方式

付款方式是决定房屋销售成功与否的重要因素之一，购房者对房屋付款方式能否接受直接影响到房屋的销售进度。为了实现方便购房者选择、便于房屋销售的目标，在房屋的付款方式上，往往在传统的方式上灵活变通，具有一定的灵活性。现行的付款方式主要有一次性付款、银行按揭、分期付款、公积金贷款、以租代售等。按揭付款有不同按揭年限、按揭成数的付款。在项目准备阶段，应制定出开发商可接受的不同的付款方式。

【案例分析6-1】

某项目付款方式见表6-1。

表6-1 某项目付款方式一览表

付款方式	折扣率	备注
一次性付款	9折	15天内付全房款的30%，30天内付剩余的70%
七成15～20年按揭	9.2折	15天内付全房款的30%，45天内办理剩余70%的按揭手续
七成10年按揭	9.6折	15天内付全房款的10%，45天内办理剩余70%的按揭手续，入住前付剩余20%
七成20年按揭	9.8折	15天内付全房款的10%，45天内办理剩余70%的按揭手续，入住后1年付剩余20%（3年分期）
3年免息分期	9.8折	15天内付全房款的30%，剩余的70%3年免息，36期供完

分析：为鼓励客户多付现金，一般首付成数越高折扣越大，一次性付款折扣最大。

（8）其他相关文件

其他应准备的相关文件可根据项目自身来确定，如办理按揭指引、需缴税费一览表、办理入住指引等。

6.1.3 销售人员的配备

1）销售人员的人数确定

在一个项目的销售现场并不是人越多越好，此时并非人多力量大。销售现场人多就会显得人很杂乱，销售成本也会相应增加。房地产销售一般根据项目销售量、销售目标、广告投放等因素决定销售人员人数，然后根据销售情况进行动态调整。

例如，某楼盘有500套房，按照3个月销售30%的目标，按8%的平均成交率计算，总共约需接待1 875批客户，因此正常销售期间每天必须保证接待21批客户，如每个销售代表每天接待3～4批客户，每天需要5～6人上班，综合考虑调休等因素，该项目在此销售阶段需安排8～9名销售人员。

2）销售人员的选择

选择销售人员时，应注重他们的基本素质：首先，要有良好的个人形象，这将直接影响公司的形象；其次，要有基本的专业素质和沟通能力，能为客户提供专业及优质的服务；再次，销售人员要有同情心，能设身处地地为客户着想，同时要精力充沛、充满自信、渴望成功、勤奋执着，并有一种将困难和挫折当成挑战的心理。

根据不同的房地产项目选择熟悉该地区、该类客户、该房地产类型的销售人员，为房地产销售打下良好的人力基础。

6.1.4 销售现场的准备

以往房地产市场综合销售数据显示，大约有90%甚至更多的销售最终发生在项目现场，所以无论怎样强调售楼部环境的重要性都是不过分的。一般来说，现场包括售楼处（模型）、看楼通道、样板房、形象墙、广告牌、灯箱、导示牌、彩旗、示范环境、施工环境等。

1）售楼处

售楼处又称销售中心，主要是向客户介绍楼盘和展示楼盘形象的地方，也是客户做出购买决定并办理相关手续的地方。因此，其地点的选择和装修设计风格都要精心安排。

（1）售楼处环境的整体设计原则

①创新——个性化。

②环境的细化。

③服务质量的高品质随时随处可见。

④丰富售楼处内部空间，延长客户停留时间，增强信任感、好感、冲动。

（2）售楼处位置选择遵循原则

①最好迎着主干道（或主要人流）方向。

②设在人、车都能方便到达，且有一定停车位的位置。

③设在能方便到达样板房的位置。

④设在与施工场地容易隔离、现场安全性较高的位置。

⑤设在环境和视线较好的位置。

(3) 售楼处的设计布置原则

①分区明确，一般设有门前广场、停车场、接待区、洽谈区、展示区、VR体验区、办公区、客户休息室、儿童游戏区、卫生间、储藏室、更衣室等。

②销售中心前要有明确导示，如挂旗、灯杆旗、彩旗、指示灯、指示牌等。

③入口广场上要有渲染氛围的彩旗、花篮、气球、绿化等，空间足够大时，还可以布置水体、假山石、花架、休闲椅等。

④销售中心的内外空间要尽可能通透。

⑤接待区要布置在离入口处较近，而且方便业务员看到来往客户的位置。

⑥在接待区要通过背景板营造视觉焦点，背景板可以展示楼盘的LOGO（标志）、名称，也可以用图片展示一种氛围；接待区的灯光要经特别处理，做到整体和局部的结合，天花板的造型要特别；客户接待处玻璃桌面、茶几、前台上摆放鲜艳的植物。

⑦室内灯光要明亮，重点的地方要有灯光配合作为强调，如展板、灯箱、背景板等。

⑧要配合楼盘性质营造氛围，如普通住宅的温馨、高档住宅的尊贵豪华、写字楼的庄重等。

⑨主卖点要有明确的展示，如展板、图片及实体展示。展示区要与洽谈区相临或融为一体。

⑩内部空间要尽可能通透，其高度一般不得低于3.6米。

在必要的地方布置小饰品和绿色植物。

2）看楼通道

看楼通道是连接售楼处和样板房（或现场实景单位）之间的交通通道。看楼通道的设计应注意以下几点：

①看楼通道的选择以保证线路尽可能短和安全通畅为原则。

②要保证通道充足的采光或照明。

③最好要有利于施工组织，尽可能不要形成地盘分割。

④对于有转折的地方或不符合人的通常行为功能的地方要有提示，如高低不平、顶梁过低等地方。

⑤在通道较长的条件下，要适当添加景观，要丰富而不单调。

⑥一般的排列方式有平列式、下走式、架空式。

3）样板房

房地产项目在预售时，由于置业者在发生购买行为时看不到完整的房屋状况，因此样板房的制作主要是让客户在此之前对待购买物业有一个直观的感觉和印象，并产生购买欲望。样板房装修布置要遵循以下原则：

(1) 样板房选择的基本原则

①选择主力户型、主推户型。

②设在朝向、视野和环境较好的位置。

③设在可方便由售楼处到达的位置。

④多层期房尽可能设在一楼或低楼层。

⑤高层现房一般设在较高楼层。

⑥高层期房一般布置在4～6层。如果小区环境已做好，或周边景观较好，也可以利

用施工吊笼或临时电梯作为垂直交通工具，布置在尽可能高的楼层。

（2）样板房装修原则

①装修应充分展示户型空间的优势。

②要有统一的标识系统（如门前户型说明和所送家具、电器的标识）。

③针对空间的使用对客户进行引导（特别是难点户型和大面积户型）。

④装修的风格和档次要符合项目定位和目标客户定位，如经济型用房要着力展示空间的实际使用功能，即展示空间的实用性；小户型住宅可以从空间有效性和生活的情调两方面展示；高档物业着力展示其尊贵豪华和突出品位；内部展示的电器、家具、小饰品都应协调；装修风格也可新潮别致，独树一帜。

⑤色彩明快温馨，能激发客户的购买欲。

⑥家具的整体风格要统一，不可零乱。

⑦做工要精细，切忌作假。

⑧光线要充足。

⑨对于周边有安全网的样板房，其窗、阳台与围板间保留约30厘米的间隔，用于绿化。

⑩样板房门前要设置鞋架或发放鞋套，最好可以让客户直接进入。

在样板房上两层阳台等入口处设挡板，以防施工掉物，给客户造成安全性不强的印象。

4）形象墙、围墙装修原则

（1）形象墙、围墙一般主要是用于分隔施工场地，保证客户看楼的安全和视线的整洁。

（2）在客户视线可及的地方，墙上要进行美化和装饰，可以裱喷绘，也可用彩笔直接绘画。

（3）墙上的内容可以仅仅是楼盘的LOGO和售楼电话，也可以根据其所在位置通过结合灯箱、广告牌来昭示和展示楼盘的形象与卖点。

（4）其风格和色彩应与整体推广相统一，具有可识别性。

5）示范环境

（1）室外空间要进行专项环境治理，根据空间的大小可设置水体造型，如喷泉、叠泉等。

（2）绿树和花草类一般都是必需的，在住宅开盘时最好多选择时令花卉，以渲染气氛。

6）施工环境

施工现场应保持干净、整洁、有条理。施工现场的组织与管理水平直接代表建筑施工公司的水平及实力，而建筑施工公司的水平及实力又直接影响着房地产产品的质量，因此在选择合适的建筑施工公司后，对施工现场环境的维护和管理，将直接影响到项目的形象和在市场的口碑，从而影响到消费者的购买信心。

7）模型

模型主要是在无法完整直接地看到楼盘实际效果时，用来告之客户完工后楼盘的完整形象的；同时，方便业务员给客户讲解时指明具体户型的位置、方位。模型一般包括社区整体规划模型、分户模型、局部模型、环境模型和区域模型。

（1）整体规划模型用于表现项目的具体位置、周边的景观、配套和小区布局以及中心庭院等。整体楼盘模型的常规比例为1：150。

（2）分户模型主要用在实体样板房不能展示全部户型时，方便客户对户型的实际布局和户内空间大小尺寸进行了解，常规比例为1：25。

（3）局部模型主要用于楼盘现场及其他模型都不能充分表现的局部，可以是建筑的阳台、建筑的空中花园、建筑的屋顶或屋顶会所，也可以是建筑外墙、建筑内墙、小区或户外的环境局部、会所的局部等，而这些往往是楼盘的主卖点或需要展示的主要地方。其比例可以根据实际情况任意确定。

（4）环境模型主要用于楼盘的环境面积较大或特色明显，但却无法通过现场展示的情况。

（5）区域模型主要在楼盘所在区域为规划中或建设中，实际看到的现状相对零乱时采用。

8）广告牌、灯箱、导示牌、彩旗等

当项目位置处于非主干道或是销售中心位置不便被发现时，广告牌、灯箱、导示牌、彩旗等的作用就非常重要了。它们可以将客户从其熟悉的地方引导至项目现场，同时对项目现场的气氛起到烘托的作用。

6.2 房地产促销

6.2.1 房地产促销的方式与特点

房地产促销是指将有关房地产企业及其产品的信息通过各种方式传递给消费者，促进其了解、信赖并购买本企业的产品，从而达到扩大销售的目的。促销的实质是促使更多的客户上门和促使上门客户更快成交。

房地产企业所运用的促销方式，通常有4种，即人员促销、广告促销、公共关系促销、销售促进。

1）人员促销

人员促销是指通过人员与顾客的直接联系，面对面的洽谈，将有关本企业产品的信息传递给顾客，促使其购买。其具体方式主要包括现场推销、电话推销和上门推销等。

人员促销是最古老的一种促销方式，也是4种方式中唯一直接依靠人员的促销方式。在人员促销过程中，通过销售人员与顾客面对面的接触与沟通，传达企业产品的有关信息，并了解顾客的需求，特别具有针对性、人情味和灵活性，还可以与顾客建立良好的关系，达到顾客介绍顾客的目的。人员促销的关键在于销售人员的素质和销售队伍的管理，因此必须对销售人员进行必要的培训，使其既能掌握企业产品本身的情况，又能了解市场需求和消费者心理，有针对性地开展推销活动。

2）广告促销

广告是向人们介绍商品信息、传达某种观念的一种公开的宣传形式。广告促销是指房地产开发商或中间商通过付款的方式，利用一定的媒体进行信息传播，以刺激顾客产生需求，从而扩大房地产产品销售的一种促销方式。

在企业营销实践中，广告是房地产企业进行促销最为有利的一种手段。根据广告的目的，房地产广告大致可分为4种类型：

①促销广告。大多数的房地产广告属于此类型，广告的主要目的是传达所销售楼盘的有关信息，吸引顾客前来购买。

②形象广告。树立开发商、楼盘的品牌形象并期望给人留下整体、长久印象是其广告目的所在。

③观念广告。以倡导全新生活方式和居住时尚为广告目的。例如，"广州后花园"就是传播一种在繁忙紧张工作之余，去郊外居所里享受轻松生活的新观念。

④公关广告。通常以软性广告的形式出现，如在大众媒介上发布的入伙、联谊通知，各类祝贺词、答谢辞等。

【案例分析6-2】

七夕营销新姿势——保利紫云项目的花式"大屏表白"

七夕节帮"单身狗"们表白脱单成为各大公司的重要营销点，每到这个时候，铺天盖地的"我爱你"便会成为众多品牌广告的刷屏语。

那些毫无新意和千篇一律的活动，早已令人麻痹。但是仍然有一些公司会做出令人耳目一新的营销策划活动，给人留下深刻印象。比如，2018年广州保利紫云项目的七夕活动就十分夺人眼球。

1.设置悬念——包下LED屏表白，神秘人"云小姐"引发众人关注

在七夕前一天，广东保利地产公众号推送了以"有三个字 我一直没有对你说"为主题的文章，内容配图是一张神秘人通过LED屏向云小姐表白的图片。

打开阅读原文，就是保利紫云项目在七夕当天举办活动的详情。那到底是什么活动呢？

而就在该文章推送的同一天，广州几个大商场前的LED屏突然间被一幕幕表白霸屏，过往的路人都被这霸气的表白方式惊呆了，除了感叹现在的土豪真有钱之外，还被甜过焦糖的表白语暴击。被暴击完后，未解的问题也留在了路人脑海里：云小姐到底是谁？又是谁向云小姐表白的？

毕竟大屏幕上线索寥寥无几，甚至连真实照片都没出现，随着天色变暗，关注LED屏的路人越来越多，谜底才慢慢地被揭开……

2.揭晓谜底——保利紫云助力甜蜜七夕，让你做一次"别人家的对象"

在前期的活动预热和布置悬念方面，保利紫云无疑是成功的，它在全城营造了一个只有在电视剧中才看得到的浪漫场景，引起了人们的关注，为接下来的七夕活动做铺垫。

当不知情的吃瓜路人仍被这"别人家的对象"式的霸气表白震惊的时候，其实关注保利紫云推送信息的人早已点开阅读原文揭晓了谜底。

原来这是保利紫云助力甜蜜七夕的预热活动，在七夕20：00的时候，保利紫云将包下位于广州正佳广场附近、万菱汇对面的外经贸大厦的巨大LED屏，做成表白墙供大家使用。

也就是说，人们可以在七夕当天做一次"别人家的对象"，让自己的表白语霸满整个大屏，变成令全城人羡慕的"盖世英雄"。

在路人知晓答案之后，却没有对保利紫云的营销活动产生厌恶之情，反而积极报名参

与此次七夕活动，因为他们也很想成为他人眼中“别人家的对象”。

3.活动当天——千人参与七夕表白活动，表白语曝光量超50万人次

在充足前期预热后，营销成功与否就要看当天活动的详细情况了。七夕当天，保利紫云的活动如期而至，在天环广场附近，众多路人通过扫描二维码的形式参与上墙表白的活动。

活动现场也有不少人在表白语上墙后，拿出手机拍下这一幕浪漫的场景，再发到朋友圈中刺激一下好友们的眼球！而在表白墙中打上了自己商标的保利紫云无疑已经在人们分享图片的时候在其朋友圈完成了良好的品牌裂变传播。

在上墙表白活动的浪潮还未退却之时，在外经贸大厦对面的广场，保利紫云为一位男子策划了一场令人难忘的求婚，在灯光、鲜花、气球的包围下，男子拿着钻戒单膝下跪向女子求婚，女子眼泛泪光地答应了，在众人的祝福下，他们相拥而吻。

随后活动顺利结束，给众人留下了难忘的一夜。在活动结束后，保利紫云也开始向大家公布，神秘人和云小姐的身份了……

4.活动承接——紫云化身玫瑰大使，浪漫3房加推宠爱全城有情人

活动结束后没多久，大家的朋友圈就已经被保利紫云的“表白攻略”刷屏了。人们纷纷为保利紫云的这次活动说上一句的时候，保利紫云也正式揭晓了本次活动的最大谜底：

在全城的主要公交车站，人们发现站内的展示栏内容变成了一幅幅的表白画册，定眼一看，原来包下LED屏幕的神秘土豪正是保利紫云，保利紫云说的每一句情话都是旨在以最好的产品打动其爱人“白云”。

那什么是最好的产品呢？保利紫云马上告诉你：保利紫云以“宠爱全城有情人”为主题加推了浪漫3房户型。

加推的户型为保利紫云精选的10套浪漫婚房，A6栋100平方米3房，户型实用性极高，私密性强，且南北对流，光线充足。推出的产品不仅切合本次七夕活动的主题，“爱她，就给她一个家”的户型口号更是完完全全地将参加完此活动后的受众内心的买房欲激发出来。

分析：保利紫云七夕活动的营销亮点就是：“换一种方式说爱你”的主题和设置活动悬念。利用大屏表白的形式打造了一个全民参与的造势活动，引起了大家对保利紫云的关注，紧接着通过公交车站展示栏的表白画册的形式承接前面的活动，最后在受众情感诉求达到最高点时推出紫云的主题产品，完成系列的广告推广。除了以年轻人喜欢的方式出现在其面前之外，保利紫云带给用户的惊喜感、参与感、仪式感，也是这场营销活动能够成功的最重要的几个因素。

资料来源　佚名. 七夕营销正确姿势，看保利如何花式“大屏表白’半小时刷100万曝光量！[EB/OL]. 微信公众号“房地产营销精选”，2018-08-22.有删减.

3）公共关系促销

公共关系促销是指房地产企业为使企业及其产品在广大社会公众中建立和保持良好的信誉与形象，运用各种传播手段，用各种非直接付款的方式向广大公众进行的公开宣传。

①公共关系促销有利于塑造房地产企业和产品的良好形象。

②公共关系促销有利于赢得顾客。今天市场上的推销者不再是单纯的商品推销者，而是帮助顾客解决问题的专家。他们的任务已经不再仅仅是向人们推销，而是作为顾客的伙

伴和合作者，充当顾客的顾问。这就要求现代销售策划人员和推销人员要掌握公关营销策划术、公关促销术，熟悉顾客的心理，在营销中充分考虑和照顾广大公众的利益，竭力满足公众利益的要求，以增进公众与企业的感情，改变公众的态度，引导公众的购买行为。

③公共关系促销有利于开展创造性销售活动。公共关系促销术是人们开展创造性销售活动的法宝。在促销实践中，人们把公共关系和商业销售有机结合起来，创造了许多公共关系促销术，如循序渐进促销术、情景模拟促销术、环境适应促销术、故布疑阵促销术、先声夺人促销术、出奇制胜促销术等。常见的公共关系促销活动有：

第一，楼盘庆典仪式。它是在项目工程建设过程中举行开工典礼、封顶仪式、竣工典礼、开盘仪式等，将所开发的楼盘逐步推向市场。

第二，社会公益活动。但凡借艺术、音乐、文化、体育、环保或社会责任等名从事的公益活动，由于具有非商业性的本质以及提升生活质量的功能，所以比较容易受到大众传媒的重视而成为有新闻价值的话题。企业从事公益活动，不但能塑造卓越的企业形象，也可增强消费者信心，可谓一举两得。

第三，社区活动。以举办由业主参加的各项大型活动来展示小区的文化内涵，通过间接的方式来引导消费者的购买行为，现已成为一种普遍流行的推广手段。其活动安排常选择在各种节假日，如元宵节灯谜晚会、重阳节敬老活动、“六一”儿童节运动会、圣诞狂欢夜等。这些活动在增加社区人气的同时可以起到吸引外界目光的作用。

第四，引导教育型活动。今天，不断地追求新知识与接受再教育，已经是现代人成就自己、肯定自己的绝佳途径。企业可以利用适当时机，针对消费者举办教育性质的活动或间接利用小区内配套设施如学校的开学典礼，来达到营销目的。

第五，善用时势环境型活动。时势造英雄，同样可以造就一个楼盘项目的成功形象。所谓善用时势环境，是指对世局、政局或社会议题、消费者心理变化等要有敏锐的反应，并将其变为企业造势的资源。此外，利用口碑、耳语、突发事件等来制造机会，也可以起到借力使力、顺水推舟的效果。

4）销售促进

销售促进是指房地产开发商或中间商所使用的能够迅速刺激需求、鼓励购买的各种促销方式。

房地产销售促进可以采取很多方式，如无条件退房、包租包售、举办展销会、实行价格折扣等。具体运用要根据项目的不同时期和不同特点而定。

①预热期普遍的折扣优惠。项目销售的预售阶段，整体价格策略一般采用“低开高走，超值价入市，集聚人气，步步走高”的方式，通常会有比价目表价格低1%～2%的折扣优惠。

②配合公关活动营销的优惠。活动营销是一种重要的促销方式，一般采取“抽折扣”的优惠方式；各次活动中的优胜者或抽奖幸运者购房可获得比价目表价格低1%～2%的折扣优惠、一年物业管理费或相应价值的家用电器、会所金卡等。

③老业主带新客户的优惠。在房地产销售中，置业者之间口碑相传已成为促销方式的一种，因此老业主带新客户成了相当重要的促销方式。为鼓励老业主带新客户，促成交易实现，应在实际操作过程中给予一定的优惠，例如双方均可参加抽奖。优惠的方式可以多种多样，例如获得一年物业管理费、会所金卡、一年停车费、家用电器、厨卫装修套餐等。

④特别节日优惠。一些特别节日也是开展促销活动的好时机，如公开发售当天、封顶日、入住日、会所开放日等项目工程重要阶段性纪念日，优惠方可采取对销售有比较大冲击的方式，例如，发放一套特价房，参加抽奖的必须是自公布此优惠条件起至抽奖日下正式定金的准业主，抽中者可获一定的折扣。

⑤尾盘期难点户型优惠。尾盘通常剩余的是一些难点户型，可采取每日推出一套特价房，或较当日价目表比较大的优惠方式。

6.2.2 房地产促销组合策略

房地产促销组合是指房地产企业将人员推销、广告促销、公共关系促销、销售促进四种促销方式有效地组合在一起，以求达到最佳的促销效果。制定促销组合策略就是根据房地产促销目标，对各种促销方式的选择、运用与组合。

在网络经济条件下，房地产开发企业纷纷利用网络进行产品促销，以下是网络促销的主要方式：

1）房地产开发企业的网址促销

目前，房地产开发企业通常借助一些著名网站来推销自己的商务站点。在广告的设计上，一般要求图案简洁、文字精练、引人注目。此外，要从广告的发布方式、发布时间、发布频率等方面综合考虑，全盘制定网址发布策略。

2）全新的网上产品广告模式

普通消费者对网上房地产营销最担心的问题就是怕看不到实物，对物业缺乏感性认识，而多媒体信息技术的发展完全可以解决这一问题。房地产开发企业的网站可以利用动画、声音、图像等来宣传企业的辉煌业绩、待售物业及特色产品、特色服务。最新的多媒体技术甚至可以营造出一种身临其境的感性氛围。这种网上广告与传统广告相比，最大特点是：无时间、地域和发行数量的限制；效果逼真，可以有选择地向消费者提供多层次的信息内容；宣传成本相对低廉，还能够随时根据市场情况和新产品情况进行调整。

【案例分析6-3】

“潘石屹网上发布视频表决心 0元起价竞拍赚足眼球”

2011年4月底进行的首次网拍使潘石屹和SOHO中国赚足了吆喝，潘石屹手接再厉，下一步将拿出更多的房源在网上公开销售。据其官方网站显示，SOHO中国将于5月15日将旗下16套房源再次放到网上拍卖，其中包括银河SOHO、三里屯SOHO、SOHO北京公馆等15套房源，以及北京前门大街一套商铺的零底价出租，物业类型涵盖公寓、写字楼、商铺。值得一提的是，为了符合“一房一价”的政策，SOHO中国还对此次拍卖房源定了最高限价。

为了扩大网上卖房的影响力，潘石屹不惜亲自上阵营销，可谓用心良苦，花样百出。5月5日，SOHO中国微博发布了潘石屹亲自出镜为网上卖房录制的宣传片《我为什么在网上卖房子》。随后，SOHO中国微博又发布了一则名为“潘石屹网上卖房雄心壮志挑战大海表决心，任志强羡慕嫉妒恨兄弟情深大助威”的视频短片。短片中潘石屹和任志强以动画形象出现，幽默的对话透露了潘石屹将网上卖房进行到底的决心。

分析：潘石屹网上卖房子，虽然很多人认为这是一次营销秀，但仍有一种声音认为，SOHO中国迈出了房地产商试水房地产电子商务的第一步，潘石屹只是第一个吃螃蟹的人，以后会有开发商效仿跟进。的确，通过潘石屹的名人效应进行微博营销，集人员、广告、公关促销于一体；通过网上拍卖，本质上就是以“0”元起拍做噱头的销售促进方式，而互联网只是其发布信息的媒体工具而已。

资料来源　佚名. 真实的案例分享第八十三篇：房地产网络营销案例分析［EB/OL］.［2019-11-20］. http：//wenku.baidu.com/link?url=00tbEd0XvWM7jJCqr1TBaBADcDub0uxf6jwSh66p--tc1744PdH3KvYomQz1x-tbzoaX5Xik4MAdTLD5oJ_CHJeHu5UQeu-K93iY0sLMSsi.

3）销售促进策略

延伸阅读6-4
广州奥林匹克花园的营销公关策略

网络经济下的促销形式较传统形式有所改变。房地产展销会一直是短期内聚集潜在购买者的有效手段。科技进步将使越来越多的房展会搬到网上进行，2000年3月，搜狐网上举办的房展会就是一个很好的开端。网上房展会不受时间和地域的限制，又可以使展会费用大大降低，让利于消费者。方便、高效、优惠使网上房展会越发深入人心。

此外，产品策略、价格策略、人员推销策略等在网络营销中仍然起着不可替代的作用，其形式和内涵也将随着时代的进步得到变革与完善。传统促销策略与网络技术的完美结合，必将把房地产营销推向一个全新的境界。

【实战演练6-1】

买房送写字楼使用权

位于上海浦东大道的环球广场提出“买公寓房送写字楼”的销售方案。该项目广告称：购买总价100万元的公寓一套，可免费享用年租金9万元、面积100平方米的办公用房3年。该方案一公布，上门咨询的客户络绎不绝，预订踊跃。

请问：什么情况下“买房送写字楼”的促销策略比较有效？在现实生活中收集降价促销、提价促销、有奖销售和以物易物促销的成功案例。

6.3 销售实施与管理

6.3.1 销售实施各阶段的销售策略

房地产项目进入销售阶段，通过前期项目定位及各销售阶段的总结，可得出下一阶段的销售策略。

1）预热期的销售策略

房地产市场的发展越来越理性，置业者在购房时会反复比较和挑选，寻求性价比最高的物业，多注重眼见为实；对比于现楼，置业者对期房的信心相对不足，因此入市的时机一方面取决于当时市场的竞争状况，更重要的是取决于入市时的工程形象和展示是否到位。

项目在开盘前都要有一个预热及提前亮相蓄客的阶段，一般来说，有以下几种作用：

①不具备销售条件，但需提前发布将要销售的信息以吸引客户等待。

②面对市场竞争的日益激烈，提前预热，可分流竞争对手的部分客户。

③为了在开盘时能达到开门红，先行在市场中建立一定知名度和客户基础。

④对目标客户及市场进行测试，为正式开盘时的销售策略提供准确依据。

【案例分析6-4】

某项目开盘前，进行客户盘点，仅针对客户意向等级进行筛选和盘查，将意向户型重复的客户进行引导梳理，项目房源与客户匹配189组，一期计划推出200套房源，目标开盘去化率达80%。开盘当天部分客户因资金问题、银行贷款标准不合格等，最终成交95套，成交率为47.5%。

分析：对当前形势过于乐观，并且客户梳理不细致，忽略了市场变化，忽略了银行借贷标准变化，部分客户不能满足贷款条件等，造成客户流失。

2）强销期的销售策略

延伸阅读6-5

海花岛二期开盘组织方案

强销期内需注意以下问题：

①顺应销售势头，保持较充足的房源供应量，否则有可能造成客户资源的浪费，如需保留房号，数量不宜超过总量的15%。

②此阶段现场热销气氛非常重要，因此应加强促销，不要轻易停止，可根据实际情况变换不同方式，以保持热销场面。

③价格调整一定不能一次太多，一般每次不应超过1%，在客户可接受的前提下，可采用小步慢跑式（即提价可多次，但每次较少）。

④此阶段为项目的关键销售阶段，如在市场中成功建立入市形象及市场认同感，则为持续期及尾盘期销售奠定了较好基础。

3）持续期的销售策略

项目通过大规模广告及促销后，逐渐进入平稳的销售期，此阶段即为销售的持续期。此期间上门客户量逐渐趋于平稳，广告量也不如前段那么大，因此此阶段应多根据项目特点和剩余房源挖掘个性进行销售。

如深圳某项目，因其紧靠山景公园，楼盘最大卖点为山景住宅，因此朝向山景的单元在前期销售较好。销售在进入持续期后，剩余大量房源为无山景的住宅，此时及时挖掘这部分房源的价值，发现住宅背山面水在风水上是大吉，故主推此卖点，吸引大量重风水的客户成交，很快收到了效果。

4）尾盘期的销售策略

项目销售进入尾盘期，销售速度明显减缓，项目业主入住临近，销售问题尤其突出：一是剩余房号可供客户选择范围减少，剩余户型的缺点是户型设计不合理或总价高无市场竞争力等；二是部分户型定位与区位环境不符合。

进入尾盘期后，一般剩下的销售额即为开发商利润，因此解决此部分的销售对开发商特别关键，解决尾盘应注意：

①既要考虑售价，也要考虑时间。尾盘不能追求高价格，不能因追求高价，导致不能变现而增大风险。

②可多考虑现楼因素，多做促销，寻找新的营销方式，如试住等。

③有些是由于刚开始市场定义不准，需要重新定义市场。

④可采取各个击破的模式。

⑤制造和挖掘新的卖点。

6.3.2　售楼现场销售工作流程

为了确保销售工作有序、快捷、准确进行，通常依如下程序开展：

1）客户接待与谈判

该项工作由销售人员负责，并按照有关规定进行。财务、工程及物业管理方面的专业人员可在销售经理指示及销售人员的请求下协同工作。

注意事项有：工作人员应仪表端庄，热情接待；接待客户或一人，或一主一副，以两人为限，绝对不能超过3人；注意现场整洁；注意产品介绍要清晰明了，侧重强调本项目的优势，切忌夸大；销售资料和销售工具应准备齐全，随时应对客户需求；生意不在情意在，送客至电梯间或大门外。

2）定金收取及认购合同签订

该项工作由销售人员与财务人员配合完成。认购合同由财务人员统一保管，在使用前由销售人员按顺序号领用，由销售人员与客户共同签订。在签订认购合同前必须与销售经理核定房号，然后才能通知收取定金。

定金必须由财务人员直接收取并开具收据，财务人员在收取定金时，必须做好房号的再次核实，以及认购合同的核查工作，然后即刻做好账目记录。这些记录包括房号、收取金额、合同编号、业主姓名、联系地址及电话等。

注意事项有：现场销售人员应和销售经理密切配合，制造并维持现场气氛；定金收取原则上多多益善，但是收取定金主要目的是让客户牵挂我们的楼盘，故小额也可；定金收取以后，定金保留时间长短、双方以及单方毁约的善后处理必须事先说定，避免以后带来不必要的麻烦；折扣或其他附加条件，应报现场销售经理备案；认购合同填写完后，仔细核对是否正确无误。

3）交纳首期房款、签订正式楼宇买卖合同

认购合同中一般都确定有首期房款交纳的具体时间（一般为签订认购合同后7～15日，具体天数视不同城市、不同项目而定），约定时间到达前两日，由销售人员负责提醒客户预备首期房款，并将反馈情况向财务人员通报，并在到期日配合财务人员做好收取工作。

首期房款直接由财务人员收取，同时向客户开具收据及付清首期证明。若客户选择首期分期付款的，还要签订首期分期付款协议，完成后须做好账目记录。

凭付清首期证明，销售人员原则上应即刻与客户签订正式楼宇买卖合同，并收回认购合同，并向客户说明余款交纳期限及银行按揭事宜。

在此过程中销售人员应做好客户接待、指引工作，并协助做好有关事宜的解释工作。

注意事项有：楼宇买卖合同签订前，销售人员应逐条向客户解释清楚。在解释时在情感上应考虑客户立场；示范合同文本应事先准备好；签订合同时最好让客户亲自填写具体条款，并一定要其本人签名盖章；登记备案后，买卖才算正式成交。

4）交纳余款或办理按揭

该项工作由财务人员及专职人员（开发公司、银行、公证机关、保险公司等）负责完成，销售人员须做好客户接待、指引工作，在销售经理指示及有关专职人员要求下配合完成有关工作。

注意事项有：在办理按揭前7天和客户约好具体时间；填写完毕后，再次检查信息填写是否正确无误，发现问题及时解决。

5）其他售后服务

其他售后服务包括已购房客户的回访、客户提出有关申请的跟进与落实、项目入住手续的协助办理等。在这些服务过程中，销售人员必须树立“一次生意、终生客户”的观念，将客户发展成为忠实客户给以后创造新的销售机会的同时，在市场中可以为企业树立一个良好的行业形象。

6.3.3 销售现场管理

1）销售现场的管理原则

（1）楼盘的客户、房源等资源由销售团队共享

如遇两个以上客户对同一物业有意向，应遵循成交优先原则，先交定金者先得。

（2）客户登记，随时跟进

销售员每人应有各自的客户登记本，简要记录自己接待的客户以及每次跟进的情况。每个客户记一页，连续登记，不留空页或撕页；销售经理有权随时抽查跟进及记录情况。

（3）现场接待问询

现场接待客户须问询是否已接受公司其他同事的服务；询问方式必须自然、贴切，尊重客户，语气和缓、亲切，如“您好！”“以前来看过房吗？”“拿到过我们的资料吗？”“了解我们的项目吗？”

（4）业务交叉情况处理

确定前后顺序，以上门客户登记本、进线电话登记本的登记为准，谁接待时间在前，另一销售人员自动退出。

（5）实习销售人员进入售楼处

现场观摩满一段时间方可参与接电话和现场接待，没有其他销售人员在场时，可接待客户；接待客户如遇困难应及时向销售经理反映，由销售经理或指定的其他销售人员辅导销售。

（6）权限控制

销售经理负责具体楼盘销售组织，严格控制优惠折扣。销售人员一概不得承诺各种额外折扣和优惠条件，据实报价。如遇特殊情况，须向销售经理提出，经销售经理请示后确定。

（7）发扬团队精神

发扬团队合作精神，互谅互让，尊重同事劳动。

2）接待客户程序

（1）服务开始

客户推开售楼处大门，服务即开始。

（2）携资料离座迎客、问好、自我介绍

第一时间起身迎接，同时问好，自我介绍。问候、自我介绍用语使用规范：“您好！欢迎看房。我是×××（讲清自己的名字）。”

（3）介绍展板内容

按次序进行介绍，尽量突出卖点；声音柔和，音调不易过高；用语文明；介绍简单、专业。

（4）请客户入座，讲解楼书

一定使用规范用语：“请那边入座，让我给您详细介绍一下，好吗？”介绍属实、详细、专业，不得诋毁别的楼盘。

（5）带客户看房

一定亲自带客户看房（路线要事先规划好）；使用规范用语，如“请随我来”或“请

往这边走”；走在客户前，替客户开门、操作电梯；对样板房重点把握，最大限度地突出卖点；嘱咐客户戴好安全帽和随身携带的物品。

（6）替客户设计购买方案

在尊重客户的前提下，才可做消费引导；方案设计合理可行，且不能出错；房号提供要准确。

（7）做好客户登记

在尊重客户的前提下，要求客户填写登记表；客户执意不留电话，不得勉强；将客户特征及购买意向及时记录，以方便后续跟进。

（8）礼貌送客至销售中心大门口

面带微笑，主动替客户开门；使用规范用语，如“再见，欢迎再来!”；目送客户走出50米外。

（9）收取定金

如客户表达认购意向，则可以收取定金，开具收据。

（10）签署认购合同

认购合同一般由销售代表填写；认购合同不得填写错误；填写完的认购合同一定要在秘书或值班经理审核无误后才能与客户签署。

（11）提醒客户交首期款（房款）

到达约定交款时间前，一般需提前几天提醒客户预备首期房款，提醒时注意方式和语气。

（12）签署商品房买卖合同

合同一定先用铅笔填写，在客户和同事确认后，用签字笔誊写，注意擦掉铅笔印迹；买方签名一定是本人或由买方书面委托（必须是公证后的）的代理人；客户领取合同一定要签名登记。

（13）通知办理按揭

提前七天第一次通知客户，讲清客户必须携带的资料，办理的地点、时间；提前三天第二次提醒客户；提前一天第三次提醒客户。

（14）协助办理入住手续

态度主动，必要时亲自带往管理处；一定要向客户表示祝贺。

（15）随时向客户提供房地产市场信息

客户入住后，了解他们的居住情况；有了新的房地产信息后，在客户不拒绝的前提下，可以向客户继续提供，保持长期联系。

3）销售人员接待客户时的心理法则

客户接待过程是有意向的客户进一步了解楼盘、比较和下决心的阶段，也是实现销售的最关键一环，所以在接待客户的过程中，销售人员要注意以下几点：说话的语气要肯定干脆，不拖泥带水，要显得底气十足；客户的拒绝往往是托词，要明白后面真正的原因并加以解决；介绍时要清醒、理性，不要被客户主导了自己的思路，相反要引导客户朝自己的思路走，这是衡量一个高效率的销售人员的重要标准；不要以为说赢了客户他就会接受你和你的产品，不要企图说赢客户；为客户着想是接近客户最好的办法，相信“仁爱”的力量；推销自己远比推销房子要优先；永远不要把今天能做好的事拖到明天去做，卖房子也一样，要学会趁热打铁；要依靠团队的力量营造氛围和配合你的推销，所以要学会宽容，学会和同事和谐相处；当自己悲观的时候，无力的时候，调节自己的情绪，相信坚毅是最好的力量之源。

4）房号管理

售前一定统一安排房号（经书面确认），对整层保留、交叉保留、自然保留进行计划。对外有统一的售价与房源结合的资料，每天关注房号的变动。

房号管理应遵循以下原则：

①房号管理必须由专人负责，销售人员在收取定金前必须通知房号管理者，确定房号允许销售后，方可办理收取定金的手续。

②房号管理者必须以客户办理定房手续作为销控房号的标准，任何咨询或诚意表示均不表示成交，其他客户如有交付定金行为，以办理定房手续时间先后为准。

③发生交易（即客户办理定房手续）后，房号管理者必须立即做好书面记录，并通知其他销售人员停止向客户推荐此房号。

6.4 房地产营销控制

房地产营销控制是指房地产营销管理中用于跟踪企业营销活动过程的每个环节，以确保其按计划规定的目标运行而实施的一套工作程序或工作制度，包括为使营销实绩与预期目标一致所采取的措施。在执行房地产营销计划的过程中，难免会遇到各种意外事件，所以要不断地对营销活动进行监督、评价，控制其发展动向。

6.4.1 房地产营销控制的基本程序

有效的房地产营销控制应讲究科学、严格的工作程序，其具体步骤如图6-1所示。

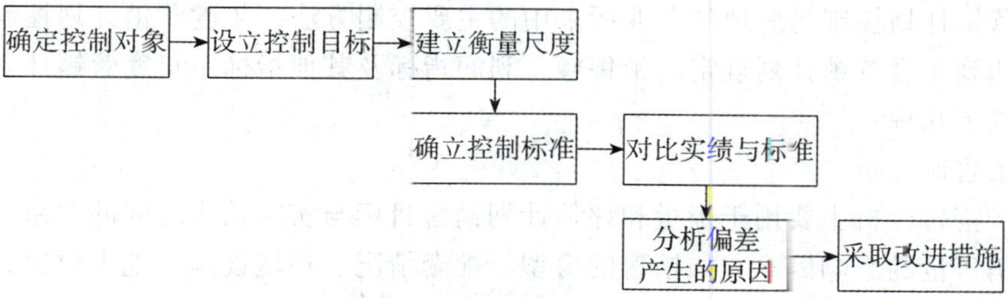

图6-1 营销控制步骤示意

1）确定控制对象

先应确定的是要对哪些营销活动进行控制。最常见的房地产营销控制内容主要包括对销售进度、销售收入、销售成本和销售利润的控制，但对市场调查情况、销售人员工作效率、对顾客的服务水平、新产品开发进度、广告效果等，也应进行控制。

2）设立控制目标

这是将营销控制与营销计划联结起来的主要环节。如果在计划中已经认真地设立了目标，则控制目标应与其一致。

3）建立衡量尺度

在很多情况下，企业的营销目标就决定了它的控制衡量尺度，如目标销售收入、利润率、市场占有率、销售增长率等。但还有一些问题比较复杂，如销售人员的工作效率可用一年内新增加的客户数目及平均访问频率来衡量；广告效果可以用记住广告内容的读者（观众）占全部读者（观众）的百分比来衡量。

4）确立控制标准

这是对衡量尺度进行定量化。控制标准是指以某种衡量尺度来表示控制对象的预期活动范围或可接受的活动范围。

5）对比实绩与标准

在将控制标准与实际执行结果进行比较时，需要决定比较的频率，即多长时间进行一次比较，这取决于控制对象是否经常变动。

如果比较的结果是实绩与控制标准一致，则控制过程到此结束；如果不一致，则需进行下一步骤。

6）分析偏差产生的原因

产生偏差可能有两种情况：一种是实施过程中出现问题，这种偏差比较容易分析；另一种是计划本身存在问题，确认这种偏差比较困难。实践中，两种情况往往交织在一起，使分析偏差的工作成为控制过程中的一大难点，应特别注意要对背景情况进行了解和分析，找到偏差产生的真正原因。

7）采取改进措施

如果在制订营销计划的同时制订了相应的应急计划，改进就能更快。不过，在多数情况下，并没有这类预定措施，这就必须根据实际情况迅速制定有效的补救措施，或适当调整某些营销计划目标。

6.4.2 房地产营销的控制类型

1）年度营销计划控制

年度营销计划控制是房地产企业所采用的主要控制方法，年度营销计划控制的目的是确保企业达到年度营销计划规定的销售额、利润指标及其他指标。年度营销计划控制的工具主要有以下几种：

（1）销售额分析

房地产销售分析主要用于衡量和评估计划销售目标与实际销售之间的关系，考虑未能达到预期销售量的影响因素，如销售的房型、配套情况、环境设施、地理位置、交通便利情况等。这种方法有两种具体形式：

①总量差额分析。

假定年度计划要求第一季度按每平方米1万元的价格销售某种商品房4 000平方米，目标销售额为4 000万元。但到季度末仅按每平方米8 000元的价格出售了3 000平方米，总销售额为2 400万元，比目标销售额减少了1 600万元。那么，这1 600万元的减少额有多少是由于销售量下降造成的？有多少是由于价格降低造成的？

分析计算方法如下：

由销售量下降造成的影响=1×（4 000−3 000）=1 000（万元）（占1 600万元的62.5%）

由降价造成的影响=（1−0.8）×3 000=600（万元）（占1 600万元的37.5%）

通过分析我们可以得出，销售额下降的约2/3是由于销售量未达目标，故该企业应密切注意未达到预期销售量目标的原因。

②个别销售分析。它是着眼于个别产品或地区销售额未能达到预期额的分析。

假定某企业分别在3个地区销售某种商品房，期望的销售目标分别是100套、150套和200套，实际销售量分别达120套、145套和150套。

地区Ⅰ较期望销售量高20%，地区Ⅱ较期望销售量低3.3%，地区Ⅲ则低了25%，显然，地区Ⅲ是造成销售量下降的主要原因。营销经理应重点检查该地区情况，找出原因。是营销力度不够？是竞争对手太强？还是原来的预期目标就定得不妥？

（2）市场占有率分析

市场占有率正是排除了一般的环境影响来考查企业本身的经营工作状况的。如果企业的市场占有率升高，表明它与竞争者的经营相比要好一些；如果企业的市场占有率下降，则说明相对于竞争者而言其绩效可能差一些。我们还可用产品线、顾客类型、地区分类来说明市场份额的变动。一种有效方法是通过4个成分来分析市场份额的变动，其公式为：

市场份额变动=顾客渗透率×顾客忠诚度×顾客选择性×价格选择性

式中：顾客渗透率是指从本公司购买产品的顾客与总顾客的百分比；顾客忠诚度是指顾客从本公司购买的产品数量与其购买产品总量的百分比；顾客选择性是指本公司顾客的平均购买量与一般公司顾客的平均购买量的百分比；价格选择性是指公司的平均价格与所有公司的平均价格的百分比。

现在，假定公司在此期间以金额表示的市场占有率下降了，公式提供了4种可能的解释：一是公司失去了一些顾客（较低的顾客渗透率）；二是现有顾客向该公司购买的商品数量在其全部购买量中所占比例减少（较低的顾客忠诚度）；三是本公司顾客的平均购买量与一般公司顾客的平均购买量相比所占比例减少（较低的顾客选择性）；四是公司价格竞争力减弱了（较低的价格选择性）。

经过长期跟踪这些因素，公司可判断出市场占有率变化的潜在原因。

一家企业销售额上升并不说明它的经营就一定成功，因为这可能是一个正在迅速成长的市场，该企业的销售额虽然上升，其市场占有份额却很可能下降。只有当企业的市场占有率上升时，才说明它的竞争地位在上升。当房地产企业规模不大的时候，这种指标的实际意义就不大，因为相对垄断的房地产供给市场对市场占有率是不太关心的，它只关心如何卖得快、卖得价高。

（3）营销费用与销售额的比率分析

年度营销计划控制要确保企业不会为达到其销售额指标支付过多的费用，关键就是要对营销费用与销售额的比率进行分析。一般有5种费用与销售额的比率：销售人员费用与销售额之比、广告费用与销售额之比、促销费用与销售额之比、市场调查费用与销售额之比、销售管理费用与销售额之比。

假定某家公司的营销费用占销售额的比率为30%，即年销售1 000万元的房屋，支出营销费用300万元。又假定费用由5部分构成：销售人员费用120万元、广告费用80万元、促销费用60万元、市场调查费用10万元、销售管理费用30万元，它们占销售额的比率分别为12%、8%、6%、1%、3%。

管理部门必须监控这些比率，它们可能出现一些容易被忽视的小波动，但是超过正常波动幅度就必须加以注意了。当一项费用对销售额的比率失去控制时，必须认真查找问题的原因。

（4）财务分析

营销费用与销售额的比率应在企业的总的财务框架结构中进行分析，因此市场营销人员应更多地运用财务分析来寻找盈利性策略，而不仅是加强销售策略。管理部门运用财务分析来鉴别影响公司净资产收益率的各种因素，如资产净值报酬、资产收益率、资产构成财务杠杆等。

（5）顾客满意度分析

一般利用以下系统来追踪顾客的态度。

①抱怨和建议系统。企业通过设置意见簿、建议卡等，记录、分析和答复来自顾客的信函与口头抱怨。企业对顾客的书面或口头抱怨应该进行记录、分析，并做出适当的反应。对不同的抱怨应该分析归类，做成卡片，较严重的和经常发生的抱怨应及早予以注意。企业应该鼓励顾客提出批评和建议，使顾客经常有机会发表意见，才有可能搜集到顾客反映其产品和服务的完整资料。企业可通过各种增加顾客反馈意见的途径，鼓励顾客多提意见，使企业对自己的产品、服务在顾客心目中的地位有更全面的了解。

②固定顾客群样本。有些企业建立由具有一定代表性的顾客组成的固定顾客群样本，定期地由企业通过电话访问或邮寄问卷来了解其态度。这类反映的意见比前述系统更完整、全面，更能代表顾客态度的变化及其分布范围。

③顾客调查。企业定期派出市场调查小组，随机调查潜在顾客的住房消费意向及随机抽样了解顾客对公司产品、服务质量满意程度，让他们回答一组标准化的调查问卷，并进行分析，以发现营销方面的问题，予以纠正，同时制定相应的营销规划。

通过上述分析，企业在发现实际绩效与年度营销计划发生较大偏差时，可考虑采取如下措施：调整房地产营销计划指标，修正房地产营销策略，如降低房地产销售价格、对销售队伍施加压力、削减杂项支出、裁减员工、削减投资等。如果指标和战略、策略、战术都没有问题，就要在计划的实施过程中查找原因。

2）盈利能力控制

盈利能力是指企业利用现有资源或资产获取利润的能力。盈利能力控制所获取的信息，有助于管理人员决定各种产品或市场营销活动是扩展、压缩还是取消。它表明企业获利水平的高低以及获利的稳定性和持久性，用以下指标予以反映：

（1）销售利润率

销售利润率是指利润总额与销售收入净额的比值，计算公式为：

销售利润率=利润总额÷销售收入净额×100%

（2）总资产报酬率

总资产报酬率是指息税前利润总额与平均资产总额的比值，计算公式为：

总资产报酬率=息税前利润总额÷平均资产总额×100%

式中：息税前利润总额是指税前利润总额加上利息之和，该指标从企业资金来源的角度，对资产的使用效益或资产的总获利水平进行了揭示。该指标至少应高于负债利息率。该比值越高，说明企业资产的获利水平越高，反之亦然。

（3）资本收益率

资本收益率是指利润净额与实收资本的比值，计算公式为：

资本收益率=利润净额÷实收资本×100%

该指标主要揭示企业所有者投入资本的获利水平。由于所有者的获利只能是税后利润，所以这里的获利水平是税后利润净额的获利水平。该比值越高，说明所有者投入资本的获利水平越高，反之亦然。

（4）资本保值增值率

资本保值增值率是指所有者权益的期末总额与期初总额的比值，计算公式为：

资本保值增值率=期末所有者权益总额÷期初所有者权益总额×100%

式中：所有者权益包括实收资本、资本公积金和留存收益，即企业的权益资本或净资产。必须注意的是，在分析期内，如果通过对外筹资而使期末实收资本增加，不应列入期末所有者权益总额之中；如果要列入，则必须是分子与分母同时列入。该比值大于1时，说明企业的所有者权益增加，资本不仅保值而且增值，所以该比值越高，说明企业的资本增值能力越强，反之亦然。

3）效率控制

效率通常是结果与努力的比率。效果反映的是实现目标的程度，是实际结果同预期结果的对比。效率与效果的区别在于，迅速取得结果并不一定有效地满足目标。例如，很容易卖掉的产品却未必能有最大盈利。

（1）销售队伍的效率控制

一般销售经理需要在本地区监控下列主要销售效率指标：每个销售人员每天的平均销售访问次数、每次会晤所需的平均销售时间、每次每个营销人员销售的平均成本、每次促销活动的成本、每百次销售活动的销售成功百分比、每期新增的潜在顾客数、每期失去的顾客数、销售人员费用占销售额的百分比。企业可以从以上分析中发现一些非常重要的问题，例如，销售人员每天访问次数是否太少了？每次访问是否花费了太长的时间？招待成本是否太高？每百次访问是否得到足够的销售成功？他们是否吸引了足够的新顾客和留住了潜在顾客？当企业开始重视销售队伍效率的改善后，通常会取得很多实质性的进展。

（2）广告效率控制

广告效率的控制指标有：每一种媒体类型和媒体工具的每人次广告成本是多少；各种工具引起人们注意、联想和欣喜的程度；受到影响的人的咨询次数；顾客对广告内容、方法的意见；广告前后对品牌、产品的态度。管理人员可以采取一系列步骤来提高广告效率，包括做好产品定位、明确广告目标、预测广告受众数、选择广告媒体以及广告效果测评等工作。

（3）促销效率控制

为了提高促销的效率，企业还需进行促销效率控制，包括各种各样的激发顾客注意、兴趣和咨询、看房、洽谈的方法及其效果，每次促销活动的成本，对整个市场营销活动的影响。为此，管理者应对每项促销成本和对销售的影响做记录。

（4）分销效率控制

管理人员应调查研究分销来提高销售效率，如分销的成本费用、销售能力、经纪人和代理商发挥的作用和潜力等。

本章小结

本章围绕着房地产现场销售而展开，依次介绍了销售准备、销售促进、销售实施与管理，最后叙述了怎样进行销售控制。

销售准备和销售现场的管理、控制都是管理中的程序性事务，需要执行到位，而销售促进的策划则需要非程序化思维和创造力，但是所有的事务均需要很好的执行力，这一点在实践中需要牢牢记住，否则再好的创意也不会收到好的效果。

销售准备的法律文件、销售现场的客户接待心理原则不仅需要熟悉，还要灵活运用。销售控制工作最好由销售部门自查，由人事部门审核，并与薪酬挂钩。

关键概念

房地产促销　人员促销　广告促销　公共关系促销　年度营销计划控制　资本收益率　总资产报酬率

基础知识练习

△ 选择题

1）销售过程中的难点户型是指（　　）。

A.目标客户不接受的户型　　B.经市场验证难以消化的户型

C.设计有缺陷的户型　　D.面积大的户型

2）房地产销售一般分为销售准备和（　　）阶段。

A.销售实施　　B.售后服务　　C.广告定价　　D.营销策划

3）未竣工的房地产项目进入市场销售需要符合（　　）条件。

A.封顶　　B.验收　　C.预售　　D.规划

4）房地产销售一般根据项目销售量、销售目标和（　　）等因素决定销售人员人数。

A.销售进度　　B.销售难度　　C.广告投放　　D.物业档次

5）项目销售预热期的推广主要是整个项目的（　　）。

A.产品推广　　B.形象推广　　C.客户推广　　D.价格推广

△ 简答题

1）销售文件的准备有哪些内容？

2）销售人员的培训内容有哪些？

3）接待客户的心理原则是什么？

4）销售实施一般可划分为几个阶段？

5）销售管理主要有哪几个方面？

实践操作训练

△ 案例题

××园浪潮行动策划文稿

综观××园总体广告宣传的实施状况，从波及面上来看，应当说效果颇为明显，在短短的时间内，独特又强有力的宣传攻势，使其在小学校园的知名度大为提高。它专有的活动型宣传风格也与“银都”的媒介型宣传形成鲜明对比，给人留下了深刻的印象。然而，如果我们再以理念形象树立与创意策略的角度来分析，××园的宣传则存在一定的不足。××园作为青岛市地产业、娱乐业的龙头和该行业经营最需要的企业形象，始终没有明确树立，目标对象对其定位、创意的理解仍然是模糊或偏颇的，尽管其知名度较高。

1）活动背景

为了塑造××园鲜明、独特、良好的企业形象，树立其准确、有效、超凡的诉求理念，确保××园的企业宣传能富有较强的传播优势，本公司主管及相关策划人员在分析公司以往宣传的基础上，针对本市其他地产公司宣传偏重单一媒体、形势雷同的客观情况，依据地产及娱乐业宣传的特有规律，旨在“重塑形象，再树理念”，策划集公关活动与媒介组合于一体的、以最少投入获得最大效果的“五一××园全方位浪潮行动”方案。

2）传播目标

（1）塑造鲜明、独特、良好的企业形象，沟通大众情感。

（2）树立准确、有效、超凡的诉求理念，实现占位意图。

3）表现策略

如前所述，××园当年的宣传从“移情别恋”到“限制入关”，从“十万大军登陆”到“新八大关”，尽管有着文辞超乎大陆民众欣赏习惯、立意容易被误解以及创意犯忌（以同类其他名称树立自己的理念）等不足，但其所形成的强有力的宣传攻势却不能被否认，如果后续宣传既能延续往年攻势，尽量保持以往的宣传特色，又能在创意构思上立足于清晰准确理念的建立、业内应有定位的占领以及社会公众导向的顺应等方面，则定会给人以棋高一着，更为求实之感。（文案及创意、设计稿件等待方案通过后专项提出）

4）诉求对象

（1）主体：市南区“五一”外游的所有家庭（旨在借娱乐的时间针对所有能娱乐的家庭）。

（2）《青岛晚报》读者群（关心社会、重视信息的大众）。

（3）青岛电视台“青岛新闻”“黄金时刻”的收视观众；青岛有线电视台连续剧的收视观众（关心青岛变化，喜欢娱乐的居民家庭）。

（4）青岛经济广播电台、青岛人民广播电台的热心听众（白天能乘专车进行郊游的高消费家庭）。

5）发布策略

基于将活动形势的新颖性和影响范围的广泛性相结合、将活动效果的轰动性和活动投入的低廉性相结合等方面的考虑，本次活动以立意新颖为立足点，选择的媒体既能共同形成室内外媒体的冲击效果，又让被接受者可望又可即，因而具有相当大的亲和性，易于与目标对象进行情感沟通。

另外，主要媒体虽限于一定区域，但由于媒体的随身性特点，活动结束后媒体影响面将渗透到市内五区，从而又具有较强的持续效果。

6）媒介选择

（1）红色中型带把娱乐用气球2万个（印有企业标志或娱乐项目名称，持有家庭总人数10万人左右）。

（2）红色印有××园标志或娱乐项目种类的马夹、背心和太阳帽约200套。

（3）扎有红色绸带的××园小型面包车4～5辆。

（4）沿线公共车站防雨厅广告牌。

（5）《青岛晚报》通栏2次。

（6）青岛电视台、青岛有线电视台广告（电视广告片以活动表现为主线，逐一介绍××园综合娱乐项目）。

（7）青岛经济广播电台、青岛人民广播电台广告（广播广告抒情感人，与活动相呼应）。

7）计划实施

（1）4月30日《青岛晚报》：内容重新塑造企业形象，提示明天××园行动，但不注明具体行动内容。

（2）5月1日上午10点，自中山公园正门至莱阳路、荣城路、延安一路和南海路等5处，由身穿广告马夹的中学生（约200名）无偿发放气球，争取1小时左右在区域内形成整片具有轰动冲击力的红色气球群。

（3）中午11点，4～5辆广告车：由摄影师跟车，分头抓拍气球发放和温馨家庭欢乐场面（事先选好模特穿插在人群之中），广播广告（两台同时）随之发布。

（4）中午12点，剪辑30秒电视广告片。

（5）下午2点，《青岛晚报》发布系列广告。

（6）晚6点45分至7点45分，青岛电视台、青岛有线电视台相继播放电视广告。

8）障碍分析

由于本次活动构思新颖、规模超前，具体事务与动用媒体烦琐复杂等，使其在实施过程中具有较大的难度，这些都是影响活动顺利进行的障碍。如果方案通过，执行公司必须使所有步骤逐一落实，并预先准备相应补救措施，才能确保行动成功。

9）费用预算

本次活动总费用合计5万元人民币，企划公司负责承担如下项目的费用使用：

（1）2万个气球的成本及印刷费用。

（2）200个广告背心的设计制作费用。

（3）《青岛晚报》2次通栏的发布费用。

（4）电视广告摄制、编辑、发布（3次）费用。

（5）广播广告录制、发布费用（时间根据活动进行，2～3小时）。

（6）整个活动的企划、推动及人员组织、劳务等其他费用。

备注：

（1）防雨厅修改费不在此列。

（2）贵公司如果人为增加系列报纸广告的数量和电视广告的次数，活动效果将更为理想，发布费用亦应由贵公司另行追加。

10）方案效果评估

本方案有明确的思路和切实可行的执行方案，而且运用了先进的形象公关传播方案，为对本方案的实施效果进行评估，我们采用了3种评估方法：

（1）美誉度评估。

（2）公众形象评估。

（3）活动效果评估。

资料来源 作者根据相关资料编写.

问题：阅读该案例，分析这个案例共运用了哪几种促销方式？

△ 实训题

[实训情境设计]

“景江豪城”一期位于澄湖东路和文体路，毗邻美丽清澈的清水河畔，四周绿意无限，共占地46亩，总建筑面积为48 000多平方米，绿化率高达45%。“景江豪城”一期300余户已陆续交房，并得到广大业主的好评；同时，二期“田沁园”正在热卖中。“景江豪城”是由江西省中兴房地产开发有限公司开发的高品质楼盘，在莲塘板块楼盘中是具有一定竞争力的优秀楼盘之一。

“田沁园”位于南昌县莲塘一中南侧，西邻美丽清澈的万坊河，是具有现代建筑风格的水景生态小区，总建筑面积为32 000平方米，绿化率高达45%，小区栋间距为21余米，容积率为1.5，得房率在90%左右，完全达到国家规定。优秀的楼盘品质、怡人的生活环境、周到的物管服务和“善解人意”的售房价格是众多市民争相抢购该楼盘的重要原因。如今，许多楼盘虽然也尽善尽美，但其高昂的房价让许多人望而却步。“田沁园”不仅物美而且价廉，其合理的房价也成为其销售率高于其他楼盘的原因之一。不仅莲塘人买了“田沁园”的房子，南昌市区的许多市民也纷纷购买了“田沁园”的房子，原因之一就是看中了其巨大的升值空间。

[实训任务要求]

假如你是该项目的售楼经理，中秋节即将到来，请你拟订一份项目中秋节促销方案。

[实训提示]

该项目一期成功销售的经验可为二期的销售提供借鉴。

[实训效果评价]

将实训效果量化，参照表6-2进行评价。

表6-2 “景江豪城”二期中秋节促销方案实训效果评价表

评价内容	分值（分）	评分（分）
方案的目标、手段等内容的完整性	20	
方案的可行性	30	
方案费用不超过销售目标金额的1%～1.5%	20	
方案组织实施的详尽程度	30	
实训效果总体评价	100	

注：考评满分为100分。60分以下为不及格；60～69分为及格；70～79分为中等；80～89分为良好；90分以上为优秀。

第7章

存量房地产交易业务的操作

学习目标

通过本章的学习，了解存量房地产的概念及分类、存量房房屋成色判断标准、存量房地产市场交易现状、存量房销售的付款方式；熟悉存量房价格影响因素、存量房销售方式及销售程序、存量房交易风险；掌握存量房上市销售条件、存量房贷款及相关税费。

引　例

买房送写字楼使用权

客户李某通过某房地产经纪公司贷款购买一套二手房。李某、赵某（售房人）、房地产经纪公司及贷款担保公司四方签订了贷款购房的《居间中保合同》，合同中有一条明确约定“本合同自四方签字或盖章之日起生效”，但因该公司工作失误，导致贷款担保公司未在合同上盖章。合同签订后两个月，李某申请的银行贷款即将放款时，售房人赵某以合同中贷款担保公司未盖章、合同未生效为由拒绝过户。经调解，该房地产经纪公司与李某解除了购房合同，退还李某所有款项，并做出了相应赔偿。造成退房的主要原因是该中介公司工作失误，即贷款担保公司没有在《居间中保合同》上盖章。

资料来源　高炳华. 房地产市场营销［M］. 武汉：华中科技大学出版社，2004.

7.1　存量房地产概述

7.1.1　存量房地产的概念及分类

1）存量房地产的概念

存量房地产是在房地产二级市场上进行产权交易的房地产，也就是依法取得房屋所有权（全部产权），可以进入二级市场交易，卖房人具有完全处置权利的房屋，俗称为“二手房”。凡产权明晰，经过一手买卖之后再行上市的房屋均可称为二手房，如取得所有权的商品房、自建房、准予上市交易的房改房和经济适用房等。

2）存量房地产的分类

（1）已购公房（即房改房）

已购公房是在房屋改革过程中，已经购买为私人产权的原公有住房。此类房屋的建设用地大多以划拨的方式取得，原单位未支付土地出让金，个人购买时房价里也未包括，再转让时要先补交土地出让金。根据购买时支付的价格不同，可分为以标准价购买和以成本价购买两类。

（2）经济适用房

经济适用房指由开发商开发，但享受了土地及其他相关优惠政策的产权清晰的市民自有住房。房屋所有者再转让时，须补交经济适用房土地收益金之后方可上市交易。

(3) 商品房

商品房指开发商开发的，未享受任何优惠政策的，产权清晰的市民自有住房。房屋所有者再转让上市交易时不受任何限制。

3）存量房房屋成色判断标准

依据房屋的建筑结构、装修标准和设备配置三大部分若干项目的完好或损坏程度，将房屋划分为五类：完好房、基本完好房、一般损坏房、严重损坏房和危险房。

(1) 完好房

完好房是指三大部分完好齐整，管道畅通，现况良好，能正常使用，标准为八成新以上。

(2) 基本完好房

基本完好房是指三大部分基本完好，可供正常使用，或少量构部件有轻微损坏，但经一般性维修即能恢复，标准为六至七成新。

(3) 一般损坏房

一般损坏房是指三大部分已发生一般性或局部损坏变形，如漏雨、管道不畅、油漆老化等，需要经过中修或局部大修以恢复其使用功能，标准为四至五成新。

(4) 严重损坏房

严重损坏房是指因年久失修而使三大部分明显变形或损坏，如严重漏雨、管道经常堵塞、设备陈旧残缺，需进行大修或翻建才能恢复功能，标准为三成新以下。

(5) 危险房

危险房是指承重构件已出现严重裂缝，或倾斜丧失承荷能力，随时有倒塌的危险，已不能正常使用且失去修缮价值，必须拆除重建，标准为一成新以下。

7.1.2　存量房地产价格影响因素

一般来说，存量房地产的价格主要受房屋的区域因素与个别因素影响。

1）区域因素

区域因素起着决定房屋价格的主要作用，具体有以下几个方面：

①基础设施与公益设施：如物业附近有无医院、超市、邮局、学校、银行等商业服务设施。

②交通条件：如物业有无小区班车、公交线路、轨道交通等。交通条件在很大程度上影响着出行、购物及娱乐等活动的便利度。

③物业所在社区的环境：如小区的绿化率、物业管理情况、小区内的配套设施情况。

④人文环境：如小区内居民的构成结构、人员素质等。

2）个别因素

①房屋结构：有砖木、砖混、钢混、框架等结构。房屋的结构直接关系着该房屋的使用年限及造价，从而影响房屋的价格。

②房型：目前在存量房市场主要有一室户、一室一厅、二室户、二室一厅、三室户、三室一厅等。不同的房型使房屋在使用功能上有差别，从而影响房屋的价格。

③楼层：普通住宅一般以二、五层为标准，顶层最差，一层次之，三、四层最好。

④房屋朝向：我国处于北半球，房屋的朝向以冬暖夏凉的南向为佳，特别是客厅的朝

向要朝南，因为其利用率最高，其次是东南、西南、东、北、西。

⑤房屋开间、层高：房屋的开间及层高影响房屋的整体感觉，开间大，房内摆设容易布置；采光好，层高高会让人感觉舒服。

⑥面积分配：主要是房屋的厅、卧室、厨、卫各功能室的面积分布是否合理，现在人们对厅、厨、卫的面积要求不断提高。

⑦房间的采光状况：以直接采光为佳，也要考虑小区幢与幢之间的距离是否开阔。

⑧房屋的新度：包括房屋已使用年限的长短及房屋的保养情况。

⑨房屋的质量：房屋内是否有裂缝、渗水等质量问题。

7.1.3 存量房经纪业务流程

存量房经纪业务主要包括存量房买方代理、卖方代理、承租代理、出租代理以及存量房居间业务。房地产代理是指以委托人的名义，在委托协议约定的范围内，为促成委托人与第三人进行房地产交易而提供专业服务，并向委托人收取佣金的行为。独家代理就是只委托一家房地产经纪机构代理房地产交易事宜。房地产居间是指向委托人报告订立房地产交易合同的机会或者提供订立房地产交易合同的媒介服务，并向委托人收取佣金的行为。

存量房业务流程主要包括客户接待、对客户进行分类、交易双方配对、实地看房、交易撮合、合同签订及款项支付、物业交验及后续服务等七个环节，如图7-1所示。但对于不同的代理业务或居间业务，经纪业务流程还有一些不同之处。

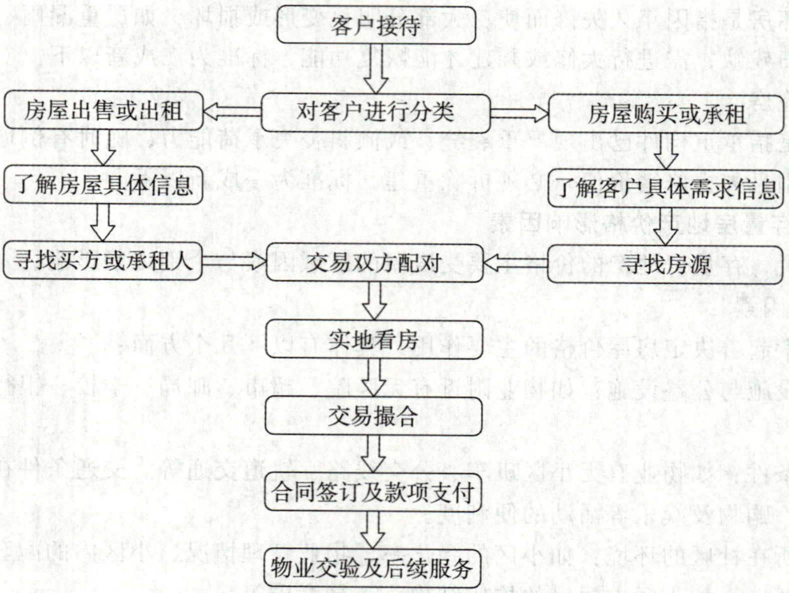

图7-1 存量房经纪业务主要流程

1）存量房买方代理业务流程

存量房买方代理业务流程包括六个环节。

第一步，接待客户并获取信任。接待客户在二手房买方代理业务中的作用是非常重要的，主要有两种形式：到店接待和电话接待。经纪人可以通过展示销售业绩、团队力量、相关证书、房源业务等营销资料，赢得客户的信任。客户在与房地产经纪人商谈并了解了有关情况后，如果对房地产经纪公司或房地产经纪人的企业资质、专业水平和房源信息比较满意，就可以与房地产经纪公司签订房屋买方代理委托协议。

第二步，推荐房源。在接待中了解买方委托人的需求，根据客户的要求对房源进行筛选，找出适合客户的房源并推荐给客户。在介绍房源时要注意核实房源的真实性，不能提供虚假信息。

第三步，看房。这个步骤中首先要与客户约好看房时间，然后与客户一同实地看房。看房的目的是让委托人对房源状况有所了解，激发委托人对房源的购买兴趣，促成交易。

第四步，交易谈判。房地产经纪人要站在买方委托人的立场上，坚持诚信、公平、公正原则，协助或代理买方与卖方合理磋商价格，对双方的差异进行弥补，力争使双方达成一致。如果委托人对此房源不再有意向，经纪人就要重新为其寻找或推荐新的房源。

第五步，交易达成。双方协商一致后即可签订房屋交易买卖合同。房地产经纪人在此过程中要积极弥补双方的差异、解释合同内容、签署合同文本、促使交易成功。

第六步，物业交验。交易双方在房地产经纪人的协助下，进行物业交验。至此，整个交易才算完全结束。房地产经纪人与委托人结算佣金和相关费用。

2）存量房卖方代理业务流程

存量房卖方代理业务流程包括七个环节。

第一步，接待客户并获取信任。获得卖方委托权需要同卖方建立牢固的关系，经纪人可以通过展示销售业绩、团队力量、相关证书等方式取得卖方的信任。

第二步，搜集物业信息。在与卖方建立初步信任的基础上，通过与卖方面谈和房地产勘查，收集与卖方和房地产有关的信息，甄别出可做委托业务的房源，并与卖方建立友善关系。房地产勘察结束后，房地产经纪人要编制《房屋状况说明书》。

第三步，洽商议价。洽商议价通过描述当前的市场状况，使卖方能够确定房屋出售价格是一个有竞争力的价格，并能为卖方带来收益。经纪人要向卖方展示营销策略。

第四步，营销展示和签署委托书。营销展示是成功获得房源委托的关键一步，经纪人须熟练掌握委托营销工具，通过使用简单而专业化的表格，更加容易地实现超过顾客愿望的目标。当卖方信任房地产经纪人后，经纪人要与卖方签订《房地产销售委托书》。如果房地产经纪人要将房源发布在媒体上，需要得到卖方的书面同意。

第五步，寻找与筛选购房客户。寻找客户的重要步骤是对房源进行市场推广，而推广的前提是经纪人对买卖双方信息有充分把握。房地产经纪人的工作中心应转移到对购房者需求的把握和引导上，并在规定的时间内将有购房意向的客户清单反馈给业主。

第六步，展示房地产。带客户查勘房源，房地产经纪人要做好陪客户看房前的准备工作，包括安排看房路线、专业化展示房地产、观察客户反应、征询客户意见、解决客户的疑虑以及帮助客户做出最后的决定。

第七步，磋商成交。经纪人是在客户最终决策过程中担任引导的角色，提供优质服务，直至最后成交。成交后，房地产经纪人与委托人结算佣金和相关费用。

3）存量房出租和承租代理业务流程

存量房出租和承租代理业务的流程大体一致，只是在出租代理业务中，房地产经纪人应更注意出租房产权、质量、安全和环境方面的查验，而存量房承租代理业务中，房地产经纪人要注意搜集与承租者需求匹配房屋信息，考察承租人的支付能力。

第一步，客户接待。房地产经纪人获取客户出租房屋或承租房屋信息的途径包括电话咨询、到店咨询、互联网咨询或者手机信息。经纪人在获得客户咨询信息后，要了解客户需求，并根据客户需求对客户进行分类。

第二步，房屋租赁代理业务洽谈。当委托人已有初步委托意向时，房地产经纪人要与其进行业务洽谈。房地产经纪企业要与委托人签订房屋租赁代理合同，以保护双方的权益，避免纠纷。

第三步，房屋查验。这一步骤主要是针对房屋出租代理而言的。出租房查验内容主要包括出租房的实物状况、权属状况以及周边环境状况等。房地产经纪人通过房屋查验，结合房地产市场行情，特别是出租物业的租金价格水平，与出租方协商确定月租金额。房地产经纪人根据房屋查验结果编制《房屋状况说明书》。

第四步，信息搜集与传播。信息的传播主要是房地产经纪公司将委托出租物业的信息，通过报纸、经纪机构店铺门店广告、互联网、人员推荐等方式进行广告宣传。房地产经纪人传播房源信息需要经过委托人的书面同意后才能进行。对于承租委托代理而言，房地产经纪人应积极搜集与承租人租赁需求相匹配的房源信息。

第五步，陪同看房。无论是出租代理还是承租代理，房地产经纪人都要陪同委托人现场查勘房屋，并依据《房屋状况说明书》的相关内容向租赁方详细解释。

第六步，房屋租赁价格谈判及租赁合同签订。现场看房后，房地产经纪人要积极撮合租赁双方进行租赁相关事项的谈判，其中关键是协调租金价格。当租赁双方对租金价格表示满意，也对房屋状况表示认可后，租赁双方应签订房屋租赁合同。在租赁合同签订后30日内，房屋租赁双方当事人持有关部门证明文件到市、县人民政府房产管理部门办理登记备案手续。

第七步，佣金结算。房屋租赁代理收费，无论成交的租赁期限长短，均按半个月至一个月成交租金标准，由双方协商议定一次性计收。

4）存量房居间经纪业务流程

存量房居间经纪业务在整个业务流程方面与代理业务基本相似，但由于居间业务更多是撮合交易双方达成业务合作，是为双方共同服务的，所以在流程上存在一些特殊的地方。

首先，在客户接待环节，房地产经纪人的客户群体不仅包括买方，也包括卖方，经纪人的职责是促成买卖双方交易的顺利完成。而代理业务中，房地产经纪人根据自己的专业实力和经验，可能只接待一方客户，或是买方客户，或是卖方客户。

其次，居间业务与代理业务相比多了配对撮合这一步骤。配对是指将合适的房源和合适的客户进行匹配，为买方选择符合其需求的房屋，为卖方选择对应的购买对象。房地产经纪人要尽力撮合买卖双方达成交易，其立场是同时为交易双方服务。

最后，在委托合同签订环节，居间业务签订的是房屋居间委托合同，由交易双方和房地产经纪人三方共同签署，交易双方各负担一半佣金。

7.2 存量房地产的销售

7.2.1 存量房上市销售

1）存量房上市销售的条件

①以成本价从房管局购买的房屋可直接上市，若以优惠价从房管局购买，在补足成本

价后可以上市。

②以成本价从单位购买的住房，如与单位的购房协议中无特殊约定，可以直接上市；如与单位有约定，经单位同意可以上市。

③以标准价或优惠价从单位购买的住房，在补足成本价之后，经单位同意可上市。

④私产平房可直接上市。

⑤如购房时与单位无购房协议，则视同有协议，需经单位同意才可上市。

2）有下列情形之一的房地产不能上市交易

①未依法登记取得房地产权证书的。

②共有房地产，未经其他共有人书面同意的。

③权属有争议，尚在诉讼、仲裁或行政处理中的。

④司法机关或者行政机关依裁定、决定查封或者以其他形式限制房地产权利的。

⑤依法收回土地使用权的。

⑥法律、法规、规章规定不得转让的其他情形。

7.2.2 存量房销售方式及过户程序

1）存量房销售方式

（1）网上直销

通过房地产专业网站的二手房频道、报纸广告、电台房产节目的热线、自贴广告或亲戚朋友牵线等方式，买卖双方面对面接触进行直接交易，双方谈成价格便立即成交。由于房产是一种非常特殊的商品，房屋所处的区位、楼层、户型、面积、朝向、建筑年代、装修、周边环境、小区环境等因素，都会影响房价。即使各种因素都完全相同，房价也会因人而异。一般人难以准确把握市场行情。买卖双方直接交易，若未请评估公司进行评估，则很难达到双赢。更重要的是，直接交易往往缺乏第三者担保，也难以得到银行的贷款服务，从而降低了房产交易的安全系数。网上直销的方式虽不需花费额外的费用，但效率较低。

（2）拍卖

这是指以公开竞价的形式，将特定的房产转让给最高应价者的买卖方式。拍卖方式的最大特点是干净利落，成交后买卖双方都不得反悔，否则就要承担违约责任。采用拍卖方式交易，卖方可较快地变现房产，但这种交易方式的交易成本较高。《中华人民共和国拍卖法》规定，在拍卖成交以后，拍卖品的委托人、买受人都要付给拍卖人不超过拍卖成交价5%的佣金。由于司法拍卖后产权过户不受限购政策影响，所以限购城市里没有购房资格的客户可以司法拍卖的方式购置房产，俗称“法拍”购房。

（3）利用中介机构

卖房人将房产委托给房地产中介公司，由房地产中介公司凭借自身资源和优势来销售房产。目前房产中介市场良莠不齐，由于不能完全掌握中介公司的相关信息，买卖双方都有较大的风险，因此，通过中介买卖二手房，一定要委托规范的中介公司，有条件时可请律师陪同。相比之下，中介费用比拍卖佣金要低。

（4）竞价交易

这是指买卖活动公开进行，公众自愿参加，根据房主的叫价，由竞买人应价，在竞价周期内可更改，最后竞价最高者获得该房产。竞价交易最大的特点是竞价周期长（15天为一个周期）、透明度高。在竞价周期内，购房人有充分的时间思考，做出理性的判断。购房人的应价在15天的周期内还可以撤销。竞价交易透明度高，但竞价交易节奏较慢，不适合急于变现的卖房人。

2）存量房销售过户程序

存量房销售过户的基本程序为：

①卖方向代理机构提供房地产产权证明文件。

②与代理机构签署卖房独家委托代理协议书，卖方明确销售条件，在可能的情况下，提供该物业的钥匙。

③代理机构核实并确保待售物业的真实性、合法性。

④代理机构给物业做广告，带买家看房。

⑤代理机构寻找合适的买家，收取买家定金。

⑥卖方提供房产证原件、产权人的身份证明等。

⑦卖方收取定金。

⑧买卖双方签订《商品房买卖合同》，向产权部门递交过户所需的资料。

⑨买方付全款或按揭首付款给卖方，个别银行要求将首付款支付到贷款银行账户，连同按揭款一并支付给卖方。（如买方不付款，卖方也可以扣留税单，则买方不能缴税，过户即可中止）

⑩产权部门出具税单后，缴纳税费。同时，按揭客户出具委托第三方如中介方办理银行抵押的公证书（防止买方不协助办理产权银行抵押）。产权部门办理新的房屋产权证，设定抵押，银行付按揭款给卖方。卖方结清物业费、水电费、煤气费、电话费等并交房。

7.2.3 存量房销售的付款方式

1）买卖双方均为一次性付款购房

这是指出售物业的业主以一次性付款方式购得，而二手房买家也是以一次性付款方式购房。这是二手房销售中最简单的交易形式，交易中房产证及房款都不存在任何不便之处，只要双方交清房款，办理好房产证过户手续即可。

2）业主为一次性付款购房，买家以银行按揭方式购房

业主采用一次性付款方式购房，持有房产证。买家以按揭方式购房，需先与提供按揭的银行签贷款协议，经与按揭银行合作的评估公司评估后，确定买家可贷款额及年限。在房产过户后，业主可收到首付款。买家持房产证到银行办理按揭抵押手续，所贷款项由银行一次性付给业主。

3）业主以按揭方式购房，买家以一次性付款方式购房

当交易物业是由业主以银行按揭方式购买时，必须先付清业主的购房贷款余额，将房产证从银行赎出，才可将房产证拿到房地产交易中心办理过户手续。与第一种形式相比，多一道赎出手续。

4）买卖双方均以银行按揭方式购房

此种形式是存量房交易中最烦琐、最常见的形式。首先，业主需到按揭银行将房产证赎出（在业主资金不足的情况下，可与买家协商，由买家出资代为赎出。如买家也无力一次性支付余款，则可通过融资机构的介入来解决）。然后，买家与为其提供按揭服务的银

行签订贷款协议，经与按揭银行合作的评估公司评估后，确定可贷款额及年限。买家接下来的操作流程和上述第三种情形一样。

7.2.4 存量房交易风险及规避

1）交易风险的种类

（1）买方风险

①存量房性质上的瑕疵。

a.房产权有限制，如存在抵押、涉讼、被列入拆迁范围、土地使用权性质为集体或划拨等限制上市交易的问题。b.房产有承租人的，买方应注意到该承租人在同等条件下有优先购买该房屋的权利。c.房屋产权证上房屋用途的限定，如厂房没有政府部门批准就不能用于商业。

②卖方资质上的瑕疵。

a.卖方并非产权证上的所有人，也无所有人的授权。b.卖方虽是所有人之一，但未取得其他共有人同意。c.卖方持有的房产套数、年限影响后续交易税费的多少。

③存量房质量上的瑕疵。

a.住宅本身的质量瑕疵，如存在漏水、墙面开裂、下水道堵塞、电梯老化、装修陈旧、水压电压不足等情况。b.相邻关系上的瑕疵，如邻里之间存在公用面积纠纷、原居住人有过于复杂的社会关系等。

④存量房价格上的瑕疵。

a.二手房价格应为周边区域新建商品房市价的2/3左右，如过分高于此价格则存在贬值的风险。b.二手房售价中包含违章搭建部分的价款，但实际上这部分面积并未载入房产证。c.二手房存在未缴清的公共事业费、物业管理费等其他费用。

⑤存量房交付时的瑕疵。

a.买房时认定的有关装修设施发生变化。b.出售者拖延迁出户口造成买方户口无法迁入。

（2）卖方风险

①办理房屋产权转移手续后，买方拖延付款或拒绝付款。

②买方如采用贷款方式买房，可能存在未通过银行审查或是银行未能及时放贷的问题，结果将导致买方拖延时间付款或无力付款。

③买方支付首期房款后房屋风险转移前，房屋发生毁损造成无法交付，卖方将面临承担违约责任的风险。

2）存量房签约注意事项

购买存量房比买新建商品房更复杂，因其涉及的问题很多，还可能有一些不明的隐患。在签订存量房买卖合同时，买方应注意以下几个方面：

（1）核实房主身份

签订买卖合同的前提条件是买卖双方确认签约主体的真实性，主要是购房者核实房主的身份、业主证件的真实性和其与业主身份的一致性，尤其是在买卖双方自己进行交易而没有第三方作为居间担保的情况下，从而防止不法之徒伪造房主身份证和房屋产权证进行欺诈，最大限度地规避资金风险。房产交易属于大宗交易，买卖双方都希望交易过程安全稳妥，最有效的方法是委托资信好、品牌响、专业强的经纪公司承担担保责任，由其在中间验证双方的真实身份，确认房屋产权无纠纷，对双方行为进行制约。

（2）前期费用的结算

房屋是否有历史遗留问题，如欠费或有相应协议，是买方所应关注的房屋本身的附属问题，属于“房屋交付”中的重要条款；交接水电、煤气、物业、供暖等各项费用，明确时间是清晰划分责任的关键。如果是公房交易，物业和供暖等费用的交纳时间和标准、原房主的单位是否有既定要求和更改、卖方需要做出的配合和买方需要签署的协议等，也都应在合同中明确写明。

（3）维修基金

买卖双方通常会在合同中约定维修基金的结算方式，但有时过于笼统，只写“送”或者“不送”。事实上，房屋交接时还会遇到例外情况，即卖方尚未缴付维修基金或维修基金部分已经使用。由于买卖合同中约定不明确，卖方可以认为维修基金是“送”的，未缴部分或不足部分当然由买方自行缴付；而买方也可以认为，卖方应当足额缴付后，再将维修基金移至买方名下。交易双方在签订合同时，应当明确维修基金的结算数额。

（4）生活费用

水、电、煤气、电话、物业管理费等生活费用的结清手续一定要认真办理，物业交验马虎不得。这类纠纷在房屋交易中经常出现。由于双方疏忽，没有在房屋交接时对日常生活费用进行结算，买方入住后收到账单时才发现卖方欠缴大量费用，再回头找其结算时，原业主早已音讯全无，只好自认晦气，补缴欠款。虽然相对于房价来说这部分费用数额不大，但买方心理上仍旧无法求得平衡。物业清单应作为合同的附件，记录下水、电、气这三个表的具体数据，在交房时及时结清各项费用。

（5）附属设施的验收

一般来说，在交房时买方会对房屋附属设施、设备、装修及附赠家电、家具等事项进行验收，其中比较容易被忽视的是下水道堵塞和墙面渗水等问题。附赠的家电、家具要根据合同约定进行验收，建议在合同中明确所赠家具、家电的数量和品牌，也可以采用图像资料作为合同附件。

（6）明确付款过户的操作方式

购买存量房的付款方式由买卖双方协商决定，一般有一次性付款和按揭贷款两种方式。买卖双方的规避风险意识造成了“卖方不愿先过户，买方不愿先付款”的交易现状，在实际操作中买方可将房款分为首付和尾款两部分在不同时间段付给房主，而尾款的支付时间取决于房产过户的日期，因此买方有权知道房产的过户时间。

（7）延迟迁户的时间责任

按照通常的交易习惯，卖方应当在过户或交房前将户口迁出。由于子女就学等原因暂时无法迁入户口的，卖方会要求推迟户口迁出的时间，这时，双方应书面约定户口迁出的时间及违约责任。鉴于户口一般无法强制迁出，买方对户口迁出延迟问题应当采取慎重的态度。

（8）约定违约责任的偿付时间

这是买卖双方比较关心的合同条款之一。合同中应加入“买方在实际支付应付款之日起（卖方在实际交房之日起）____月内向卖方（买方）支付违约金”的条款，以确保合同条款的最终落实。

（9）补充协议

买卖双方在签订合同时如果遇到合同条款不明确，或需要进一步约定时，要在合同相关条款后的空白行或在合同后统一填写附加条款，将合同中双方的意思表示写明，以避免或减少在后续阶段因意思含糊而造成的不便与纠纷。

7.3 存量房地产的贷款办理和交易税费

7.3.1 存量房贷款

存量房贷款是指购房人以在住房二级市场上交易的楼宇为抵押，向银行申请贷款，用于支付购房款，再由购房人分期向银行还本付息的贷款业务。存量房贷款与商品房抵押贷款有很多不同。存量房抵押贷款中，借款人只能采取阶段性担保方式，并且存量房屋买卖双方办理房屋所有权转让和变更登记手续后，还要将过户后的房屋所有权证送交贷款银行办理抵押登记手续，在借款人未还清本息前，贷款银行负责收押《房屋产权证》。借款合同生效后，贷款银行根据借款人的委托将全部贷款资金划入售房人在银行开立的存款账户。

1）住房抵押贷款

目前我国个人住房贷款主要有四种形式：公积金贷款、住房抵押贷款、住房储蓄贷款、其他担保贷款。其中，公积金贷款为政策性贷款。**住房抵押贷款**为商业性贷款，俗称"按揭"，是指购房者购置房地产时，如果资金不足，可以将要买的房地产作为抵押品向银行申请的贷款，它是房地产信贷中的一种抵押担保方式。住房抵押贷款是售房者、银行和购房者三方之间的一种约定，约定购房者将其已预付部分购房款的全部权益作抵押，售房者为购房者按期偿清银行贷款作担保，在购房者不能按时履行债务时，银行有权处分抵押物并优先受偿。住房抵押贷款与其他贷款形式不同，其特征是：

①借款人（购买者）用购买的房地产作抵押向银行申请贷款，是银行提供贷款的最起码条件。房地产作为抵押品是债务人（购房者）按合同规定如期还款付息的担保物。

②借贷双方签订贷款合同的同时，要签订抵押合同及委托扣款协议。

③双方具有双重关系，即债权债务关系和受押出押关系。贷方既是债权人，又是受押人或抵押权人；借方既是债务人，又是出押人或抵押人。

④债务人不按期偿还本息，称为违约。在这种情况下，银行有权取消房地产的抵押赎回权，可以拍卖房地产，将所得的款项优先抵偿未偿还的贷款本息，剩余款项交还购房者。

2）住房抵押贷款要素

住房抵押贷款的成数、期限和利息是住房抵押贷款的三大要素。

（1）成数

银行通常不给购房者相当于房款百分之百的贷款，而要求购房者自己支付房款一定比例的现金，即首付款，其余的向银行申请贷款。**住房抵押贷款成数**是指贷款额与总房款的比率。目前在国内，一般一手房最高的住房抵押贷款成数为七成，也有个别银行为八成国外一些银行对于资信好的购房者，也有九至十成的；二手房一般的住房抵押贷款成数为六成。商业类的房地产贷款成数就更低，一般是五成或四成。

（2）期限

期限指住房抵押贷款分期偿还的期限。目前在国内住房抵押贷款一手房一般最高的期限为20年，也有个别银行为30年；二手房一般最高的期限为15年；商业用房为10年。贷款期限对于借款人有正负两个方面的影响：一方面，借款期限越长，借款者的利息负担越重，借款期限越短，利息负担越轻；另一方面，借款期限短，借款人每期偿还的债务金额相对就大。

（3）利息

借款人在借贷期限内不仅应当偿还贷款本金，而且应支付银行贷款利息，住房抵押贷款利率为银行同期贷款利率。住房抵押贷款利率目前有基于贷款基准利率的固定利率，也有基于报价利率即LPR而变化的浮动利率。

3）住房抵押贷款的基本条件与要求

（1）基本条件

①银行同意给予贷款额度。银行接受开发商的申请，同意给予所申请项目的住房抵押贷款额度（只针对一手房交易）。

②购房者有完善的购房手续。购房者与开发商或卖房业主签订房地产买卖合同，并支付首期购房款（其余的购房款可通过与银行办理住房抵押贷款手续，并由开发商或其他担保机构提供担保，向银行办理贷款）。

（2）购房人办理住房抵押贷款需要提供的资料以及条件

①个人身份证明：个人住房贷款对象为具有完全民事行为能力的自然人，具有常住户口或有效的居留身份。已婚提供配偶身份证及结婚证明，未婚提供未婚证明。

②个人收入证明：收入证明可证明购房人有稳定的收入，信用良好，有按期偿还贷款的能力。

③住房抵押贷款申请书。

④房产权属证明复印件（主要指房产证）。

⑤房地产买卖合同及首期付款收据。

⑥抵押承诺书。

⑦过户后新的房产证原本。

⑧买卖双方在借款银行开立的银行账号。

⑨上述资料的原件及复印件。

⑩担保手续。有银行认可的资产作为抵押或质押，或有足够代偿能力的单位或个人作为借款保证人。目前自按揭一般不需要担保手续。

⑪评估报告。所购住房价格基本符合银行或银行委托的房地产评估机构的评估价值。

（3）约定贷款的条件

银行、售房者和购房者三方之间约定的条件有：

①售房者和购房者签订的商品房买卖合同（预售或现售）。

②银行与售房者、购房者签订的借款合同（有的签订住房抵押贷款合同、委托扣款协议）。

③银行与售房者签订的住房抵押贷款承诺书。

借款合同（住房抵押合同）是售房者、购房者和银行签订的用以规定银行向购房者提供住房抵押贷款过程中三方权利义务的协议，是购房者获得住房抵押贷款的关键性法律文件。合同包括贷款金额、期限、利息、划款方式、还款原则、还款总期数、还款方法、还款方式、提前还款、延长还款期限、抵押物的保险、担保责任、各方权利与义务、特别约定等内容。例如：

①抵押期间，未经贷款银行同意，抵押人不得将抵押物转移、出租、变卖或馈赠。

②借款人不具有足够的清偿债务能力时，可提出由贷款银行认可的第三方提供不可撤销的全额有效担保。

③保证人是法人的，必须具有代为偿还全部贷款本息的能力，且在银行开立有存款账户。保证人为自然人的，必须有固定的经济来源，具有足够代偿能力，并且在贷款银行存有一定的保证金。

④保证人与债权人应当以书面形式订立保证合同。保证人发生变更的，必须按照规定办理变更担保手续，未经贷款银行认可，原保证合同不得撤销。

⑤在借款合同执行期间，抵押人不得以任何理由中断或撤销保险，否则贷款银行有权代为投保，一切费用由抵押人承担。

⑥偿还贷款采取先还息后还本，按月等额还款的办法。

4）住房抵押贷款还款计划

住房抵押贷款可分为等额偿还、不等额偿还的住房抵押贷款，也可分为定期偿还的住房抵押贷款、不定期偿还的住房抵押贷款。下面介绍最常用的等额偿还的住房抵押贷款方式：

（1）等额偿还的住房抵押贷款方式

等额偿还的住房抵押贷款方式是指利率和月偿还额在一定的年限里保持不变的住房抵押贷款偿还方式。大多数的住房抵押贷款是以等额偿还的方式进行的。这种方式一经计算确定就保持不变，操作简单，购房者对每次该还的贷款本息心中有数，也有利于银行操作。

等额偿还的住房抵押贷款方式的缺陷：

①利率变化的风险。这对借贷双方都存在。利率降低对借款人不利，利率提高则对贷款人不利。10～20年的住房抵押贷款，时间很长，利率变化难免。因此，对借贷双方都有较大的风险。

②借款人前期压力大。人们通过住房抵押贷款买房，主要是因为钱不够，而等额偿还的住房抵押贷款方式，不仅要支付首期款，还要每月偿还本息，给购买者尤其是年轻人带来的资金压力很大。

（2）等额偿还的计算公式

①等额本息均还法，即甲方按月以相等的金额（月供）偿还贷款本息。

$$每月还款额=\frac{月利率\times(1+月利率)^{还款总期数}}{(1+月利率)^{还款总期数}}\times 贷款本金$$

②等额本金还款法，即每月等额偿还本金，贷款利息随本金逐月递减。

$$每月还款额=\frac{贷款本金}{还款总期数}+(贷款本金-累计已还本金)\times 月利率$$

这两种还款方法的不同之处就是前者借款人支付的总利息要比后者多，因为第一种方法中，每笔还款额是先还利息再还本金，本金还得慢，计息基础就高；而第二种方法中，每笔还款额是先还本金，再还利息，本金还得快，计息基础就低，所还的总利息就低。此外，由于每次还款额是下降的，对于收入逐步增加的年轻人来说，尽管付出的总利息高，但是第一种方法更适合他们的实际情况。

经纪人在为购房者进行服务时，应帮助其制订住房抵押贷款和还款计划，通过多种还款计划的计算与比较，根据购房者的支付能力，帮助其确定一种理想的住房抵押贷款成数与贷款年期。在制订住房抵押贷款计划时，一般都按照贷款银行提供的住房抵押贷款等额还款月供系数进行计算，表7-1是可供参考的月供款系数表。

表7-1 个人贷款每万元月供款表 金额单位：元

期限（年）	期数	个人住房商业性贷款		个人住房公积金贷款		商业贷款	
		年利率（%）	月供款额	年利率（%）	月供款额	年利率（%）	月供款额
1	12	4.77	855.02	3.60	849.67	5.31	857.50
2	24	4.77	437.68	3.60	432.47	5.49	440.91
3	36	4.77	298.68	3.60	293.46	5.49	301.91
4	48	4.77	229.25	3.60	224.01	5.58	232.93
5	60	4.77	187.66	3.60	182.37	5.58	191.38
6	72	5.04	161.23	4.05	156.68	5.76	164.60
7	84	5.04	141.53	4.05	136.92	5.76	144.94
8	96	5.04	126.79	4.05	122.13	5.76	130.25
9	108	5.04	115.37	4.05	110.64	5.76	118.87
10	120	5.04	106.26	4.05	101.48	5.76	109.82
11	132	5.04	98.84	4.05	94.01	5.76	102.45
12	144	5.04	92.69	4.05	87.80	5.76	96.35
13	156	5.04	87.51	4.05	82.56	5.76	91.22
14	168	5.04	83.09	4.05	78.08	5.76	86.85
15	180	5.04	79.29	4.05	74.22	5.76	83.09
16	192	5.04	75.98	4.05	70.85	—	—
17	204	5.04	73.08	4.05	67.90	—	—
18	216	5.04	70.52	4.05	65.28	—	—
19	228	5.04	68.25	4.05	62.95	—	—
20	240	5.04	66.22	4.05	60.86	—	—
21	252	5.04	64.40	4.05	58.98	—	—
22	264	5.04	62.75	4.05	57.29	—	—
23	276	5.04	61.27	4.05	55.75	—	—
24	288	5.04	59.92	4.05	54.34	—	—
25	300	5.04	58.69	4.05	53.06	—	—
26	312	5.04	57.57	4.05	51.88	—	—
27	324	5.04	56.54	4.05	50.80	—	—
28	336	5.04	55.60	4.05	49.81	—	—
29	348	5.04	54.73	4.05	48.88	—	—
30	360	5.04	53.93	4.05	48.03	—	—

注：月供系数由贷款银行提供，随着银行利率调整而调整，本表系数为等额还款法。

月偿还本息额（月供）=贷款金额÷10 000×月偿还金额

【实战演练7-1】

一套总价为350 000元的住宅，购买方选择七成15年的个人住房商业性贷款付款方式，需要贷款245 000元，每月偿还本息的总金额按上述公式计算如下：

245 000÷10 000×79.29=1 942.6（元/月）

为了计算和支付方便，通常将月还款尾数加入首期付款之中。

（3）计算贷款余额

等额还款的抵押贷款中，计算每月还款额的基础是“贷款期间，每月还款额的现值之和等于贷款本金”，即：

$$贷款余额=每月还款额\times\frac{(1+月利率)^{还款总期数}-1}{月利率\times(1+月利率)^{还款总期数}}$$

如一笔10万元、20年期、年利率为12%的本息均还法的抵押贷款，为了计算10年后的贷款余额，只需要在利率表中找到利率12%、20年的现值因子，即90.819416，然后将它乘以月供1 028.6元，就可以知道10年后一次性还清银行贷款的贷款余额数为93 416.85元。

5）存量房贷款操作流程

购买存量房按揭贷款的手续复杂，可以主要概括为以下操作流程：

①确定按揭服务公司和贷款方案。借款人在办理贷款前首先需要与中介确定按揭服务公司，并向按揭服务公司提出贷款咨询，确定贷款方案。

②查询公积金（如需公积金贷款）。与卖方确定购房意向后，借款人提供公积金账号，由按揭服务公司进行公积金查询，确定可贷款的金额和贷款年限。

③签订房屋买卖合同。借款人与卖方签订房屋买卖合同。

④准备贷款资料，审核贷款资质。按揭服务公司协助借款人按照银行要求准备贷款资料，有的房屋需要由指定的评估公司进行房价评估，并且由按揭服务公司进行初步审核。

⑤签贷款协议、公证、保险。按揭服务公司将初审后的贷款资料交贷款银行审核，通过后，按揭服务公司将安排借款人与银行签订贷款协议和办理协议公证，同时收取费用，包括房屋保险费等。

⑥办理房屋过户和抵押手续。借款人到房屋所在区的交易中心办理房屋过户和抵押手续，并将抵押收件收据通过按揭服务公司交给贷款银行。

⑦银行第一次放款。银行在收到借款人的抵押收件收据后，按揭服务公司将借款人所贷金额的90%发放给借款人。

⑧办理房产证和抵押证明。借款人办理房产证和他项权利证明后，按揭服务公司将借款人的房产证复印件和他项权利证明交给银行。

⑨银行第二次放款。银行在收到借款人的房产证复印件和他项权利证明后，按揭服务公司将所贷金额余下的10%发放给借款人。

6）抵押贷款手续所需费用

由于各地住房抵押手续所需费用有所不同，在计算这笔费用时，应当以当地的为准。例如，深圳的住房抵押手续费用如下：

①财产保险费，即总房款×贷款年期×0.1%×50%。

②公证费，即贷款额×0.03%。

③抵押登记费，100元。

7）抵押贷款注意事项

抵押贷款对借款人来说是件好事，但存在一定风险，借款人应当具有风险意识，注意防范住房抵押贷款的风险。具体风险防范措施如下：

（1）无力继续偿还贷款本息

购房者有可能在住房抵押贷款购房的还款期内出现经济困难，一时难以偿还住房抵押贷款的本息。因此，在申请抵押贷款时，借款人应该对自己目前的经济状况与未来的还款能力做出正确的判断，根据自身条件选择合适的贷款额度、还款年期与还款方式，并留有一定的余地。

（2）房屋贬值风险

导致房屋贬值风险的因素很多，有政治动荡、经济危机、自然灾害等不可抗力因素，也有人为灾害与质量因素。对抵押房屋进行财产保险是防范这种风险的主要措施，对银行和购房者都有必要。

（3）利率变化风险

未来利率会发生怎样的变化是难以预料的，借款人要有所准备。

（4）房屋处理风险

房屋处理过程中，银行为尽快收回自己的贷款，很可能不顾购房者的利益低价拍卖房屋。购房者在签订住房抵押贷款合同时应当注明监督权。监督权包括对拍卖底价的认可、招标活动的参与、公告发布问题、估价单位的选择、估价拍卖费用等。

7.3.2　存量房交易的相关税费

1）存量住房买卖过户相关税费

①增值税。税率为5%，增值税附加税包括城建税、教育费附加和地方教育附加，共计为增值税的12%，卖方缴纳。

2017年3月24日，国务院公布了《关于全面推开营业税改征增值税试点的通知》，营改增试点的细则正式亮相。增值税与营业税的不同在于，增值税的计算需要把含税部分剔除，而简易征收方式不需要计算进项税和销项税，其计算公式为：增值税=含税销售额÷（1+征收率）×征收率。细则还明确，个人销售购买所得的住房，按5%的征收率简易计增值税，税负为4.76%。原营业税的优惠政策也继续沿用，即对北京、上海、广州和深圳之外的城市，规定个人将购买不足2年的住房对外销售的，按照5%的征收率全额缴纳增值税；个人将购买2年以上（含2年）的住房（无论是否普通住宅）对外销售的，免征增值税。对北京、上海、广州和深圳4个城市，规定个人将购买不足2年的住房对外销售的，按照5%的征收率全额缴纳增值税；个人将购买2年以上（含2年）的非普通住房对外销售的，以销售收入减去购买住房价款后的差额按照5%的征收率缴纳增值税，其计算公式为增值税=（含税销售额-购买住房价款）÷（1+征收率）×征收率；个人将购买2年以上（含2年）的普通住房对外销售的，免征增值税。

②个人所得税（税率交易总额2%或两次交易差的20%，卖方缴纳）。征收条件为以家庭为单位出售满5年的唯一住房无需缴纳个人房转让所得税，任何一个条件不满足都必须缴纳个人所得税。如所售房产是非住宅类房产则不管什么情况都要按照交易总额缴纳个人所得税，交易总额和评估价（课税价）中选择较高的一个作为征税依据。差额征收的差

额计算=［售房收入－购房总额－契税－（增值税及附加）－印花税］×20%；若出售5年之内的房改房或经济适用房：（售房收入－经济房价款－土地出让金－合理费用）×20%。其中经济适用房价款=建筑面积×4 000元/平方米，土地出让金=1 560元/平方米×1%×建筑面积。

③印花税。税率为0.1%，买卖双方各半，从2009年起国家暂免征收。

④契税（基准税率为3%，个别城市如长沙市为4%，优惠税率为1.5%和1%，由买方缴纳）。契税征收方法：按照基准税率征收交易总额的3%，若买方是首次购买面积不足90平方米的普通住宅，缴纳交易总额的1%，若买方首次购买面积超过90平方米（包含90平方米）的普通住宅则缴纳交易总额的1.5%。

⑤土地增值税（为交易额的6%或者差价的30%~60%的差额累进税率，卖方缴纳），住房暂时免征，商业及工业等地产则征收。

⑥其他税费，如交易手续费、房产证和土地证工本费、配图费、贷款手续费和中介费等费用根据各城市政策或市场行情据实结算。

2）存量房赠与过户

免征个人所得税，不论房产什么情况都需要征收全额契税和印花税。

①继承房产交易过户和析产都不需缴税。

②拍卖房产以及商业用途房产过户。a.成交价3%的契税；b.成交价0.05%的印花税；c.成交价的6%或者差价30%~60%的土地增值税；d.差额的5.6%的增值税及附加；e.成交价的2%或者差价20%的个人所得税；f.其他同住宅，如不动产登记费550元/本。

延伸阅读7-1

《纳税人转让不动产增值税征收管理暂行办法》

【案例分析7-1】

符合普通住宅标准的案例

几年前，王先生在北京某地购买了唯一套建筑面积为100平方米的商品普通住宅，当时购房价格为20 000元/平方米，其房屋购买总价为200万元。2019年，李先生要将这套房产以50 000元/平方米出售，售房总价为500万元。王先生应该缴纳的税费是多少呢？

①若王先生持有房产的时间在2年之内。

增值税及附加=5 000 000÷（1+5%）×5.6%=2 66 667（元）

个人所得税=（5 000 000−2 000 000−2 000 000×1.5%−266 667）×20%

=2 703 333×20%=540 667（元）（为方便比较，按照差额进行个税缴纳）

在剔除相关的税费后，王先生的售房净收入为2 192 666元。

②若王先生持有房产的时间在2年以上5年以下。

根据有关规定，持有房产在2年以上5年以下的，出售房屋时增值税及附加均可以免缴，但仍需要缴纳个人所得税。

个人所得税=（5 000 000−2 000 000−2 000 000×1.5%）×20%=2 970 000×20%=594 000（元）

此时，王先生的售房净收入为2 406 000元，相比2年内出售增加了213 334元。

③若王先生持有房产的时间在5年以上。

这种情况不涉及现行政策下的任何税费，则其售房净收入为3 000 000元，相比2年内出售的收益将增加807 334元。

【案例分析7-2】

二手经济适用房案例

某甲于2010年在长沙市购买了一套120平方米的经济适用房，假设房屋原值为50万元。后来某甲在长沙某处另外购置了住房，2019年他将该房产以140万元出售给某乙。根据政策规定，满五年但不是唯一房产的经济适用房出售时也要缴纳个人所得税。甲乙的税费具体为：

①甲转让房屋需要缴纳的税费。

土地收益金：1 560×1%×120=18 720元

个人所得税=1 400 000×2%=28 000元

甲所需缴纳的税费总额为46 720元。

②乙受让房屋需要缴纳的税费。

由于该套房屋符合普通住宅的条件，因此其契税按1.5%的优惠税率征收。

契税=成交额×1.5%=1 400 000×1.5%=210 00（元）

乙所需缴纳的税费总额为21 000元。

本章小结

本章详细介绍了存量房地产市场，也就是“二手房”市场的内容和买卖程序。对二手房的交易做了比较全面的介绍，对住房抵押贷款也有详细的叙述。二手房市场的抵押贷款和相关税费的介绍，主要是抵押贷款的设计和注意事项，对二手房的交易中贷款计划的设计有很大的实际指导作用。税费各地有不同规定，具体运用时，经纪人要结合从业地区的实际情况灵活运用。

关键概念

存量房地产　完好房　基本完好房　一般损坏房　严重损坏房　危险房　住房抵押贷款　住房抵押贷款成数

基础知识练习

△ 选择题

1）吴先生为一事业单位在职职工，现有存款60万元，家庭月收入为18 000元，日常支出约为8 000元。现看中一套价值140万元的房子，准备购买。公积金中心最高贷款额为60万元。吴先生的置业投资顾问提出吴先生不可以采取的住房贷款形式是（　　）。

A.公积金贷款　　B.单位集资

C.住房储蓄贷款　　D.住房抵押贷款

2）核实产权最直接的方式是（　　）。

A.到房地产产权登记部门核实　　B.请鉴定机构鉴定

C.请开发商核实　　D.请公证机关公证

3）抵押贷款的风险不包括（　　）。

A.无力继续偿还贷款本息　　B.房屋贬值风险

C.利率变化风险　　D.房屋产权不完整风险

4）下列关于房地产转移时的权属关系说法错误的是（　　）。

A.房地产转移时，土地使用权出让合同规定的权利和义务同时转移

B.转让人对同宗土地上的道路、绿化等拥有的权益同时转移

C.房地产商品转移时，停车场、广告权益等同时转移

D.房地产的投资风险责任，产权转移前由转让人承担，产权转移后由受让人承担

△ 简答题

1）简述办理房地产交易手续的有关程序与手续。

2）结合所在从业地区的规定，如何计算房地产转让税费？

3）什么是住房抵押贷款？它的特点、基本条件与要求有哪些？

4）如何帮助客户选定一个理想的贷款还款计划？

5）简述等额偿还抵押贷款的余额计算方法。

实践操作训练

△ 案例题

不符合普通住宅标准的案例

以北京的非普通住宅标准为例，如朱先生在团结湖有一套150平方米的3居室商品房，2019年10月以70 000元/平方米的市场价格出售此套房屋，房屋总价为1 200万元。若干年前购买价格为65 000元/平方米，原售房价为975万元。按现在的政策，朱先生应缴税费如下：

①若朱先生持有房产的时间在2年之内。

增值税=1 200÷（1+5%）×5%=631 570万（元）

增值税及附加=631 570×12%=75 790（元）

个人所得税=（12 000 000−9 750 000−9 750 000×1.5%−631 570−75 790）×20%

=1 396 390×20%=279 278（元）

在剔除相关的费用和税费后，朱先生的售房净收入为1 117 112元。

②若朱先生持有房产的时间在2年以上5年以下。

增值税=（12 000 000−9 750 000）÷（1+5%）×5%=118 421万（元）

增值税及附加=118 421×12%=14 210（元）

个人所得税=（12 000 000−9 750 000−9 750 000×1.5%−118 421−14 210）×20%

=1971 119×20%=394 224（元）

此时，朱先生的售房净收入为1 576 895元，相比2年内出售增加了459 783元。

③若朱先生持有房产的时间在5年以上但不是家庭唯一房产。

朱先生只需要缴纳个人所得税：

个人所得税=（12 000 000−9 750 000−9 750 000×1.5%）×20%=2 103 750×20%=420 750（元）

此时，朱先生的售房净收入为1 683 000元，相比2年内出售增加了106 105元。

④若朱先生持有房产在5年以上且是家庭唯一房产。

朱先生不需要缴纳任何税，此时，朱先生的售房净收入为2 250 000元，相比非唯一住房出售增加了567 000元。

问题：这个案例中的买家要支付多少税费呢？

△ 实训题

［实训情境设计］

长沙的王先生现年40岁，准备购买第二套135平方米的住房，其家庭月收入约19 000元，房屋成交单价为每平方米14 500元。

［实训任务要求］

请给王先生提交一份包含10年、20年还款期的按揭计划书和按揭应该提供的资料清单。

［实训提示］

结合表7-1和王先生的实际收入制作按揭计划书。

［实训效果评价］

将实训效果量化，参照表7-2进行评价。

表7-2　　按揭计划书实训效果评价表

评价内容	分值（分）	评分（分）
按揭计划书的准确性	40	
资料清单的期权与准确性	30	
按揭计划书的可操作性	30	
实训效果总体评价	100	

注：考评满分为100分。60分以下为不及格；60～69分为及格；70～79分为中等；80～89分为良好；90分以上为优秀。

第8章

房屋经纪业务管理

学习目标

通过本章的学习，了解房地产经纪业务的范围；熟悉与房屋租赁居间业务有关的内容、业务特点、操作程序与手续以及注意事项；熟悉房地产其他居间业务有关的内容和业务特点；掌握其他经纪业务的客源管理、房源管理和从业技巧。

引　例

张某通过某中介公司在某市中心选中了一套房子，房价为95万元，该套房子正在银行抵押中，应房主要求，张某先交给其50万元偿还银行贷款。而房主却把房产证、身份证留在中介公司拿着钱跑了！后经查实，房产证、身份证都是假的，原来此人是通过假证件租了真房主的房子，再伪造证件委托中介公司卖房，拿到部分房款后消失了。

张某认为，中介公司没有审查卖房人证件的真伪，他的损失应由中介公司承担。中介公司则辩称，现行的房产证防伪措施不够，他们也很难辨别真假，而核查身份证又需要专门设备，中介公司也缺乏此设备。

最后法院判决：中介公司并不存在故意隐瞒重大事项，隐瞒这个产权证是虚假的，即不存在提供虚假情况，故中介公司不承担全额的赔偿责任。但在履行职责的过程中，中介公司未尽到谨慎的审查义务，在证件的形式要件审查过程中存在漏洞，应承担相应的赔偿责任，判决中介公司赔偿原告张某经济损失人民币15万元。

8.1 房屋租赁的居间服务

房屋租赁是指房屋所有权人或房屋委托代管人将房屋出租给承租人使用，房屋所有权人或委托代管人为出租人，由承租人向出租人支付租金，并在租赁关系终止后，将房屋返还给出租人的行为，也包括房屋所有权人以房屋使用权，参与公民、法人或其他组织的生产、经营、生活、消费等活动和从事房屋租赁经营服务的行为。出租的房屋包括住宅、商业用房、办公用房、厂房仓库及其他用房。

房屋租赁居间服务的业务流程包括接洽、委托、推广、接待、看房、办理手续等几个步骤。房屋租赁居间业务操作流程如图8-1所示。

8.1.1　租赁居间业务

1）招租居间业务

房屋招租是由业主委托经纪机构通过发布信息，招引租户前来洽谈租用。有的出租房屋规模较大，需要营造物业环境，创造相关条件以吸引租户。

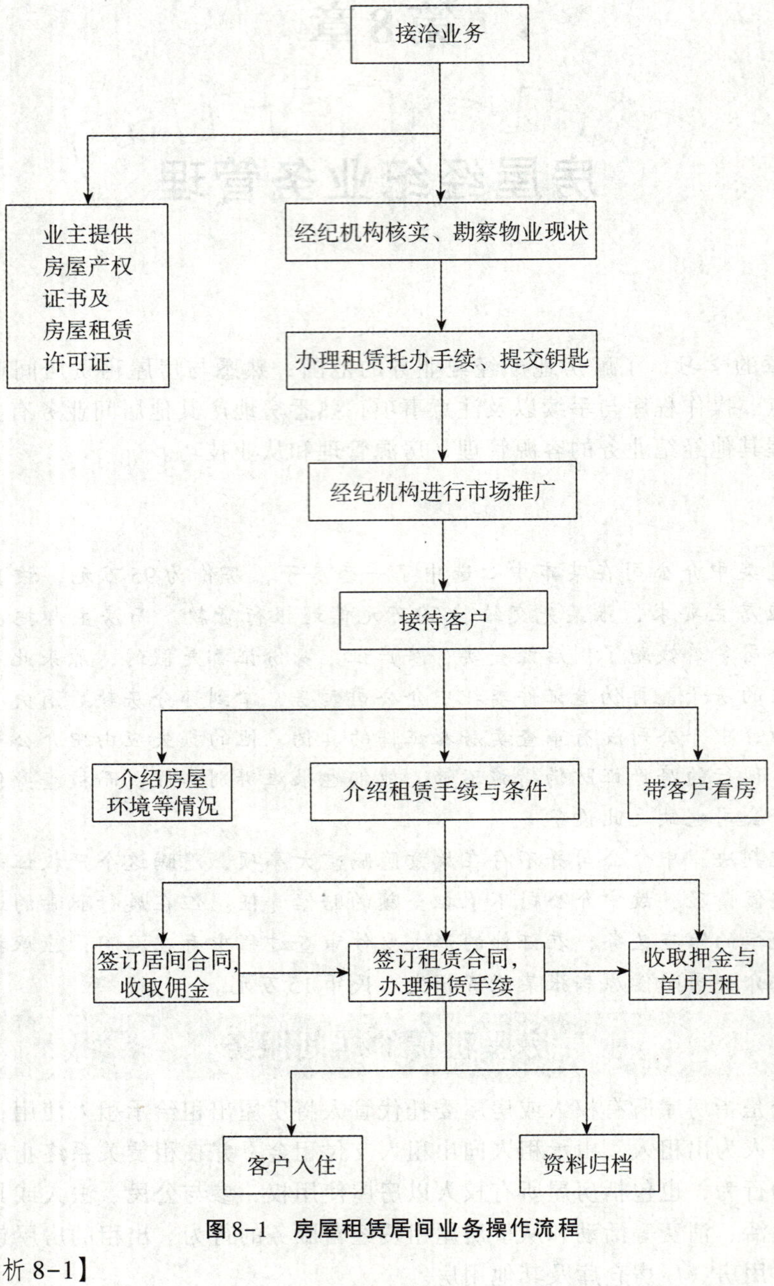

图 8-1　房屋租赁居间业务操作流程

【案例分析 8-1】

招商出租案例

某大型商场建成使用后，由于该片区商业环境不理想，业主不善经营，导致出租情况较差，空置量大。某经纪公司接受业主委托，在对该商场有关情况进行充分调研后，开展招商策划，将该商场定位为女性零售主题商场。通过包装改造，营造商场氛围，再进行广告宣传、市场推广和招商，仅一个月时间，就将商场摊位全部散租出去。

分析：随着市场的变化，很多商业业态发生很大的变化，由专业团队对商业进行重新定位是旧商业获得重生的重要手段，运营团队的经验与实力是商业今后持续经营的关键。

2）代租代管

代租代管是指业主将自己拥有的物业委托经纪机构代租代管，经纪机构代业主出租，所得租金扣除应得佣金之后交给业主，房屋空置的市场风险由业主承担。对于比较好租的房屋，业主不给佣金，佣金由承租人支付给经纪机构。

8.1.2 接受委托

房地产经纪人通过市场信息的传递，与出租业主或承租客户建立联系后，需要与对方接洽并达成协议，接受委托，再进一步开展租赁活动。在与出租业主接洽之前，应事先了解该物业的基本情况与业主的意图，例如，是大面积整租还是散租，采取什么形式出租，租金水平如何等。房地产经纪人在办理房地产租赁委托时，也要向业主介绍从业地区房地产租赁的有关规定、操作流程和相关手续等。

1）房屋出租委托

房地产经纪人接受房屋出租居间业务，要与房屋出租人建立长期的业务关系，对房屋出租人也应当有所了解，接受委托后应当进行勘查核实，认为房屋具备出租条件后，明确租赁价格和相关条件，即经纪人与出租方是代理关系还是居间关系、租赁服务佣金由谁支付、按什么标准收费，然后签订委托合同。

2）承租委托

房屋承租人是指在城市规划区范围内，向房屋所有权人或管理人租赁房屋从事生产、经营、办公、生活等，并向房屋出租人支付租金或收益的公民、法人或其他组织。

经纪人在与承租人接触后，应当了解承租人的身份与租赁用途，并有义务向承租人明示，承租房屋不得从事不符合公安、环保、卫生等部门有关管理规定的生产、经营活动，或进行其他违法犯罪活动。

经纪人与承租人签订看房意向书后，带客户看房，与客户洽谈确定租用后，签订租赁委托书，预付租赁保证金。

8.1.3 查勘核实

1）核实出租房屋资料

①业主产权证或文件，核实原件后，留下复印件。如果是共有产权，须提供共有人同意出租的证明。

②房屋租赁许可证，核实原件后，留下复印件。

③填写房屋状况表。

2）现场查勘

经纪人在进行现场勘查时，要注意了解房屋周边的环境情况，包括社会治安和交通状况。在进行室内勘查时，要注意查看是否有安全隐患。对于房屋设施设备的配备、室内装修等方面的情况也要核实清楚。

3）不能接受委托的出租业务

按照政府有关规定，下列房屋不得出租：

①房屋所有权权属有争议的。

②不能依法取得房屋所有权证的。

③未取得租赁房屋治安责任保证书的。

④未取得房屋租赁许可证的。

⑤共有房屋未取得共有人同意的。

⑥经通知列入城市规划拆迁范围，拆迁人与被拆迁人已签订产权补偿协议的。

⑦办理抵押登记，未经抵押权人同意的。

⑧属于违法建筑的。

⑨不符合使用安全标准的。

⑩不符合环保、卫生等管理部门有关规定的。

⑪其他依法禁止出租的。

对于上述房屋，房地产经纪人应当要求房屋出租人先完善手续或处理好有关问题，再进行出租。

4）房屋出租人不得将房屋出租给下列人员

①无民事行为能力的。

②无合法有效证明的。

③用出租房屋进行违法犯罪活动的。

④其他依法禁止的。

房地产经纪人不得为上述人员提供租赁居间服务，并有义务提醒房屋出租人不得将房屋出租给上述人员。

8.1.4 市场推广

经纪人进行租赁居间业务的市场推广，通常采用户外广告和报纸、电视、互联网等形式发布信息。如果出租房屋的面积较大，可针对目标客户进行专项广告宣传，并采取多种措施进行推广。

8.1.5 洽谈签约

房地产经纪人在租赁双方进行房屋租赁洽谈时，应当把出租房屋的现状、环境、条件、相关配置、租金、押金、其他费用等情况，如实向承租人说明；把承租人的要求向出租人转告，并进行协调，促成交易。

租赁双方签订租赁合同书，承租人交付租赁押金和首月租金，预付的租赁保证金转为房地产经纪人租赁居间业务服务佣金。许多城市都有统一的房屋租赁合同文本。

1）租赁合同应当具备以下条款

当事人姓名或名称及住所；所租赁房屋的基本情况，包括坐落位置、面积、装修及设施等；租赁用途，押金、租金及交付方式，租赁的期限；维修责任与装修约定；转租的约定，双方当事人的权利与义务；租赁合同变更或解除的条件；违约责任；双方当事人约定的其他条款。

2）终止合同的条件

租赁双方在签订租赁合同书时，房地产经纪人有义务告诉租赁双方注意，有下列情形之一的，房屋出租人有权终止合同，收回房屋，因此而造成损失的，由承租人赔偿：房屋承租人擅自转租、转让、转借或擅自调换使用房屋的；房屋承租人擅自改变房屋结构、用途的；房屋承租人累计拖欠房租6个月以上的；房屋承租人利用承租房屋进行违法活动的；房屋承租人故意损坏承租房屋的；违反法律规定的其他情形。

8.1.6 租赁登记手续

根据规定，我国对房屋租赁实行许可制度和租赁合同登记备案制度，城市房屋租赁按照规定的相关程序办理，租赁双方的利益才能受到法律的保护。各个城市对房屋租赁管理都有其具体的要求，经纪人在协助客户办理房屋租赁手续时，应协助处理租赁过程中的一些相关事务。

1）办理房屋租赁许可证

房屋所有人或经房屋所有人同意将所承租的房屋再转租的房屋承租人，要持房地产产权证明书到房屋租赁管理部门办理房屋租赁许可证。

2）租赁登记

房屋租赁当事人应当在租赁合同签订后，在规定的日期内，持有关规定的文件到房地产管理部门办理登记备案手续。申请房屋租赁登记备案应当提交下列文件：房屋租赁许可证；房屋租赁合同；承租人的身份或法律资格证明；城市人民政府规定的其他文件；出租共有房屋，还须提交其他共有人同意出租的证明；出租委托代管房屋，还须提交委托代管人授权出租的证明（境外人士要进行委托公证或认证）。有的城市要求房屋出租人出租房屋后，必须到房屋所在地公安机关登记，签订租赁房屋治安责任保证书；有的城市对经登记出租的房屋颁发房屋租赁证，作为承租人生产、经营或办理户口登记的合法凭证之一。

3）缴纳税费

由于各个时期或各个地区的税费率各有不同，一般包括房产税、增值税及附加等。税费的计算一般以当地房地产登记部门、税务部门或相关部门规定的为准。房地产经纪人应当熟悉当地的租赁税费种类和计算方法，在从事租赁业务时应向客户讲清应纳税费种类及税费率，并协助计算税费，明确租赁双方的分摊税负的原则和具体税种数额，协助租赁双方到租赁管理部门办理租赁登记和缴纳税费。

4）相关事务

房地产经纪人在租后服务方面的相关事务包括：协助理顺房屋使用有关费用的支付，如物业管理费、水电费、电话费、煤气费等；协助出租人联系装修公司、清洁公司及相关单位，对出租屋进行清理、修整、配置等方面的处理；协助承租人联系搬家公司、小孩就学等。

8.1.7 注意事项

房屋租赁双方的连带关系受租赁合同约束，并受租赁期所限直至合同解除，期间可能会发生一些变化。房地产经纪人在促成双方交易的同时，有义务向各方提示应当注意的事项。

1）房屋出租人须知

房地产经纪人在与房屋出租人接洽时，有义务告诉房屋出租人注意下列事项：

①房屋出租人不妨碍房地产所有权的转移，房屋出租人出售所租房屋应当先征求房屋承租人意见，在同等条件下房屋承租人有优先购买权。承租人放弃优先购买权的，房屋受让方作为新的房屋出租人继续履行原租赁合同。

②房屋出租人在租赁期限内死亡的，其继承人应该继续履行原租赁合同。

③房屋出租人有权对承租人使用房屋的情况进行监督，但不得对承租人正常、合理使用房屋进行干扰或妨碍。

④房屋出租人应按合同约定的责任负责检查、维修房屋及其设施，保证房屋安全。

2）承租人须知

房地产经纪人在与承租人接洽时，有义务告诉房屋承租人注意下列事项：

①承租人应当爱护并合理使用所承租的房屋及附属设施，不得擅自拆改、扩建或增添。确需变动的，必须征得出租人的同意，签订书面合同，报经有关管理部门批准。因承租人过错造成房屋损坏的，由承租人负责修复或者赔偿。

②房屋承租人在租赁期间死亡的，与其生前共同居住的人可以按照原租赁合同继续租赁该房屋。

③房屋转租，应当订立书面转租合同。转租合同必须经原出租人书面同意，并到房屋所在地的县级以上房产行政管理部门办理登记备案。转租合同的终止日期不得超过原租赁合同规定的终止日期，原出租人与转租双方协商约定的除外。转租合同生效后，转租人享有并承担转租合同规定的出租人的权利和义务，并且应当履行原租赁合同规定的承租人的义务，但原出租人与转租双方另有约定的除外。转租期间，原租赁合同变更、解除或者终止，转租合同也随之相应地变更、解除或者终止。

④租赁期间，承租人未经解除租赁关系而自行迁出，由第三人占用致使出租房屋受到损坏的，承租人与第三人应负连带赔偿责任。

3）居间业务中的义务与责任

房地产经纪人在租赁居间业务中的义务除了前面所讲到的以外，还应当注意其在法律关系上的义务与责任。房地产经纪人在租赁居间业务中的地位是居间还是代理，房地产经纪人是否已在委托合同中加以明确，在实际操作中是否已经按照委托合同约定在履行。如果房地产经纪人有违反委托合同的行为，或与其中一方客户恶意串通，损害另一方的利益，就应当对自己的行为负责。

8.2 其他房地产经纪业务

本节介绍除了前面介绍的房屋的销售和房屋租赁居间业务之外，部分其他房地产市场经纪业务。

8.2.1 地产交易经纪

地产交易的居间活动，是以土地资源市场信息的分隔和资源的市场化导向为存在基础的。一些企业或单位占有一定的土地使用权，而缺乏开发建设资金，需要寻找具有投资实力的投资者进行合作开发或将其土地使用权转让给对方。而有些投资者拥有雄厚的资金实力却缺乏土地资源储备，急于寻求投资对象。房地产经纪人在获得有关信息后，在土地方与投资方之间穿针引线，促成交易，收取中介费。不动产登记制度实施之后，大量的农村土地承包经营权和宅基地使用权需要流转，农村宅基地、建设用地交易，承包地经营权流转等交易必将成为土地市场的重要组成部分。如中国土地网、土地资源网、中国土地市场网以及城镇化目标的专业土地交易网站土流网等，这些网站的建立标志着农村土地流转市场的发展与壮大。

经纪人在促成交易的过程中，可以运用自己的专业知识和市场经验，为投资方做投资顾问，开展市场调研、项目定位、营销策划、销售代理等系列业务。

随着中国土地市场管理制度的日臻完善，土地二手交易逐渐集中到土地管理部门进行公开挂牌交易，经纪人在此类居间业务的重心也逐渐转向投资顾问方面。开展此类业务，必须注意以下几个方面的问题：①了解用地手续的合法性、完整性和时效性；②了解用地有无遗留问题；③了解客户的背景、实力与信誉。

8.2.2　房地产项目居间服务

1）项目转让与合作

房地产项目转让与合作是由于一些房地产开发企业实力不够强而导致无法独立完成其项目的开发，需要引进资金合作开发或将其项目转让出去。经纪人处理此类业务与土地使用权转让的业务基本一样。如果是在建工程，应注意了解建设中的工程相关问题，尤其注意是否存在经济纠纷。

2）旧房改造包装租售

有的旧房由于各方面的原因要低价出售，经纪人帮助投资者收购后，进行改造包装或改变用途，通过宣传或促销提高附加值，最终高价售出。

【案例分析8-2】

旧房改造包装转手案例

某市原工业区随着城市建设与社会经济的发展，其街区人气渐旺，而工厂生产则日渐衰落。某经纪机构为该工厂进行旧房改造策划，将临街厂房报请政府批准改变功能，进行商业包装，重新定位其商业功能：一至三楼出租给大型超市；四至六楼出租给公司办公。当市场营造起来，商业氛围兴隆时，经纪机构又为该厂找到了投资置业者，将整栋购置的厂房改造后用于出租。投资置业者将物业进行抵押贷款，用于资金周转。工厂获得了出租房屋的收益，将其投入生产，使工厂起死回生。

分析：由于房地产经纪人的介入，厂房功能重新定位，物业运营、出售各环节打通，物业进入良性循环，产生了较大的经济和社会价值。

8.2.3　综合性居间业务

1）租售结合

对于滞销的房屋，可采用租售结合的方式，即先租后售，或先售后租，这样做的好处有：一是降低机会成本；二是通过租用聚集人气，促进销售，早日回笼资金；三是通过出租营造市场，提高物业附加值。

【案例分析8-3】

住宅租售案例

某开发商将滞销积压的楼盘委托给某经纪机构，该经纪机构向开发商提出一份建议，称将其住宅用于“试住出租”，有购房意向的购房者可租用其住宅三个月，进行试住。如果满意，再签订房地产买卖合同，支付购房款；如果不满意，三个月满后可退租。

分析：市场不景气时，试住不仅是底气也是一种智慧，客户如果没有购买意愿是不会来试住的，试住久了，也就慢慢接受和习惯了该物业，大部分消费者由租转购是有可能的。

2）房屋理财

“房屋理财”是由银行与开发商或经纪公司合作推出的家庭理财模式，面向房屋租赁市场，通过“房屋理财”管理服务，完成房屋租赁管理的代理服务。

业主向“房屋理财”业务部门提交房屋的银行出租登记表，由“房屋理财”业务部门根据房屋和市场情况，评估房屋的合理出租价格，征得业主许可后，双方签署房屋理财存房合同。由“房屋理财”业务部门全权负责业主房屋的租赁、管理及售后服务工作，实现房屋资源的优化配置。

房屋首次出租后，业主每月应得的租金，由银行定期从“房屋理财”专用账户划款到业主在银行的储蓄账户，使业主存入“房屋理财”的房屋就如存入银行的现金一样，能按时取“利息”和到期收回“本金”。“房屋理财”业务部门向客户承诺：在“房屋理财”存房、看房、租房免收佣金，凡存入“房屋理财”的房屋首次出租后，每半年除去20天的招租工作期和3天的房屋交接期，其余时间无论房屋出租与否，业主均可如期得到合同约定的租金。

银行与开发商或经纪公司通过租金差价而获取收益，但也承担相应的风险。由于“房屋理财”业务操作复杂、难度大、有风险，从事此项业务的经纪机构不多。

“房屋理财”业务因涉及银行业务，其租赁手续具有特殊性。

（1）申请“房屋理财”业务的基本条件

申请房屋出租的业主或代理人应具备的条件有：具有独立民事能力，对物业有合法使用权、收益权；代理业主出租的，需提供业主及代理人有效身份证及合法证明。

（2）承租人应具备的条件

承租人应具有独立民事行为能力，有稳定、合法的收入来源，具备支付租金的能力。

（3）“房屋理财”业务的业主或代理人办理业务的流程

办理流程为：提出申请，填写房屋银行出租登记表，并提交房屋所有权资料；评估员现场勘察，并对房屋租金进行评估；签订存房合同，填写物业使用状况表，并纳入“房屋理财”业务管理；在银行开立活期储蓄账户用于每月收取租金；业主或代理人按月收取租金。

（4）租户办理业务的流程

办理流程为：提出申请，填写房屋理财租房登记表，提交有效身份证明；通过“房屋理财”业务部门的房源信息库选择合适房屋；租户现场看房；与“房屋理财”业务部门签订房屋租赁合同，并纳入“房屋理财”业务部门管理；在银行开立活期储蓄账户作为每月支付租金的扣款账号；委托银行划扣租金或直接到银行交纳房租。

3）购、销、租联动交易

经纪人为有一定经济实力的客户对其几个不同的物业提供购、销、租联动交易服务。例如，某人将自己的富余资金用于此类投资，委托经纪人帮助购买有升值潜力的房屋，先用于出租。如果已经升值，而且有更好的房屋在售，经纪人帮助投资者将旧房出售，转购新房，再出租，所收租金用于投资者购买的另一套新房的住房抵押贷款的还贷，滚动经营。

对于经纪人来说，操作此类业务时最重要的是业务操作能力与信誉，通常资深的经纪人手里都会有一些客户的需求信息，为客户提供建设性的意见，并能让客户有收获。

4）房屋置换

房屋置换是由置换公司、银行经纪人联合经营，通过代换、代管、代收、代付、代办等综合形式，为客户进行家庭理财的一种业务。这类业务开展的前提是必须有银行的参与和配合。

（1）以小换大、以旧换新、零首付

业主在有关楼盘选购一套房屋后，将自己原来的房屋抵押给银行作为首付款，即可入住。然后，将旧房存入“房屋理财”业务部门，每月的租金还可以用来还贷款，轻轻松松住新房。但是由于操作难度大，现实中很多银行不受理。

（2）房屋寄售

业主的房屋由置换公司代其以公平价格销售。成交后房主可以拿到房款去选购任何一套房屋。

（3）以大补小、以旧换新

业主先选择一套大房或新房后，置换公司再将业主原来的房屋以一个合理的价格收购，业主只需补足中间的差额，或通过按揭贷款支付差额，就能够买到新的房屋。

（4）二手房提供住房消费贷款

客户在置换公司选购中意的房屋后，只需交纳银行按揭的首付款即可入住，之后每月像付房租一样交付月供，几年后就可以真正拥有一套属于自己的房屋了。

（5）其他代办事务

其他代办事务主要有：为业主互换房屋进行代理或居间服务，代办房地产转让、赠予等有关事务，如纳税、按揭、办证等；为社会各界人士提供房地产市场供求信息、价格信息等。

上述业务在房地产经纪业务中属于附带性业务，有时候房地产经纪人为了促成主要的房地产居间业务，在代办事务方面经常提供免费服务。但从市场规范的角度来讲，这些业务都应当收取服务费。

8.3 经纪业务的拓展

一般来说，房地产经纪业务可向以下几方面拓展。

8.3.1 重视客源的开拓与管理

1）开拓客源的主要方法

房地产营销单位只有不断挖掘潜在的客源，才能创造良好的经营成果。为了充分开拓客源，必须熟练掌握与运用各种开拓客源的方法。

（1）门店揽客法

门店揽客法就是利用房地产销售部、经纪机构的店铺或办公场所争取上门客户的一种方法。这是争取客源的主要方法。

（2）广告揽客法

广告揽客法是指通过各种房地产广告吸引客户的揽客方式。采用这种方法时要不断探索适合特定地域市场、特定客户的有效的广告模式，以提升营销效果。

（3）人际网络揽客法

人际网络揽客法是以自己亲朋好友的信赖为基础，形成人际网络来介绍客户的揽客方法。作为经纪人，利用自己的人际网络争取客户是其成功的基本保障。

（4）客户介绍揽客法

利用服务过的客户建立良好的顾客关系来介绍客源的方法就是客户介绍揽客法。该方法是一种非常有效的开拓客源的方法。

（5）讲座揽客法

这是通过向社区、团体或特定人群举办讲座来发展客源的方法。该方法实际上就是一种软广告，它可以让听众不自觉地成为自己的客户。

（6）会员揽客法

它是指通过成立客户俱乐部等方式吸收会员并挖掘潜在客户的方法，如香港的“美联会”、深圳的“万科会”就是通过这种方法获取客户的。

（7）团体揽客法

它是以某社会团体，如公司或机构为对象开拓客源的方法。这种方法需要社会团体领导机构的同意才能实施。

2）客源管理的主要内容

房地产营销业务客源管理的内容主要包括以下几个方面：

①基础资料：客户姓名、性别、年龄、籍贯；家庭地址、电话、传真、电子邮箱；家庭人口、子女数量、年龄、入学状况；行业、工作单位、职务、教育程度等。

②需求状况：所需房屋的区域、类型、房型、面积；目标房屋的特征，如卧室、浴室、层高、景观、朝向；特别需要，如车位、通信设施，是否有装修；单价和总价、付款方式、按揭成数；配套要求，如商场、会所、学校等。

③交易记录：委托交易的编号、时间；客户来源；推荐记录、看房记录、洽谈记录、成交记录；有无委托其他竞争者等。

④客户分类管理。按客户购买意向的强弱、经济承受能力、购买的区域范围及对物业品质要求的程度等因素，可以将客户分为A类、B类、C类三个等级。房地产经纪人应对A、B类客户进行重点扶持与培养，见表8-1。

表8-1 客户类别一览表

客户类别	客户特征和营销策略
A类客户	特征：购买或租赁需求强烈，希望尽快获得物业；有一定的经济实力，购买力较强；预算合理，对市场价格有客观的认识，购房条件不是特别苛刻 策略：重点跟踪，提供周到而专业的服务
B类客户	特征：有购房或租房计划，但并不是十分迫切；有一定的购买力，对物业品质要求较高 策略：重点培养的目标。在跟进服务过程中，房地产经纪人应不断了解客户特征和需求
C类客户	特征：属于根本无法成交的对象 策略：应客观地告诉客户无法成交的原因，希望其可以重新安排购房计划并与客户保持经常性的沟通

A类客户是房地产经纪人主要追踪及开展服务工作的对象。其客户群特征为：a.购买或租赁物业需求强烈，时间紧，希望尽快获得物业；b.经济条件好，购房支付能力较强；c.比较了解目前房地产市场情况，能根据市场供求状况提出合理的购买价格；d.购置物业的条件不是特别苛刻。

B类客户是房地产经纪人应重点培养的目标，属于潜在顾客，其需求经常会发生变化，经纪人应定期追踪。在跟进服务过程中，房地产经纪人应不断了解客户特征和需求。其客户群特征为：a.有明确的购房或租房计划，但并不是十分迫切；b.属于完美型客户，对物业品质要求较高，但一旦物业条件与其需求相吻合，便会立即购买。

C类客户属于无法成交的对象，房地产经纪人应客观地告诉客户无法成交的原因，希望其能重新制订购房或租房计划。对于此类客户应引导其购买意向和需求条件，使其明确购房意向，待时机成熟再实现房地产交易。因此，房地产经纪人要与C类客户保持经常性的沟通。

3）加强客户关系管理

客户关系管理（customer relationship management，CRM）就是借助先进的信息技术和管理思想，通过对顾客业务流程的重组来整合客户信息资源，对内实现客户信息和资源的共享，对外为客户提供更经济、快捷、周到的产品和服务，从而提高客户价值、满意度、盈利能力以及客户的忠诚度，保留和吸引更多的客户，最终实现企业利润的最大化。

（1）客户关系管理的意义

客户关系管理有利于提高客户忠诚度，从而保留、吸引目标客户。目标客户的选择和争取，对实现企业的经营目标影响极大。西方一些经济学家，如杰伊·科里和亚当·科里通过统计调查与分析得出了一些相似的结论，例如，前20%的客户带来了80%的收益；营销预算中有相当大的比例花费在非客户身上。在所有的客户中，有5%～30%的客户具有在客户等级中升级的潜力，而要想让客户在客户等级中向上提升，客户的满意度十分重要，客户等级每上升两个百分点，可能意味着收益增加10%以及利润增加50%以上。房地产开发企业必须将客户资料视为维持其竞争优势的战略性资产，运用各种手段分析客户资料，更深入地了解客户的行为、新兴需求和消费形态，努力形成稳固、优质的忠诚客户群体。这一群体会给企业带来很多益处：使该企业提供的房地产产品的价格高于竞争对手的价格；变成该企业的忠诚伙伴，并且向同事、家人和朋友推荐该企业与该企业的产品；使用该企业新推出的产品或服务，并促使产品或服务精益求精；运用该企业提供的支援、服务和其他设施。为了接触和保留这种客户，许多经纪机构正从产品管理迈向客户关系管理，并且把重心放在管理与个别客户的互动上。

客户关系管理有利于提高效率。运用信息技术可以提高业务处理流程的自动化程度，实现企业范围内的信息共享，提高企业员工的工作能力，并有效减少培训需求，使企业内部能够更加高效地运转。

客户关系管理有利于拓展市场。通过新的业务模式（如电话、网络）扩大企业的经营活动范围，及时把握新的市场机会，占领更多的市场份额。

（2）进行客户关系管理的途径

房产经纪人应借助各种途径，挖掘客户价值。在网络技术不断发展的今天，可以充分利用计算机技术和数据库技术管理客户关系。首先，将大量的客户信息输入数据库，根据客户的收入、家庭成员等信息判断客户的买房意愿和购房频率，然后选择恰当的方式与客户沟通，并把对客户的跟踪信息也记录在数据库中。在信息时代，与客户沟通的方式多种多样，既可以是访问、联谊等面对面的方式，也可以是电话、网站、电子邮件、杂志、手机短信等方式。客户关系管理要针对客户的特点，寻找合适的一种或多种方式，才能恰到好处，促成交易。需要强调的是，过于频繁的沟通可能使客户对信息变得麻木，甚至造成反感。

房产经纪人还要正确处理客户投诉，获得客户信息。如果说挖掘客户价值是主动的行为，那么处理客户投诉则是企业的被动行为，但在被动中应有主动措施，企业要将失误或者错误导致的客户失望转化为新的机会，让客户感受到企业做的不是“一锤子”买卖，而是有长远、可靠保障的。企业在处理客户投诉时，采取良好的处理态度和及时的行动是非常重要的，这样能够获得客户的信任和良好的口碑宣传。即使不是由于企业的过错造成的问题，企业也应该向客户说明情况，及时消除误会，如果企业能帮助客户解决困难就更好了。在解决过程中，即使牺牲企业的一些眼前利益，从长远来看也是值得的。

8.3.2 加强房源的拓展与管理

在房地产经纪业务中，房源就是委托房地产经纪人出售或出租的物业。房地产经纪企业获得的有关房源特征的数字、图像和文字性信息，构成了房地产经纪企业的房源信息。从房源所包括的各项指标来看，它不仅有物理属性、法律属性，还有非常关键的“心理属性”。

房源的物理属性是指物业自身及其周边环境的物理状态。如物业的区位（地段）、建筑外观、面积、朝向、间隔、新旧程度、建成年份等。除非遭遇地震、火灾等特殊情况，房源物理属性在交易过程中是不变的。

房源的法律属性主要包括物业的用途及其权属状态等。在我国，物业的用途通常分为商用与居住两种。物业的用途并不是固定不变的，经城市规划管理部门的批准，物业用途才可以变更。物业的权属状态一般由特定的法律文件反映，如土地使用权证、房屋所有权证、他项权利证书等。

房源心理属性中的“心理”指的是业主（委托方）在委托过程中的心理状态。随着时间的推移，这种心理状态往往会发生变化，从而对房地产交易过程和交易结果产生影响。其中，交易价格最容易受到影响。在交易过程中，受到业主（委托方）心理状态的波动影响，房源交易价格可能产生波动。房源的初始价格是由业主决定的，但他们对市场信息的了解程度，其出售或出租时的心态，决定了房源的最终交易价格。

房源的开拓渠道主要有以下几方面：

1）针对小业主

这里的小业主是指普通的消费者，他们单个拥有的房屋数量不多，一般为一套或几套。目前，小业主这部分的房源是房地产居间业务中最重要的房源。针对小业主房源的开拓渠道主要有以下几个：①选择在当地发行量较大、消费者较爱阅读的报纸刊登吸收房源的广告；②在某些街边、路口发布路牌广告，或在大厦和住宅小区出入口等的宣传栏上张贴吸收房源的宣传海报；③选择一些目标客户，通过寄发（直邮）、当面派发宣传单，获取房源信息；④在获知目标客户的电话号码后，对其进行电话访问，咨询其物业资料；⑤在网上刊登吸收房源的广告，有条件的公司还可建立自己的网站，以便及时发布房源的供求信息，并吸引客户随时将自己的房源信息上传到该网站上；⑥房地产经纪人直接与目标客户接触，从而获取有关的房源资料，这也是目前较为常用的一种开拓房源的渠道。另外，还有一些其他的开拓房源的渠道，如有的中介公司对能够提供有效信息的个人（或机构）给予信息费，以此获得房源信息；也有的中介公司会去收集广告媒介发布的个人房源信息，为自己所用；还有些经纪人会依靠自己的人际关系网去收集信息等。

2）针对大业主

大业主是相对于小业主而言的，它通常指的是一些拥有批量物业的单位，如房地产开发商、资产处理公司、大型企事业单位以及拥有一些作为抵押物或不良资产的物业的银行等。对于这些大业主，应主动去获得其房源资料，即根据这些大业主的具体情况，制订有关处理方案，并派专人（或工作小组）去洽谈、跟进，最后取得销售业务。

8.3.3 从业地区信息搜集

1）收集从业城市和区域的基本情况

对从业城市区域的基本情况进行总体了解，主要有以下几个方面：

（1）城市建设与规划发展

房地产经纪人了解城市建设与规划的发展变化，不是为了认路，而是为了更有效地向客户介绍分析业务所涉及的房地产相关情况，从而促成交易。

（2）从业区域各个片区的基本情况

每座城市的各个片区都有其不同的基本情况，各种不同情况对其片区的房地产市场交易具有直接的影响，这些基本情况主要有：

①自然环境。地形、地貌、日照、水源、绿化等自然环境的好坏直接影响居民的身心健康，尤其是高档住宅的购房者，对自然环境更加注重。

②市政配套设施建设。交通、防洪、排污、环保等市政配套设施的建设发展程度，直接关系到房屋使用者出入的便利、身体的健康。

③公建配套设施建设。公园、广场、幼儿园、学校、医院等公建配套设施的完善程度，直接关系到居民对教育、就医、休闲等公共方面需求的满足程度。

④生活配套。商业、服务、菜市场、娱乐等方面的生活配套关系到居民生活需求的满足程度。

⑤区域功能。行政、商务、工业等方面的城市区域功能，关系到居民的办公、商务活动和居家生活。

⑥社区环境。历史背景、风俗习惯、社会群体、街区风貌、治安状况等方面在各个社区的表现，直接影响购房客户对某一片区的认可度，也直接影响其市场价格。

⑦小区内部环境。无论是住宅小区，还是商业、商务等小区，内部环境也都是客户所关注的重要部分。

2）掌握从国家到从业地区的房地产政策与市场管理规定

国家在房地产方面的政策、法规具有权威性和导向性。各个省、市地方政府在房地产方面，结合当地的具体情况，都制定了一系列政策及有关规定，房地产经纪人必须掌握和熟悉这些政策与规定，并且随时关注其变化，才能知道在房地产交易居间业务中，哪些事可以做和如何做，哪些事不能做，并有义务向客户宣传解释。

（1）中央政策、法规

《中华人民共和国城市房地产管理法》中关于房地产交易部分的规定；《中华人民共和国合同法》中的相关规定；中华人民共和国建设部（现称为中华人民共和国住房和城乡建设部）发布的《商品房销售管理办法》中的所有规定；《城市住宅小区物业管理服务收费暂行办法》等。

（2）地方政府的政策、规定

各个省、市地方政府在房地产交易方面的有关政策、规定主要包括以下几个方面：

①商品房转让、登记的具体规定。在商品房的转让、登记方面，虽然中央的政策法规都已经有相关规定，但由于各个省、市房地产市场的发育与发展都有其不同的历史原因与

过程，存在许多特殊、复杂的遗留问题，各个地方政府在解决这些有关问题时，都要因地制宜，逐步解决。这些规定都具有一定的阶段性和时限性。

②非商品房上市的有关规定。在各个省市，由于历史原因和市场的发展，有许多非商品房（即房改房和安置房）在市场上流通。为了理顺市场，各地政府对非商品房的上市流通都做出了相应的规定。但是各地政府在具体规定内容上是不同的，因此，房地产经纪人必须掌握各地关于办理非商品房上市的有关程序、手续以及所需资料等相关规定。

③房地产税费的调整规定。有的地方政府根据中央政府的有关通知或精神对房地产税费进行适度调整，这些税费的调整也是具有阶段性和时限性的，房地产经纪人必须随时关注其动向，以促成交易。

④规范房地产市场的有关规定。各个省、自治区、直辖市在各个时期根据市场状况，有针对性地对一些市场运作进行规范化管理，对于原来政策法规方面有疏漏的地方，进行补漏。房地产经纪人必须及时知道这些规定的出台，以免走弯路，甚至犯错误。

⑤促进房地产市场发展的有关规定。有的地方政府为了促进房地产市场的发展，采取一些积极措施，制定一些有利于房地产市场发展的规定。这些措施同样是有阶段性和时限性的，房地产经纪人应当抓住这些机会，开拓市场，动员有可能进行交易的客户入市买卖房地产，并促成交易。

⑥房屋租赁管理办法及实施细则。房地产经纪人必须掌握各个地方政府制定的房屋租赁管理办法及实施细则，才能规范地操作租赁业务。

⑦物业管理办法及实施细则。房地产经纪人了解从业地区物业管理办法及实施细则的有关内容，有利于为客户解决与物业管理相关的问题，增加客户对经纪人的信任感。

3）掌握从业地区房地产交易市场情况

从业地区房地产交易市场情况具体包括：①从业地区房地产交易操作程序及相关手续；②从业地区房地产市场动态；③竞争产品和对手；④从业地区的房地产广告设计及发布渠道、主要媒体及预算情况。

8.3.4 经纪业务的操作技巧和方法

客户购物时的心理动态，大体包括八个阶段：注意、兴趣、联想、欲望、比较、信赖、行动、满足。把消费心理学中的八个阶段变化过程与房地产居间业务的活动结合在一起，可以归纳出房地产居间业务活动过程中的操作方法与技巧：

1）联系客户

房地产居间业务活动过程的第一个步骤就是寻找潜在的目标客户，与其进行联系。由于房地产居间业务的对象是房地产的交易双方，因此寻找的客户也是双向性的。房地产经纪人寻找客户的渠道与方式，是通过市场调研、信息的收集与发布去实现的。通过具有创意性的广告信息发布，引起目标客户的注意，等待客户前来联系。吸引目标客户后，要积极主动地与客户交流。

2）接待客户

在房地产居间业务的活动过程中，接待客户是最主要的一步。当房地产交易信息发布出去后，许多房地产经纪人都在盼望着客户的电话或上门来访。但要使来访的客户对所推荐的商品产生兴趣，并接受服务，建立新的业务关系，房地产经纪人就要在接待阶段完成接待前的准备、接待到场客户等事项。

(1) 接待前的准备

①准备需要介绍的资料。在接待客户前，房地产经纪人要准备拟推出的各个楼盘的有关资料，并挖掘其卖点，根据不同的客户需要，有针对性地制订主推楼盘的推广计划，为促成交易预先铺路。此时，还应准备公司的宣传资料以及房地产交易有关的各种资料。

②房屋展示准备。房地产经纪人对于已接受委托销售的房地产，应尽可能创造有利于成交的条件，化解房屋缺陷，表现房屋优点，让客户容易接受，为卖主卖个好价钱。例如，对于需要转让的二手房，可做如下准备：

第一，建议修复缺陷，如打扫、补漆、修补裂缝渗漏、暗处使用灯补光等。

第二，留意通风采光。空房应经常开窗通风，避免客户看房时呼吸不适。

第三，建议使用低成本整修，甚至装潢，提升房屋格调。

第四，清理家具，杂物尽量抛弃，体现家的温馨和舒适。

第五，预备赠送家具、电器清单，不赠送的贵重家具最好提前搬出，免生异议。

第六，通知业主准备好房地产证、室内平面图、管理公约及其他文件。

③设想可能出现的问题。针对可能出现的拒约，准备好应该做的劝说工作，房地产经纪人应当通过事先的仔细准备，站在客户的位置上，设想一些客户可能提出的问题、反驳和拒绝等异议，准备好自己处理异议时应采用的方式和技巧，并进行一些必要的练习，由此来锻炼自己的说服能力。

④仪表修饰。仪表修饰要符合房屋经纪人的职业特色和要求。

(2) 接待到场客户

接待到场客户是非常重要的，它不仅可以给新客户留下良好的第一印象，有利于建立新的业务关系，对于老客户也可以为下一个洽谈过程进行铺垫。因此，令人愉快的迎来送往是非常必要的。具体做法如下：

①经纪人的语言应通俗易懂，语调柔和，言行一致，不离原则。

②经纪人应自始至终面带笑容，举止得体，服务态度热情而平和。

③经纪人落落大方地自我介绍和宣传公司形象。

④经纪人对客户进行恰到好处的赞扬，谈论客户感兴趣的话题。

⑤经纪人表现出专业水准的感染力、认真负责的敬业精神。

⑥经纪人真诚提供符合客户需求的房地产信息。

良好的接触能与客户建立信任感，由此客户会产生一种感觉，就是期望经纪人为其解决卖房或购房问题。

3) 了解客户需求

成功的经纪人，要善于察言观色，注意观察客户的一言一行，并根据自己的丰富经验，做出准确的判断，尽量减少交易风险，提高交易的成功率。经纪人在与客户的接触中，可利用引导和提问的技巧充分了解客户的需求情况。例如：

①从朋友的角度去发问、沟通。用自己的热忱与诚恳感染客户，努力与其建立相互信任的关系，通过适当的交谈正确把握客户的真实需求。

②试探性地介绍及询问一些基本问题，从中了解客户的真正需求，了解客户的主要问题点。

③通过友好交谈，认真聆听，循循善诱，设法了解客户的基本情况、消费需求、目的

及心态，如职业、家庭经济状况、消费层次类型、家庭结构、籍贯、购房目的等。

经纪人在通过深入了解客户的需求和需要解决的问题后，可以立即拿出对策。

4）介绍情况

由于房地产产品的异质性，每一个产品都因其地理位置、周边环境不同而具有唯一性。因此，在房地产推广销售过程中，一个优秀的专业经纪人既是一个专业的解说员，又是一个优秀的销售行家。经纪人在了解客户的需求和存在的问题后，应有针对性地向客户进行介绍和说明，从各个方面刺激其购房的欲望。

（1）介绍资料

配合客户的需求，推荐合适的房地产，提供真实、准确的资料，及时说出专业性的参考意见。

（2）看房介绍

在引导客户看房时，应将该房屋之优缺点尽数列在表上，针对优点娓娓道来；客户提出缺点时，胸有成竹，立即作答。在看房线路安排上，应先看优点，再看缺点。

根据客户背景，如职业、家庭人口、受教育程度等，判断对方是否属于本单位的目标客户。注意了解客户购房关注的焦点问题，如果是居家用房，则强调就近的学校、购物中心；如果是投资置业，则强调增值前景。

（3）提示与提问

在向看房客户进行介绍时，应选择适当的时机，向客户进行一些必需的提示与提问，逐步化解其心中的疑虑，并在此过程中不断发现新的问题，进一步化解。客户的信心就会不断得到增强，购房的欲望也随之高涨。在进行提示与提问的过程中，注意从以下三个方面入手：

①利用房屋的优势，展现你推荐的房屋能给客户带来的效果或利益，让他们对其优势及优势能带来的利益感兴趣。

②要不断排除客户所担心的风险。客户对经纪人推荐的房屋已经很满意，但迟迟不做出购买决策，这是常见的一种求稳、求安全的心态。这可能是由于客户担心质量不可靠、经纪人的保证不可信、交房时间不及时等。为了减少客户所担心的风险，经纪人可以根据不同的情况采用以下办法：

第一，销售证明。有选择性地请老客户向新客户介绍，以老带新。

第二，利用媒介报道来证实。各种大众媒介的宣传、报道、评论，企业的广告宣传、发表的文章等各种资料都可能成为证实的材料。媒介报道证实有两个方面的含义：一是证实开发商的知名度；二是证实本经纪公司的可信度。这种方法可以培养和增强客户对经纪人的信任，避免或减少对所推荐房屋风险的担心，这也是推广企业形象、提高企业信誉度所要求的。

③经常向客户提问。提问使经纪人更有效地和客户进行交流与沟通，提问给经纪人提供了必要的信息反馈，使他们知道怎样根据不同的客户采用不同的介绍形式，以便对症下药。

5）解决问题

经纪人在与客户洽谈的过程中，客户会随时提出各种各样的问题。经纪人应当正视客户在各个阶段提出的各种问题，并能及时化解。对于客户可能会提出的问题，应尽可能做到心中有数。

（1）问题的产生

在房地产经纪人与客户接触的过程中，客户提出异议是一个希望的信号。对于客户来说，如果经纪人能够为其解决这个问题，客户会进一步考虑购买经纪人所推荐的房屋；对于经纪人来说，如果能够为客户解决这个问题，就意味着业务有了进展。如果客户什么异议也没有提出来，业务也就可能没希望了。房地产涉及面较广，客户可能提出的问题也会很多。在房地产交易方面，提出问题的大多数是买方，这些问题可以归纳为：①产权方面的质疑；②房屋质量的忧虑；③配套设施方面的期望；④开发商（或业主）、经纪人的背景与信誉；⑤物业管理的收费与服务质量；⑥相关手续的办理；⑦旧房的历史与未来的前景；⑧社区群体氛围；⑨价格行情；⑩房屋交付问题。

对于上述问题，不同的客户在不同的情况下，对不同的房地产会提出不同的异议。经纪人只有认识到这方面的问题，事先做好充分准备，才能随机应变，让客户的疑团消散，达成交易。

（2）问题的处理

经纪人处理异议的有效途径有两个方面：

①主动与直接。

a.主动提出处理。经纪人在与客户接触之前就预计到客户可能会提出的异议，有些比较明显且不可回避的问题，与其让客户提出来，不如经纪人自己主动提出来。经纪人应事先做好充分的准备，在最恰当的时间里提出来并妥善处理。

b.直接肯定答复。对于可以肯定的问题，经纪人要掌握分寸，恰到好处地给客户一个满意的答复，让客户产生信任感。

c.直接否定答复。对于可以否定的问题，在客户明显要求确切的答复时，经纪人可直截了当地进行否定，但要注意分寸。

②被动与委婉。在处理异议时，如果恰当地运用巧妙委婉的技巧，效果会更好。这些方法和技巧有：

a.倾听客户的意见。对于客户的异议，如果经纪人仔细地、恭敬地倾听，客户会感激经纪人能严肃、真诚地对待他们的问题，有利于双方沟通。让客户多说话，有利于经纪人进一步充分了解客户的需求和问题所在，使经纪人更能把握方向，成功地处理问题。

b.复述与提问。听完客户的异议，经纪人要对客户提出的异议的主要观点进行复述，看是否清楚客户担心的问题所在。

c.复述异议时带有提问，要求客户给予肯定或否定的回答。客户会在听完经纪人的复述后，进行肯定或否定回答。常常就在这复述、提问、肯定与否定或进一步解释的过程中，大事化小，小事化了，不知不觉地把问题解决了。

d.转折性否定。只要客户的异议有点道理，经纪人就都应该先同意客户说的是合理的，对客户的观点予以肯定，然后提出不同的意见，进行耐心的解释。这种方法不仅表现了经纪人对客户的尊重，而且可以减少异议，营造和谐的气氛。

（3）建议

在看房的过程中，顾客很可能提出不满意的地方，若经纪人能以朋友的身份给顾客提供改进建议（如装潢设计等），可以进一步加深信任，利于促成交易。

成功的经纪人要为委托双方的利益着想，站在委托双方的立场上，考虑客户的需要。针对客户的疑惑，要审慎回答、保持亲善、语言温和、态度诚恳、措辞恰当、尊重客户、圆滑应对，不要轻视或忽略客户的异议或直接反驳客户。对客户提出的问题进行解释时，应求真、求实，不应夸大、虚构，有些问题如果一时拿不准，需要进一步落实，可先进行委婉的解释，然后及时进行落实。有些问题涉及另一方客户的，应及时将信息反馈给对方，尤其是要做好交易双方的沟通与协调工作。

6）协商谈判

成功地处理了客户的异议之后，随之而来的应该是促成交易，一开始可能是买卖双方就交易中的价格、付款条件、交房日期和违约责任等合同条款进行协商。这个阶段的焦点就是价格谈判，经纪人要善于从中斡旋。

对于不同的房地产，在交易方式上，与不同的客户会有不同的谈判过程。经纪人对常用的谈判策略和技巧应当熟练地掌握，针对不同的客户采用灵活的、恰当的谈判策略，并掌握常用的应对技巧。

（1）谈判原则

在谈判过程中，坚持原则也是一种技巧，这将使对方对你更加信任。

①平等原则。在谈判中坚持平等原则会得到对方的尊重，双方意见比较容易接近，也容易使对方放下戒备心。

②互利原则。互利能使交易双方达到“双赢”。在谈判中，寻求互利并非让利，而是能促使交易顺利成交的润滑剂。

③合法原则。在谈判中强调合法性原则，使购买方感到有保障，会增加成功的机会。

④信用原则。在谈判过程中不要轻易许诺、出尔反尔，应当讲诚信，能够做到的事一旦承诺，就必须严格履行。诚实与信誉给人以安全感，使人愿意洽谈交易，促进成交。

⑤相容原则。在谈判当中一般应坚持原则，而在没有违背根本原则的前提下，留下一定余地，使原则性和灵活性有机地结合在一起，更有利于达成目标。

（2）确立谈判目标

房地产交易的谈判通常都要经过多次反复协商才有结果。因此，经纪人要做好谈判前的准备工作，对关键因素要有充分的了解，明确每次谈判的目标，做到心中有数，使谈判达到预期效果。在房地产交易谈判中，如果经纪人能够对谈判议程预先有所计划，就容易控制谈判形势，便于在议程中采取主动权，有利的内容先谈，回避一些可能使谈判陷于僵局的不利因素。

（3）摸清底牌

谈判前期，多听少讲，并从不同角度诱导对方讲出自己的看法，当经纪人弄清了客户的真正需求和希望，然后比较自然地把谈判引入深处，逐渐进入实质性问题。

（4）组织协调

在房地产交易谈判中，买卖双方经常会因为一些具体问题互不相让，例如对于价格问题，谁也不肯让步，使谈判陷入僵局。房地产经纪人作为居间方要促使交易成交，就有必要进行组织协调，使谈判维持下去，创造一种新的谈判气氛，以期获得更好的成果。

（5）谈判技巧运用

房地产经纪谈判技巧是非常实务性的内容，每一次成功的房地产交易都可能与成功的谈判有着紧密联系。房地产经纪人可以根据谈判的进程恰当使用谈判技巧。谈判技巧实际上就是灵活运用符合谈判状况的谈判策略，赢得己方或双方利益。根据谈判态势可以将谈判策略分为三大类，见表8-2，房地产经纪人可以参考使用。

表8-2 一般谈判策略

谈判态势	策 略
平等地位	私人接触策略、开放策略、假设条件策略、休会策略、迂回进攻策略
主动地位	不开先例策略、先苦后甜策略、价格陷阱策略、最后通牒策略、声东击西策略、步步为营策略
被动地位	运用团队力量策略、软化个别策略、先斩后奏策略、出其不意策略、以退为进策略、疲劳战术策略

7）促成交易

促成交易是经纪人与客户商谈过程中的最后一个阶段，也是推广销售的最终目的。在此之前，所有的工作已完成，但客户能否下最后决心成交，还需要促成交易这个最关键的步骤。促成交易是指经纪人在合适的时候采用有效的技巧使客户做出购买的决定，并与客户签订交易合同。

在促成交易过程中，经纪人应当学会把握促成交易的时机和地点。此外，促成交易技法的运用是推销成功不可缺少的一环。促成交易的技法主要有以下几种：

（1）直接促成法

直接促成法，也称为直接请求成交法，是指经纪人直接主动地要求买卖双方成交。直接成交法是一种最简单、最常见的成交方法，经纪人应该利用各种成交机会，积极提示，刺激客户，主动向客户提出成交要求，努力促成交易。

（2）间接促成法

间接促成法，又称主导者成交法，指通过做客户陪伴中的主导者的工作来说服决策者做出决策，达成交易。但间接成交法要在主导者对决策者的影响比较大时才能发挥较佳的功效。

（3）让步促成法

让步促成法也称为优惠成交法，是指经纪人向业主建议以提供优惠条件而促使成交的方法。采用这种方法可以以较快的速度与客户达成协议，并且可以在较短的时间内加速商品资金回笼。

（4）选择促成法

选择促成法也称为提供方案成交法，是指经纪人向客户提供一些购买决策的选择方案的一种成交技巧。选择促成法的要点在于：使客户回避“要还是不要”的问题，而是回答“要A还是要B”的问题。在客户面对多种选择拿不定主意时，采用此法有可能奏效。但是千万不要提供两种以上的选择，选择范围大了，客户反而难以做出选择。

（5）异议促成法

异议促成法也叫处理异议成交法，是指经纪人利用处理客户异议的机会促使客户成交的方法。如果经纪人发现客户的异议正是客户不愿意购买的理由，则消除这个异议就能促成交易。

（6）从众促成法

从众促成法是指经纪人利用客户从众的心理促使客户购买的一种成交方法。其表现形式通常是利用一部分客户去说服另一部分客户，制造“羊群效应”。利用小量去促成大量成交，诱发客户的从众心理动机，促成交易成功。从众促成法适用于集中多套的住宅销售或大型商场散卖的销售。

（7）抢购促成法

抢购促成法是指经纪人制造销售紧张气氛，促使犹豫不决的客户立即决断的成交法。其具体操作通常是告诉已经选中某套房但仍在犹豫的客户：这套房你再不买，某先生明天就来签合同了。这样可以迫使其下定决心，促成交易。

（8）涨价促成法

涨价促成法是指利用客户买涨不买跌的心理，把将要涨价的消息告诉还在观望的客户，促使其尽快购买的一种成交法。

8）签约技巧

经纪人与客户在各个阶段的洽谈，都是为了达到成功签约的目的。为了促使客户采取行动，经纪人还应注意运用签约中的技巧。

（1）合同条款商洽技巧

在讨论合同条款时对于一些较为敏感的条款，应在适当的时候说出来，过早提出，会使客户退缩；过晚提出，客户会感到恼怒。对于对合同条款有异议而迟迟不做决定的客户，经纪人要议价有节，谨慎从事，慎重使用压迫措施。

（2）增强客户信赖技巧

建立客户的信任。经纪人在与客户的洽谈过程中，通过自己的专业服务，建立起客户的信任，客户将会言听计从。了解客户的需求、爱好、弱点，成竹在胸，寻机进攻，强调房屋的优点，以抓住客户的心。

（3）消除合同隐患技巧

如交易双方已经达成共识，经纪人必须时刻注意动向，随时抓住机会，帮助客户下决心，促成交易。成交机会转瞬即逝，应把握时机，尽快促成交易。当客户决定成交时，经纪人必须立即促成交易，收取定金，锁定客户，否则客户一出门，随时都可能反悔。“临门一脚”是整个交易过程中最关键的环节，务必把好此关。例如，当购房者已经看中某个物业，交易双方成交的条件与价格都已谈妥，而购房款项，或首期付款，甚至定金数额等一时到不了位，为了锁定该物业的购买权，购房者愿意先付少量的保证金，习惯上称为“小定”，有的称为“诚意金”，一般每套房在500元以上5 000元以下。交易双方约定，在一定时间内，购房者必须前来履行下一步手续，否则已交的“诚意金”将被视为出售方及经纪人商机损失的补偿（有特别约定的除外）。诚意金通常是由委托方委托经纪人代收代管，出具收款收据，相关的简单约定可在收据上说明。有的不法经纪公司会利用此机会，瞒着业主骗取诚意金。经纪公司在代收诚意金时一定要告诉业主，并保证买卖双方的权益不受损害。

（4）签订圆满合同技巧

签约时经纪人应协助交易双方审查每一条交易条款，务必明确定金（金额为成交价的20%）、主楼款、尾款的数额及支付时间，安排贷款，税费负担也要交代明白。确定无误后签字盖章，收好合同，并对交易双方进行祝贺。交易双方一旦签订房地产买卖合同，就可宣告成交。经纪人应及时进行佣金结算，落袋为安，谨防客户赖账。

9）售后服务

促成交易、签订合同后，虽然已完成了经纪人居间业务的全过程，但为了今后业务的延续，经纪人还应给给客户留下良好印象，因为良好的售后服务可以使客户感到购买后的满足，客户的这种满足感，可能会为经纪人带来更多的新商机。经纪人的售后服务要点如下：

(1）完善客户资料的管理

客户的信息资料是经纪人的主要工具之一，也是进行售后服务的第一步。经纪人通过建立客户的档案，与客户保持良好的业务延续关系，对于经纪人来说，这就是一笔财富。

(2）代办事务

经纪人促成交易后，客户还有一些善后事务需要处理，经纪人应利用自己的专业知识与业务关系为客户办理一些其他事务，可能会成为新一轮业务的延伸。

(3）保持与客户的联系

经纪人与客户继续保持联系，不断发展和积累与客户的感情，是很有必要的。例如：①常拜访客户，与客户沟通信息和感情；②帮助客户做一些表面上与业务无关的其他私人事务；③逢年过节坚持给客户写信函、寄明信片、赠送礼物。

成功经纪人的后面总是跟着一批固定客户，其中的主要原因就是其与客户建立了良好的固定关系。

本章小结

本章介绍了房屋租赁的居间业务、其他房地产经纪业务，以及经纪业务的拓展方法和技巧，是对整个房地产经纪业务的系统叙述。

房屋租赁居间业务详细介绍了租赁的条件和租赁过程中的注意事项以及租赁的程序，需要注意的是除了书本介绍的内容之外，实践中还要关注从业地区对租赁的具体的管理法规和规章，以免出现差错。

经纪业务拓展中的客户关系管理是新的内容，但是具体的做法已经存在多年了。注重对客户的个性化服务以及与客户的关系营销往往可以取得事半功倍的效果，实践中要注意加以运用。对于谈判技巧、促成交易技巧和签约技巧，不仅要掌握，还要能灵活运用，切不可生搬硬套。

关键概念

房屋租赁　代租代管　房屋承租人　客户关系管理

基础知识练习

△ 选择题

1）房地产居间业务活动过程中，最关键的步骤是（　　）。

A.吸引客户　　B.了解需求

C.促成交易　　D.售后服务

2）利用一部分客户的成交去说服另一部分客户，制造“羊群效应”，是（　　）的表现形式。

A.抢购促成法　　B.涨价促成法

C.从众促成法　　D.压力促成法

3）每一宗房地产居间业务活动中都贯穿了商品交易过程和（　　）。

A.心理活动过程　　B.知识学习过程

C.市场分析过程　　D.建立关系过程

4）房屋租赁是指（　　）将房屋出租给承租人使用，由承租人支付租金，并在租赁关系终止后，将房屋返还给出租人的行为。

A.房屋所有权人　　B.房屋使用权人

C.房屋委托代管人　　D.房屋所有权人或房屋委托代管人

5）（　　），是房屋转租行为获得合法性的正确做法。

A.签订转租合同，到房屋租赁管理部门登记备案

B.到房屋租赁管理部门办理房屋租赁许可证，签订转租合同，登记备案

C.修改原出租合同，到房屋租赁管理部门登记备案

D.修改原出租合同，到房屋租赁管理部门修改房屋租赁许可证

6）在房地产居间业务中促成交易的技巧有（　　）。

A.直接促成法　　B.便利促成法

C.惠顾促成法　　D.从众促成法

E.涨价促成法

△ 简答题

1）经纪人在接受房屋租赁委托时应注意哪些相关的问题？

2）房屋租赁双方在签订租赁合同时，房地产经纪人有义务提示双方哪些问题？

3）在办理房屋租赁登记时，主要有哪些程序和手续？

4）在房屋租赁业务中，需要注意的其他事项有哪些？

5）房地产居间业务包括哪些？其中最主要的是哪些？

实践操作训练

△ 案例题

商场租售案例

某开发商将滞销积压的商场现楼委托给某经纪机构，经纪人为其进行策划后，将商场定位为美食、家居广场，整体出租给商家经营，再将其产权进行重新分割，化整为零，将各个铺位产权出售给众多小投资者。投资置业者购买其产权后，按月向商家收取租金。

问题：请问售后返租模式是否适用于在建商场？投资这种产权式商铺有没有风险？如果有风险，可能出现在哪里？

△ 实训题

[实训情境设计]

陈小姐在某市中心拥有一套面积为150平方米的二楼住房，市场价值约300万元，购置已满2年。周边同类型住房的租金约8万元/年，同类型的办公室约14万/年，住房离该

市商业步行街只有100米。经纪人了解到，该小区很多住房经申请可改作商办用房。因工作关系陈小姐需全家搬至深圳居住。请问陈小姐应如何处理这套房子比较有利？

［实训任务要求］

要求设计出三套处置方案。

［实训提示］

可假设部分数据进行分析。

［实训效果评价］

将实训效果量化，参照表8-3进行效果评价。

表8-3　**房屋处理方案实训效果评价表**

评价内容	分值（分）	评分（分）
多个方案的齐全性	20	
每个方案的正确性	30	
每个方案的可行性	30	
方案筛选结果的正确性	20	
实训效果总体评价	100	

注：考评满分为100分。60分以下为不及格；60～69分为及格；70～79分为中等；80～89分为良好；90分以上为优秀。

第9章

房地产营销团队

学习目标

通过本章的学习，掌握营销团队的类型和团队绩效，掌握房地产营销团队的组织构成、团队管理中的薪酬制度制定和激励方法，了解队伍组建和团队文化。

销售业绩的高低取决于市场供求关系、产品品质、价格高低以及销售措施，但更取决于营销团队。人是企业能动性最强的资源，好的营销团队能充分发挥其能动性，创造销售奇迹。优秀的营销团队需要积极的团队文化，需要良好的团队管理。

引　例

小刘大学毕业之后进入一家房地产销售代理公司，由于其扎实的专业知识和勤奋的工作态度，很快就得到转正。但是她的业绩却并不理想，转正三个月了还没有成交一套房子，这令她十分焦急。小刘希望加倍努力之后能有房子顺利成交，但常常事与愿违，每次都与成交失之交臂。失败的阴影一度使她想放弃这份工作，然而令她感到高兴的是，售楼部经理不仅没有给她施加压力，反而主动和她沟通并指出她谈判过程中存在的不足，并勉励她说，其实她已经做得很不错了。其他同事也在小刘与客人谈判过程中提供及时的帮助，不久，小刘在同事的帮助下顺利签单，逐步成长为所在楼盘的金牌销售员。

9.1 房地产营销团队概述

9.1.1 团队概念

团队是指由两个或两个以上的成员组成的互相作用、互相协调以完成某项任务的单位。这一定义由三部分组成：第一，两个或者更多。团队可以相当大，不过现实中大多数团队少于13人。第二，团队中的成员相互作用。没有相互作用的人，就不能形成一个团队，如在排队等车的人们。第三，团队成员应该有一个共同的目标。

团队（team）和群体（group）是不能互换的。公司可以把一群人集合在一起，但是却不能把他们组成一个团队。团队含有共同任务和责任的意义。表9-1列明了群体和团队的不同。

群体的绩效仅仅是每个群体成员个人贡献的总和，而团队通过其成员的共同努力能够产生积极的协同作用，其团队成员努力的结果使团队的绩效水平远远大于个体成员绩效的总和。

表9-1 群体和团队的差异

群体	团队
有任命的强有力的领导	领导的角色共享或轮换
个体负责	单独和相互负责
明确的群体和组织目标	特定的团队视角或目的
个体工作成果	集体工作成果
召开效益会议	会议鼓励多种讨论和解决问题的方式
效益的测定间接地由对企业的影响决定	效益的测定直接由对集体工作的评估决定
讨论、决定、对个人授权	讨论、决定、共同工作

资料来源 Katzenbach J R， Smith D K.The Discipline of Team［J］. Harvard Business Review （March/April），1995：111-120.

9.1.2 房地产营销团队的特点和类型

1）房地产营销团队的特点

房地产营销团队是指为了实现房地产的营销目标，由两个或两个以上销售人员组成的集体。由于房地产的特殊性，房地产营销团队具有不同于其他团队的特点，主要有：

①团队规模较大，以售楼部来讲，一般要7～8人，稍微大一点的团队能达到12人以上。

②团队职能复杂，销售团队可以按照职能划分出许多小的团队，如策划、广告、调研、售楼和客户服务等。

③房地产营销团队人员的流动性较大，因为房地产项目的周期长，工作地域经常变化，导致团队的忠诚度不高。

④团队成员的素质高，年龄要求偏低，具有强烈的活力和创造力。

⑤房地产营销团队负责人必须具有相当高的组织领导能力和领导素质，才能建立一支高效而有战斗力的稳定的销售团队。

上述特点决定了房地产营销人员的短期行为和职业忠诚度不高，需要在团队管理中加强营销人员的归属感培养，树立长远的职业思想，同时通过培训拓宽他们的知识面和就业范围。

2）房地产营销团队的类型

房地产营销团队可划分为以下几类：

（1）市场策划团队

这支队伍主要负责房地产项目的可行性研究、市场调查、市场定位和策略研究。

（2）广告团队

广告团队主要是把策划团队的意图通过有创造性的表达，实现传播产品、树立品牌和引起顾客购买冲动的目的。

（3）市场推广团队

房地产市场推广的专业性，要求建立一支专业化的现场销售队伍，这支队伍是实施策划团队和广告团队的意图，实现产品价值的关键因素，主要负责房地产产品的介绍、谈判、签约和需求信息的搜集。根据销售是否在售楼部进行，推广团队又可分为直销队伍和坐销队伍，主动上门约见客户或寻找客户推介产品的叫直销队伍，在售楼部向客户推介产品的是坐销队伍。

（4）客户服务团队

这支队伍负责客户售后的各项事务，如房屋按揭、买卖合同备案、交房等，是价值实现之后的后续工作，是维系和发展与老客户的关系，使其忠实于自己的重要环节。

从房地产价值营销的角度看，市场策划团队和广告团队处于发现价值和创造价值的阶段，而市场推广团队处于价值实现的阶段，客户服务团队处于价值扩张和延续的阶段。

房地产营销是房地产开发企业和中介企业实现企业价值的关键环节，所以房地产营销团队是企业价值的创造者、实现者和价值延伸者，是企业对内和对外的服务部门，是策略制定者，也是执行者。从某种程度上说，没有房地产营销团队，就没有房地产开发和中介。

9.1.3 房地产营销团队文化

团队文化是指渗透于团队的各个方面，由团队成员共同遵守的文化传统和行为方式，表现为价值观、经营理念和行为规范。团队文化是与团队相伴而生的不断继承、发扬和发展变化的一种文化、思想或行为准则。团队文化是组织文化的有机组成部分，也是推动组织文化不断发展的重要力量，如果把团队放大到组织的范围上，则团队文化就是组织文化。所以，团队文化也具有与组织文化相同的内容和作用。

1）房地产营销团队文化的内容

（1）物质文化

物质文化是团队文化的表层部分，如房地产销售队伍的佣金、工作环境等，反映团队的经营理念、工作作风和审美意识等。

（2）制度文化

制度文化是团队文化的中间层次，主要指对团队成员行为产生规范性的影响的部分，如销售队伍遵守的规章制度、行为准则等。

（3）精神文化

精神文化是团队成员共同信守的基本信念、价值标准、职业道德及精神风貌，是团队文化的核心和灵魂，决定着团队的性质和状态，主要包括销售队伍的目标或宗旨，销售队伍的价值观，共同遵守的规范或准则以及团队精神。

2）房地产营销团队文化的作用

以价值观为核心的团队文化，能够充分发挥团队成员的积极性和创造性，增强团队的凝聚力，作用不可忽视。

（1）导向功能

它是指团队以自己的价值观和目标指引成员向着既定的团队目标努力的功能。例如，房地产销售过程中很容易出现销售人员争抢客户的现象，但是，如果销售团队成员认识到争抢客户是一种短视行为、利己主义和个人英雄主义，那么团队成员就会自动选择相互配合而不是争抢客户。

（2）规范功能

它是指团队制定各种行为规范来约束团队成员的行为。例如，对于争抢客户行为，销售团队应该制定相应的制度来防范和惩罚这种行为。

（3）凝聚功能

它是指成员在多大程度上受团队吸引并留在该团队。有高度凝聚力的团队成员忠于团队活动，参加团队会议并在团队取得成功时感到快乐，团队绩效比较高；相反，凝聚力低的团队中，其成员对团队漠不关心，团队绩效比较低。具有高度凝聚力是营销团队吸引人的重要因素。

(4) 激励功能

它是指团队共同的价值观能激发团队成员的激情和工作热情，个人需要也不仅是物质需要，还有社交需要和自我实现的需要等。所以，在房地产销售过程中，通过职位晋升、赋予更多责任和权利，以及在团队内部创造尊重、平等、民主的气氛等方法，可以激发销售团队的积极性和创造力，从而提高效率，实现营销目标。

3) 房地产营销团队文化建设

团队文化作为微观的文化氛围，构成了团队内部的心理环境，影响着团队成员的理想、追求、道德、感情和行为，发挥着凝聚、规范和导向等作用。那么，怎样使价值观成为全体成员共同信奉的价值观，使行为准则成为全体成员自觉接受的行为准则呢？怎样避免团队文化建设流于形式化、表面化呢？

(1) 运用心理定势加强培训

所谓心理定势就是指前一个比较强烈的心理活动，对于随后的心理活动的反应趋势有影响。在房地产营销团队的培训中，不仅要提高房地产营销的业务能力，还要把企业的经营理念、战略目标、价值观念、行为准则、道德规范以及优良传统，系统而详细地介绍给团队成员，并通过讨论、总结、实习加深理解。这样，从他们作为团队成员的第一天起，就形成了与组织文化相协调的心理定势，对其今后的行为起到指导和制约的作用。

(2) 重视心理强化

使人行为重复发生的手段称为正强化，制止人的行为的手段称为负强化。运用到营销团队上，就是要适当地表扬或奖励与团队文化一致的思想和行为，及时批评和处罚与团队文化相违背的思想和行为。

(3) 利用从众心理

从众心理是在群体影响下放弃个人意见而与大家保持一致的心理。实践中，要利用会议、局域网和公司简报等舆论工具，大力宣传团队文化，同时发挥管理者和榜样的示范作用，形成潮流和声势。

(4) 培养认同心理

认同是指个体将自己和另一个对象视为等同，因为属于同类，从而产生彼此密切的整体性的感觉。为此，首先要选好团队的负责人，如营销总监或售楼部经理等，销售员一旦对经理产生认同，就会把经理所倡导的价值观和行为规范当成自己的来加以遵守。此外，要充分尊重售楼员的人格和权益，培养售楼员对团队的认同感，久而久之就会形成与团队共命运的归宿感、责任感和使命感，这正是优秀团队文化的真正基础。

(5) 激发模仿心理

模仿是指个人受到社会刺激后引起的一种按照别人行为方式行动的倾向。当个别销售人员的业绩上不去时，可以要求优秀的售楼员做示范。所以售楼员工既不能全是新手，也不能全是老手，要适当地新老结合，以老带新。

(6) 化解挫折心理

团队成员在工作和生活中总是会碰到各种困难和挫折，这时他们就会产生挫折心理，这就需要从榜样、理想等方面加以鼓励，使他们看到希望，振作起来，走出失败的阴影，今后面对类似的困难时，团队成员都能有力量去面对和克服。

9.2 房地产营销团队建设

9.2.1 营销团队的组织结构

完整的、成功的项目推广过程离不开高效的营销团队，具体工作需要靠团队来实施。

1）影响营销团队组织模式的因素

营销团队组织模式的选择不是随意的，需要考虑各种影响因素。为了使营销团队具备灵活性和系统性的特点，一般需要考虑以下几个方面：

①企业规模。一般来说，企业规模越大，营销团队组织模式越复杂。

②市场。市场的地理位置是决定营销人员分工和负责区域的依据。

③房地产种类。房地产种类的不同和多寡也关系到企业的营销团队组织模式。

2）确定组织模式

为了实现房地产营销推广的目标，企业必须选择、建立一个合理的营销推广组织。以下是常见的几种组织模式：

职能式组织模式（如图9-1所示）最大的优点是简便易行，它是按照企业需要完成的工作或职能来进行设置的。随着公司推广项目的增多、市场的扩大，这种组织模式可能丧失效率。由于没有一个职能部门对某一具体项目或市场负责，每个职能部门都在为获得更多的预算和更有利的地位而竞争。

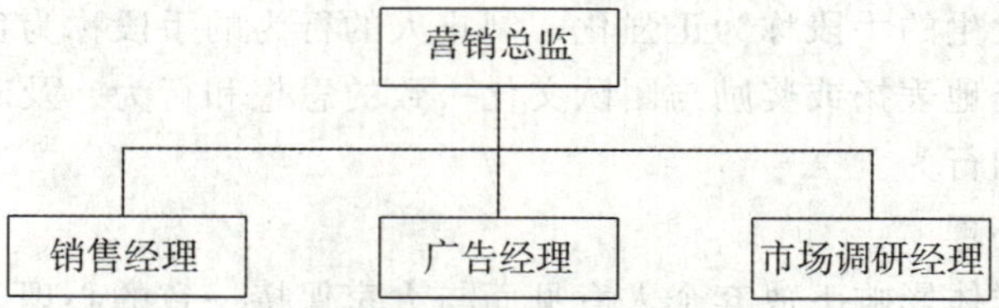

图9-1 职能式组织模式

市场式组织模式（如图9-2所示）最大的优点是可以统一地组织各种房地产营销推广活动，满足了不同消费群体的需要，而不是着眼于企业的某些职能或产品。但是，它也存在一定的不足之处：当有不同的多种类型的产品时，会产生权责不清和多头领导等矛盾。

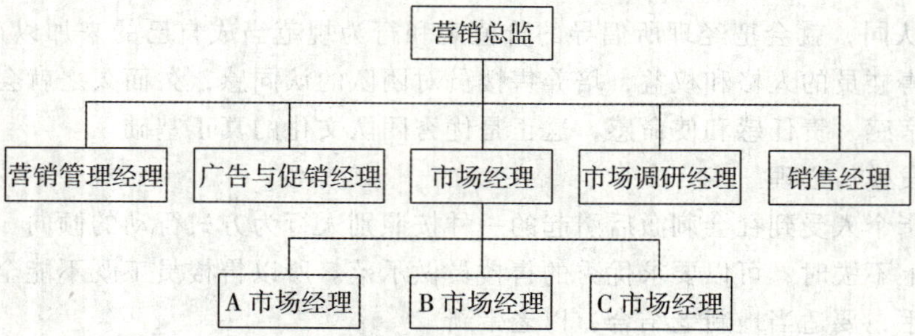

图9-2 市场式组织模式

当企业有多种不同的产品在同一市场或少数几个目标市场上进行销售时，产品式组织模式（如图9-3所示）是最理想的一种形式。它的优点在于能集中精力管理具体的产品，但其缺点是成本费用高、缺乏整体观念（易产生部门冲突、多头领导及管理混乱等现象）。

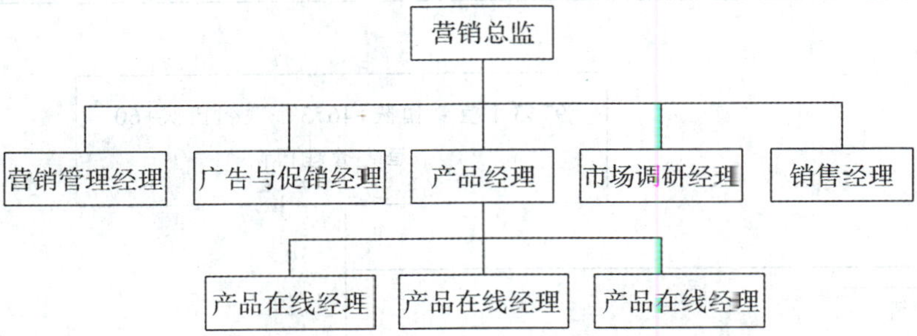

图9-3　产品式组织模式

混合式组织模式（如图9-4所示）是将以上三种形式结合在一起，取其优点，克服其缺点而组成的一个更为复杂的营销组织。但它也不是十全十美的，这种组织形式的机构设置比较复杂，难免有时会出现部门冲突，产生多重领导的现象，给管理带来麻烦。

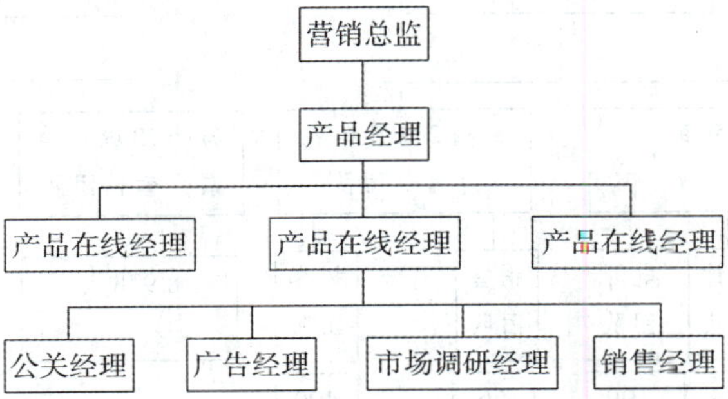

图9-4　混合式组织模式

虽然没有一个理想的组织模式能适合所有的企业，但对于一个具体的企业来讲，总会有一种形式比其他形式更符合该企业的实际需要。因此，根据具体的发展目标和经济实力，按照一定的组织模式设置安排是十分重要的。

3）其他程序

明确组织内部的各项活动及分工；建立组织职位；配备组织人员；制定组织规章制度；建立监督检查机制。

【案例分析9-1】

恒大超大盘营销团队打造——直销型团队架构与文化

扛百亿指标，月月大开盘，要完成这样艰巨的任务，没有一支强大的营销团队是很难想象的。所以，怎样组建营销团队，怎样磨练营销团队，是操盘手一开始就面临的挑战。超大盘营销最重要的任务是什么？是海量蓄客！所以，跨区域布局的销售接待点、庞大的拓客团队、多模块分工的策划团队、齐备的管理统计团队一定是标配，需要全力争取公司的资源和支持。

1.直销型大团队架构

以恒大海花岛为例，15 000人大会战空前绝后！（如图9-5所示）为什么需要这么多人？

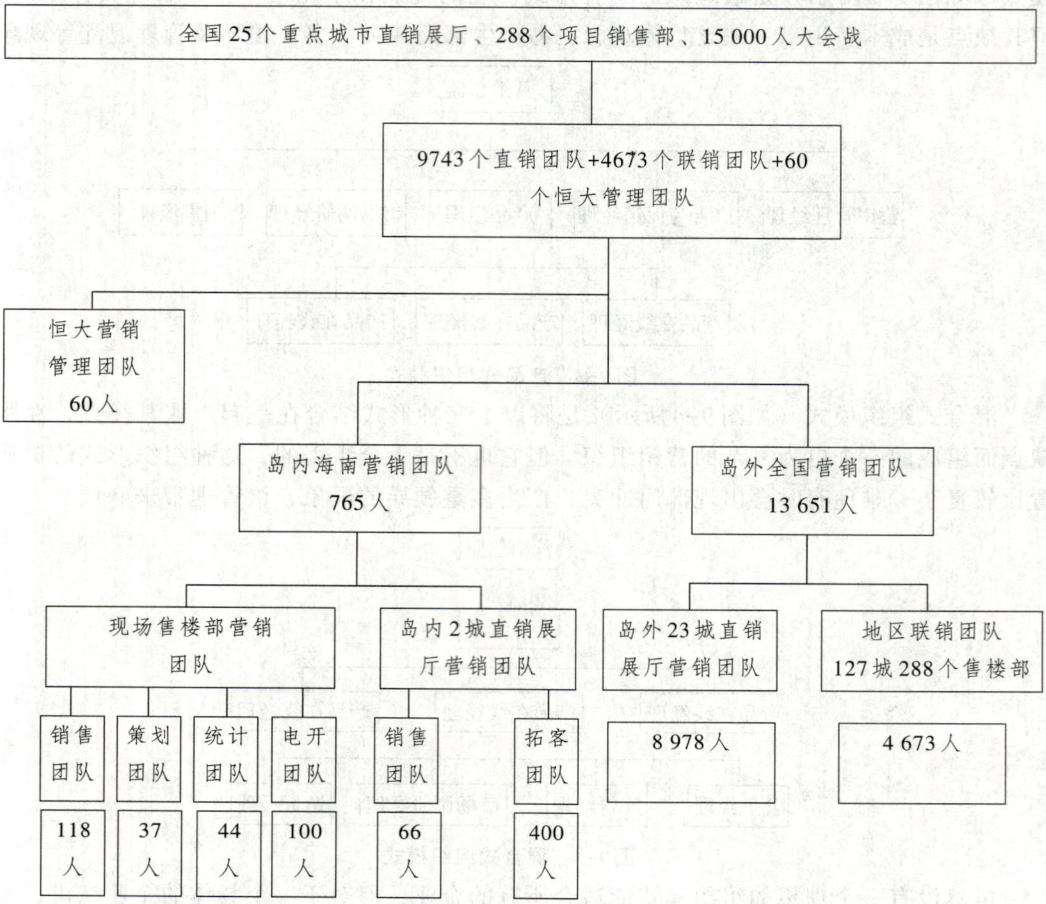

图9-5　海花岛直销团队架构

因为海花岛开盘前只有6周蓄客时间，首开必须保30亿元、冲50亿元。按30亿元计，约4 000套，需13 500认筹，每天322筹。全国25城直销展厅（指标责任单位），平均最低需13筹、约104来访/展厅/天（认筹比1∶8）。而各展厅来访有3大端口，企划端（路过、媒体）、渠道端（派单、电开、资源拓客）、业务端（客带客、老带新），其中以渠道为重。所以海花岛各展厅配置超300人的拓客团队，务求短蓄短爆，一举创下令人咋舌的业绩。

怎样管理全国范围的展厅、超一万人的团队？套用马云的理念：战略是高层的事，一线只要执行。

2.团队建设：制度、培训、文化

超大盘的营销，注定了必是攻坚战、持久战。所以团队组建之后，从严肃纪律，到提升战斗力，再到保持斗志，需要行之有效的手段。而原则就是简洁、有力、易执行。

制度：严肃纪律

以失去活力为代价的高压制度，从来都不是营销精神的真正体现。所以，越庞大的团队管理，制度越需要好懂、好记、好执行。

（1）考勤制度：上下班考勤、外出报备、请假申报，并由专人统计、职能领导抽查；

（2）早晚会制度：管理层晚会进行数据盘点、问题解决、整体任务布置，执行层早会进行客户盘点、问题解决、具体任务布置；

（3）案场行为制度：保持仪容仪表，确保廉洁自律，强调案场主人翁精神，严禁聚餐酒后开车；

（4）生死线考核制度：每周来电、来人、小卡、大卡、大定、签约、回款的七率指标考核，不定期销售说辞考核等。

培训：提升“战力”

（1）入职培训：熟悉项目、熟悉团队、熟悉制度，以便新人迅速融入；

（2）专业培训：拓客技巧、电话营销技巧、邀约技巧、案场SP技巧、逼定技巧，及时补短板、随需随用；

（3）政策及市场培训：应对新形势、完善说辞逻辑，同时为团队培养宏观视野、加强销售能力。

文化：保持斗志

（1）团队愿景：一个清晰的目标，激发每个人的使命感；

（2）团队气质：一个令人热血沸腾的团队名称，打造团队气质；

（3）团队荣誉：定期发布明星员工、业绩冲刺、自我激励、节日全家福等，加强团队荣誉感；

（4）团队活动：庆功会、聚餐、运动健身等，形成激情参与感；

（5）团队激励：销售龙虎榜、冠军戒指、红包激励等，刺激团队拼搏感。

分析：团队磨练基于追求卓越之心和日常不懈的管理。而不同规模和属性的项目可以因地制宜，在制度、培训、文化上搭建符合自身需求的团队管理体系。

9.2.2　营销团队的岗位职责

我们以职能式组织为例来介绍。

1）营销总监职责

①制订营销经理以上人员的招聘、教育训练计划；

②完善人事部制定的营销人员薪酬体系；

③制定营销会议、开发与销售会议的议题；

④销售预测，提出未来市场的分析、方向及发展规划；

⑤市场营销研究和完善市场营销信息系统；

⑥制定年度营销企划（包括策略企划、营销计划）；

⑦制定开发策略；

⑧制定楼盘价格策略；

⑨制订销售渠道的配置计划；

⑩研究制定提高本公司知名度的策略，包括运用广告、运用公共报道、规划CIS的应用；

⑪规划整体营销策略，包括促销策略、广告策略、营销目标、渠道策略和计划；

⑫定期分析、评估各项政策和措施的实施情况，及时向上级汇报并要求下级做出改进。

2）销售经理职责

①掌握市场动态，搜集市场信息，搞好市场预测，不断提高市场占有率；

②根据市场预测和销售趋势，编制季度、年度销售计划；

③按时上报实现销售情况统计报表；

④加强合同管理，建立用户档案，经常走访用户，反馈用户对产品的意见；

⑤努力做好售后服务工作，树立良好的企业形象，保证质量，提高企业知名度；

⑥配合广告部做好企业产品的广告宣传工作；

⑦负责合同的签订，回收工程款和及时清理欠款；

⑧加强业务人员的专业知识学习，不断提高业务人员素质。

3）广告经理职责

(1) 负责广告策划和广告费用计划的制订、实施，做到有计划、按步骤地开展广告宣传工作；

②充分利用各种方式、各种途径积极宣传企业产品，扩大影响，提高企业和楼盘的知名度；

③负责楼盘图、使用说明书、样板工程图片的设计、制作、印刷和散发工作；

④负责广告牌的设计制作；

⑤配合市场部做好市场信息反馈工作，及时了解用户对产品使用情况的反映，以便改进宣传工作；

⑥加强自身的专业知识学习，不断提高广告业务水平，适应时代发展的需要。

4）市场调研经理职责

①建立健全营销信息系统；制定内部信息、营销情报的搜集、整理、分析、交流及保密制度；

②定期或不定期进行市场调研，系统分析市场状况，为营销决策提供依据；

③在保密制度允许范围内，为本部门及公司其他部门提供信息支持；

④协助市场部经理制订各项市场营销计划；

⑤新楼盘开发提案；

⑥进行宏观营销环境、行业状况、供求状况信息的搜集工作；

⑦进行企业内部营销环境调研；

⑧负责市场调查计划（消费者、分析渠道、竞争者）的制订、实施和监控；

⑨与销售部等部门一起，建立企业内部营销信息反馈系统，及时把握一线市场与销售动态；

⑩负责市场信息的搜集、整理与分析，定期或不定期向市场部经理及其他相关决策部门经理提交行业动态分析，消费者市场分析，流通渠道、楼盘动态和策略分析，本公司销售实绩分析，广告和销售政策结果分析及修正建议报告，为市场部制订和修正各项市场营销计划提供依据；

⑪建立市场信息搜集、分析和管理制度，并健全档案管理，建立信息搜集、交流及保密制度；

⑫内部信息搜集（如销售业绩的统计、分析）；

⑬消费者购买心理和行为的调查；

⑭竞争品牌广告策略的分析；

⑮竞争品牌楼盘的功能、内部认购价、公开促销价、促销办法等的分析；

⑯渠道调研。

9.2.3 优秀经理人员的素质要求

1）市场观念

经理应该有迅速适应环境的能力，他要追求自己的自身价值，这个价值就是雇用价值、使用价值和商品价值。除此之外，还要善于表现自己、保护自己。

2）团队预算控制

作为经理，脑子里要有数字，懂经济，懂财务，知道他要为上级完成哪些利润指标，而这些利润指标又如何分解。换句话说，他要能做出一个适用的预算，而且懂得如何用这个预算来控制他的下属。每天要对着账本看，自己完成了多少，下属完成了多少，这都是用预算控制的。

3）组织经营能力

一个经理必须懂得接受任务以后，或接手一个部门、一个团队以后，如何建立一个既无重叠又无空白的科学的架构。要做出架构安排，完成科学的部门设置。要为每个部门设计出部门职能，为每个部门充填岗位，把每个岗位上所有的工作交给团队的每个人，通过定期述职评价每个下属的工作，通过特别述职调整下属的工作。

建立经营部门，职业经理必须知道谁来进行科研，谁来进行设计，谁来生产，谁来营销，还要知道谁为团队搞好服务，建立好总务、保安、工程维修等，为自己的团队建立起一个科学的组织系统。

4）指挥能力

职业经理必须知道如何指挥他的“千军万马”，要懂得指挥原则，知道如何下命令，如何建立督办系统，如何建立复命系统；要会主持会议，能在20分钟内解决两三个具有实质性的问题；要能够很好地处理公文。

5）参与市场竞争

一个团队的经理必须懂得，要想把产品卖出去，并在激烈的市场竞争中处于优势，就要靠特色。特色，必须来源于团队文化。要能够建设自己的团队文化，并很好地总结自己团队的历史，从历史中、从文化中找到塑造品牌的资源、力量和方向。

6）控制程序能力

经理要有设计程序和使用程序的能力。团队运作不完全靠指挥，团队最基本的运作是靠自动化程序。如果一个总经理事事亲力亲为，团队不能自己运转，那么这个总经理会越来越累。所以，要知道解决什么问题，建立什么程序，然后推动这些程序运转，还要检查这些程序是否落实，并在运转中调整这些程序，让程序为自己服务。

7）检查能力

经理要建立起不同的检查系统，包括行政检查、职能检查、专职检查等；要善于利用团队外部检查，主动争取政府有关部门的检查，让政府帮助自己运作，帮助自己发展团队；要通过这个检查网分析数据，还要让这个检查网不断工作下去。

8）识人用人能力

有识别人的能力，能跟不同类型的人打交道，包括能力大小不同的人、性格特点不同的人、知识结构不同的人。要能把这些不同的人组合在一起，并把他们放在合适的位置上，使团队成为一个生机勃勃、有活力的集体。

9）培训能力

一个优秀的经理本身也是培训师，要把他知道的技术、知识通过培训课讲清楚，让下属清楚地理解他的意图。要让下属把他看作老师，而不是一个冷冰冰的上级；要让下属把他看成教练，能让下属提高能力；还要能组织起整个团队的培训。如果一个经理能让团队的每一个人都有当老师的机会，团队员工的积极性一定非常高。他还要让他的下属认识到，在这个团队工作能学到东西，有前途，能提高自身的价值。这个团队不只是在用人，也是在培养人。

10）激励能力

首先，经理要懂心理学，理解下属，知道下属的期望，能设计和控制下属的期望值，能通过不断满足、不断提高期望使团队不断前进。其次，他要能理解职工的思想动态，会用比较流行的互动系统做好思想工作。最后，要教会团队每一个干部如何跟员工谈话，要知道如何保护和保持职工的自尊心。他的目的是让下级更好地发挥自己的作用，为团队做出贡献。

一个经理还要知道如何设计报酬控制系统，如何用有限的资金使更多的人发挥更大的作用，如何给他的下属创造更多奋斗和提升的机会。

11）法律观念

一个不懂法律的经理不是一个现代经理。经理必须懂得与团队有关的法律，如公司法、劳动法、税法、合资团队法和经济法等，依法经营，用法律保护自己。

9.3 房地产营销团队管理

销售队伍的目标、战略、结构、规模和报酬方式确定之后，公司应着手进行销售人员的招聘、挑选、训练、指导、激励和评价工作。

9.3.1 营销人员的招聘

1）招聘程序

要根据房地产团队的特点，对人员的流动和晋级有充分的考虑。各部门应先制订招聘计划，包括岗位、人数和要求等，之后确定招聘途径。人事部门可通过各种途径寻找应聘者，包括由现有销售成员引荐、利用职业介绍所、刊登招聘广告、在学生中挑选等。最后，就可以招聘—评价—试用—正式录用。

2）制定选择标准

倘若我们知道营销团队成员必须具备的素质，那么挑选成员就不会有什么困难。优秀的销售员具有下列品质：能承受风险、强烈的使命意识、有解决问题的能力、认真对待顾客和仔细做好每次访问。在房地产销售领域，好的销售员除了专业素质之外，最基本的品质在于两方面：感同力（empathy），即善于从顾客角度考虑问题；自我驱向（self-drive），即想达到销售目的的强烈的个人意愿。

3）评价应聘人员

招聘工作做得好就能吸引许多应聘者，公司便能从中挑选最优秀的人选。挑选过程可以是一次非正式的单独面试，也可以是长时间的测验和面谈，甚至是考验。许多公司会对销售员应聘者进行正式的测验，但测验成绩只是一个参考。其他条件还包括个人品格、推荐人意见、个人工作简历、会见者的反应等。

4）录用

录用的成员不能立即上岗，必须接受实战培训，合格之后才能上岗。否则，用真实客户进行实验，损失的将是整个团队的销售业绩。

9.3.2 营销人员的报酬

1）售楼员佣金制定方法

佣金是销售激励的一种重要手段，其设定科学与否，会直接影响售楼业绩。佣金制定标准有很多种。

（1）以百分比为标准

此标准即根据售楼员的售楼业绩，按百分比提取佣金。例如，售楼员提取销售总金额的0.5%。

（2）以单元为标准

此标准即根据售楼员售出的单元数来提取佣金。例如，一室一厅每套提取1 000元，两室两厅每套提取2 000元。

（3）以单价为标准

此标准即以房子的平均价格为标准来制定佣金标准。单价是以千元为单位计算的，例如每千元提取1‰，然后乘以总销售额的提成比率。

第一种标准较适合一手房销售；第二种标准较适合二手房销售；第三种标准计算起来比较繁杂，很少有团队采用。通常采用的都是百分比标准，而百分比的标准一般为0.1%～0.5%。佣金提取时限一般以月为时间段计算，即按一个月的销售总额来计算佣金。不同的销售额，又有不同的提取标准，许多开发商的佣金提取方式是分段累进超额法，其目的是激励售楼员创造优异业绩。例如，在一个月内达到100万元的销售额按照0.2%提取，100万～200万元按照0.3%提取，其余依次类推。

2）佣金制度制定的原则

（1）刺激原则

佣金的制定标准一定要刚好达到激发售楼员工作热情的效果，太低就失去了激励功效，太高就增加了销售成本。

（2）市场原则

佣金提取标准要合理，要根据楼盘的市场接受度来制定标准。如果楼盘畅销，标准就可适当放低；如果楼盘滞销，就要提高标准。若售楼员得到的佣金较少，就会挫伤售楼员的积极性。

（3）阶梯原则

一定要在同一时间段内对不同的销售额制定不同的佣金标准，不能一刀切，“大锅饭原则”会削弱售楼员积极性。

（4）差别原则

不同职位要制定不同的标准，要区别对待，经理级有一个标准，主管级有一个标准，售楼员又要有一个标准。

3）佣金分配

（1）上门客户接待顺序

售楼员接待来访客户，一律按规定的先后顺序依次接待，不得互相争抢。当天第一个来访客户由第一个售楼员接待，第二个来访客户由第二个售楼员接待，以下依次类推，如当值售楼员临时离开售楼处，则由下一位售楼员负责接待。

（2）客户划分

新客户来访，由当值售楼员接待。老客户来访，由原始接待者接待。如果原始接待者因事外出，当值售楼员应与原始接待者取得联系。如果原始接待者出差或探亲，无法接待，则按当天售楼顺序处理，轮到谁，就由谁接待。老客户介绍新客户来访时，该新客户由其介绍人的原始接待者接待。

如果老客户中途主动要求更换接待人，当值售楼员应向客户解释清楚公司的制度，不能借机暗度陈仓，据为己有，特殊情况除外。如果原始接待人与客户之间发生矛盾，此种情况应报部门经理，由部门经理解决。

（3）佣金分配

来访客户成交后的佣金归原始接待者所有。为了提高团队的集体意识，代替别人的接待者不能提取佣金（原始接待者本人同意除外）。如果原始接待者出差或探亲，该客户成交的佣金分配按三七分成，即代接待者占三成，原始接待者占七成。

4）报酬计划

报酬的组成有固定金额、变动金额、费用津贴、福利补贴。固定金额（fixed amount）是薪金或支款账户，用于满足销售成员收入稳定性的需要。变动金额（variable amount）是奖金、红利或利润分成，用来刺激和奖励销售成员所做的努力。费用津贴（expenses allowances）使销售成员有条件进行必要或需要的推销工作。福利补贴（benefits）包括休假工资、生病或意外事故时的福利、养老金及人寿保险等，用于提供安全感和工作满足感。

在工作中当非销售职责与销售职责的比率很大时，或是销售工作技术复杂时，应该强调固定报酬。在楼盘热销时，适宜采用变动金额，在滞销或尾盘和开盘前可以采用固定金额和福利补贴的方式，以稳定销售团队。当销售额呈周期性或同个人努力与否有很大关系时，则应强调变动报酬。

固定的和变动的报酬组合成了三种基本的销售报酬方法：纯薪金制、纯佣金制和薪金佣金混合制。纯薪金制报酬计划的优点是：提供给销售成员稳定的收入，使他们更愿意去完成非销售活动，而非只关注如何增加销售。纯佣金制报酬计划的优点是：吸引了更好的销售人员，提供了更多的激励，减少了督导，控制了销售成本。薪金佣金混合制的报酬方法吸取了两者的优点。

9.3.3 销售团队的激励

1）激励模式

有人研究过激励销售成员的问题。其基本模式如下：

需要→激励→努力→成绩→奖励→满足→产生新的需要→再激励→努力→成绩→奖励……

这就是说，销售人员得到的激励越大，他做出的努力便越大，更大的成绩将会带来更多的奖励，更多的奖励将会产生更大的满足感，而更大的满足感将产生更大的激励作用。

销售经理应能使销售人员认识到，通过更加努力推销或经过培训后把工作做得更完善，便可推销更多产品。但是如果销售量主要取决于经济条件或竞争行动的话，这种连锁反应便会受到某种程度的损害。销售经理还应使销售人员认识到，得到成绩突出奖是要付出额外努力的。但是，在确定奖励标准时，如果只凭主观臆断，定得过低或定得不合理，这种联动作用就会受到损害。

研究人员发现，最有价值的奖励是工资，之后是提升、个人的发展和作为某群体成员的成就感，价值最低的奖励是好感与尊敬、安全感和表扬。换句话说，工资、有出人头地的机会和满足内心的需要，对销售人员的激励最为强烈，而需要安抚和安全感的激励较弱。研究人员还发现，激励因素价值的大小随着销售人员人文统计特征的不同而不同。年龄较大、任期较长的销售人员和那些家庭人口多的人对金钱奖励最为重视。未婚、人口少的家庭和通常受到较多正式教育的年轻人员认为较高层次的奖励（表扬、好感与尊重、成就感等）更有价值。

2）销售定额

销售定额是在制订年度营销计划时确定的。公司首先要规定一个能达到的合理预期销售额。销售定额定得高于销售预测可以促使销售经理和销售人员尽最大的努力去工作。如果定额完不成，公司仍可以实现其销售预测。

3）辅助激励措施

（1）定期的销售会议。这为销售成员提供了一个社交场所，一次日常例行工作的休息，一次同“公司首脑人物”进行交谈的机会，一次表明感情的机会，以及与较大的群体交往相识的机会。销售会议是一个重要的沟通和激励工具。

（2）销售竞赛。奖品可以是汽车、旅游、电子产品、现金或表扬。此项竞赛的奖励面应适当放宽，使较多的销售人员有得奖的机会。如果只有少数人能得奖或者几乎每个人都能得奖，就会失去激励的作用。销售竞赛日期不应预先通知，否则，一些销售人员会把销售推迟到销售竞赛开始时进行，还有一些人可能会在竞赛期间虚报销售量，让顾客表达购买意向而在销售竞赛过后却不兑现。

（3）晋升。尽管不是每个人都可以得到晋升的机会，但是对于认同团队文化的优秀成员，最好的激励办法就是晋升。晋升不仅意味着待遇的提高，而且意味着团队对其个人的肯定，无形中会激励他本人并影响周围的其他成员。对于暂时没有机会晋升的成员，要帮助其规划自己的职业生涯，积极提供培训和发展的机会，让他感到有希望和机会，而不是被遗忘或者边缘化，当团队成员中个别人的士气低落时，这种情绪会传染和影响周围的人。

【案例分析9-2】

激励方法：培训、希望

培训：由开发商对售楼员制订一套系统的培训计划，这种培训可以定期进行，也可以不定期进行。培训分两种：一种是中级培训，另一种是高级培训。中级培训可以让每个售楼员参加，可请专家来售楼处讲授；高级培训要有选择性地进行，只对成绩突出、表现良好者进行培训，可派送到正规高等院校深造。

为什么说培训是最好的激励措施呢?人生是一个不断成长的过程，任何人都渴望得到新的教育、新的知识，但这种机会并不是在哪里都能获得的。奖励金钱，钱会花光，但给员工培训的机会，让其学到知识，这是一辈子都管用的。开发团队如果能给售楼员创造受训机会，他们会很珍惜这份工作，自然就会认真地投入到工作中去，并且不会轻易跳槽，无形中增强团队的凝聚力。

希望：这里所说的希望，就是为员工创造提升希望。世界上没有不想看到希望的人，人也只有在看到希望时，才会奋发图强、力争上游。团队要想留住员工，最行之有效的方法就是让员工在团队中看到希望。那么让员工看到什么希望呢?希望有很多种，但对于团队员工来说，最大的愿望就是晋升。因为晋升是人的价值的一种体现，人一旦得到晋升，其社会地位、收入都会随之上升。试想，一个售楼员，如果在一个开发团队中看不到晋升的希望，仅能做一份底层的工作，那么他工作的激情就会受到压制，从而滋生出慵懒的心态，因为反正工作努力与否都是这个样，又何必要努力呢?因而开发商应建立一套完整的晋升方案，让每位售楼员都能看到晋升的希望。

分析：培训是最好的激励。尤其对于有志于从事房地产经纪的经理人来说，培训给了希望，也是非常好的提升能力、人脉，调整工作方法，琢磨团队管理的重要方式。

9.3.4 销售人员的培训

延伸阅读9-1

某公司的员工培训计划

为了达到预期的销售目标，在销售人员正式上岗前对其进行培训是非常重要的，在销售过程中也要不断结合出现的新问题对其进行持续培训。培训工作切忌集中式、运动式进行，这样容易使学员产生焦虑感和挫折感，培训效果也会事倍功半。因此，首先需要制订培训计划，按计划开展培训，既不耽误正常的接待客户的工作，又能让学员的培训循序渐进。

一个优秀的销售人员应具备三点最基本的素质：专业素质、沟通能力、克服痼疾。

1）专业素质

销售员素质的高低，服务技能和服务态度的好坏，是影响开发商服务水准的重要因素之一。因此，销售员在上岗之前，必须具备以下专业素质：

（1）充分了解公司的具体情况

公司的具体情况包括：公司背景、公众形象、公司目标（项目推广目标及公司发展目标）、公司的历史状况、获得哪些荣誉、服务理念，以及公司未来的发展方向等；销售人员的行为准则、内部分工及工作流程。

（2）对房地产业的了解

销售人员不仅要了解房地产业宏观市场和微观市场，还应对房地产发展趋势有所认知，同时能准确掌握区域性竞争市场的动态和竞争楼盘优、劣势及卖点等信息。

（3）项目详情

项目详情具体包括：项目规模、定位、配套设施、交易条件；物业周边环境、公共设施、交通条件；该区域的城市发展计划，宏观及微观经济因素对物业的影响情况；项目特点；项目规划设计的内容及特点，包括景观、立面、建筑组团、容积率等；平面设计的内容及特点，包括总户数、总建筑面积、总单元数、单套面积、户内面积组合以及户型缺点、进深、面宽、层高等；项目优势分析；项目的卖点所在；竞争对手优劣势分析及对策。

（4）签订买卖合同的程序

①售楼处签约程序；

②计算及办理按揭贷款；

③确认入住程序及所需费用；

④签订合同/其他法律文件；

⑤填写各类表格。

（5）接受过物业管理课程培训，了解建筑方面的知识

建筑方面的知识主要包括：

①物业管理服务内容、收费标准、管理规则、公共契约；

②有关建筑术语，比如容积率、绿化率、建筑密度、使用面积等。

（6）市场营销相关内容以及销售技巧

楼盘销售与一般商品销售既有同质性，又有异质性。销售员不仅要掌握商品营销的技巧、相关理论和概念，还要对房地产营销中的异质性有所了解，学习房地产的产品策略（product strategy）、价格策略（price strategy）、营销渠道策略（marketing channel strategy）、促销组合策略（promotion mix strategy）等知识。

同时，销售员在售楼过程中应具有一定的洽谈技巧、推销技巧、身体语言技巧等。例如，如何探寻顾客需求及求购心理呢？销售员可以通过询问客户的需求、经济状况、期望等来掌握顾客的心理。一般说来，顾客购买心理动机有求实心理、求新心理、求美心理、求名心理、求利心理、偏好心理、自尊心理、隐秘心理、安全心理等。

（7）房地产相关法律知识及其他内容的培训

①房地产相关的法律法规的培训，有利于破解工作中的法律难题；

②其他培训还应包括销售人员的礼仪、建筑学基本常识和财务相关制度等。

2）沟通能力

沟通是按照一定的目标，将信息、观念和情感在个人、群体或组织之间传递，并达成共识的过程。沟通就是意义的传递和理解，包含两个方面：一是意义从一方传递到另一方；二是意义要被理解。经过良好的沟通，可能是达成共识，形成一致的意见，但也可能是一方拒绝了另一方的意见。

（1）沟通的方式

房地产经纪人经常进行人际沟通，其方式包括语言沟通（包括口头沟通和书面沟通）和非语言沟通。口头沟通是房地产经纪人最常用的沟通方式，例如电话营销和面对面营销。在书面沟通中，房地产经纪人通过传真、合同、委托书、认购书、确认单、电子邮件、短信等与委托方进行沟通。非语言沟通主要是通过面部表情、语音、语调、肢体语言等进行信息沟通。非语言沟通包括表情语言、动作语言和体态语言三大部分。例如，房地产经纪人对看房者提出的中肯建议频频点头并即刻将建议记录在笔记本上，表示了房地产经纪人对看房者意见的肯定。这时，看房者会对房地产经纪人谦虚的态度产生好感。口头沟通、书面沟通和非语言沟通在实际应用中各具优缺点，见表9-2。

表9-2　三种沟通方式的优缺点

沟通方式	优点	缺点
口头沟通	有问有答，可以马上得到对方的反馈，相互之间可以体会双方之间的情感	没有记录，容易失真
书面沟通	信息准确，永久被记录和保存，接收者有充分的时间进行信息分析	不能及时得到反馈，不知道信息接收者是否理解信息的意义
非语言沟通	辅助或强化了语言沟通，更充分地表达了信息传递者的情绪和态度	使信息更加复杂

（2）电话接听的实用技巧

电话接听是房地产经纪人给客户留下第一印象的机会，所以应在接听电话时做到专业和热情。

①接听电话前的准备工作。

熟悉楼盘及周边项目的情况。把客户电话记录单以及销控表等资料放在手边。准备一份广告，分析客户可能会提哪些问题，仔细研究广告中的“卖点”，切记不可在电话中对客户说：“对不起，请等一下，我去查一下资料”之类的话。

②接听咨询电话的技巧。

电话铃声响后要及时接听，首先问好，报公司的名称，若接听不够及时，可加一句：“对不起，让您久等了”，让客户感受到你的细心和周到。

通话过程中注意语速和缓、语气亲切、语言精练、耐心仔细，一方面要以专业的语言积极答复客户的问题，另一方面要控制整个交谈的过程，引导客户产生看房的兴趣。要及时做好客户记录，并邀约看房。通话完毕后，要等对方挂机后再挂机，不要仓促挂断，以免遗漏客户要补充的内容。

（3）提高沟通效果的能力

①语言表达能力。语言表达能力是指语言的运用能力。语言，是人们进行思想交流的工具。言为心声，语为人镜。销售人员每天要接待不同类型的客户，主要是靠语言与客户沟通和交流。销售人员的语言是否得体、礼貌、热情，直接影响着公司的形象，有时语言使用不当，还会影响客户对楼盘和服务的满意程度。因此，销售人员在接待购房客户时，必须讲究语言艺术，主要注意以下几点：第一，态度诚恳、热情。第二，讲解介绍要突出重点和要点。第三，语意表达要准确恰当、通俗易懂。第四，语气要委婉、语调要柔和。第五，不夸大其词，不超范围承诺，留有余地。

②观察能力。观察能力是指与人交谈时对谈话对象口头语言、身体语言、形象、思考方式等的观察和判断，据此可对后续谈话内容和方式及时修正和改善。

③社交能力。社交能力包括与人交往使人感到愉快的能力、处理异议争端的能力以及控制交往氛围的能力等。消费者类型多样，其购房心理、生活兴趣与爱好、个性特征、经济实力、文化品位各不相同。优秀的销售人员能充分把握客户需求，凭借其丰富的销售经验能快速判断客户的类型，并及时调整销售策略，让客户始终在自己设定的轨道上运行，直到最终帮客户做出明智的决定，这样既能让客户体会到销售人员的专业服务，又能协助客户选到称心如意的房子。

④良好品质。一名合格的销售人员应具备一定的优秀品质，才能符合岗位的标准和要

求。从公司及客户的角度，销售人员应具备以下优秀品质：饱满的工作热情；积极的工作态度；良好的人际关系；善于团队协作，与同事友好相处；服从领导的管理；独立的工作能力和解决问题的能力；充分熟悉和了解楼盘的情况；业务熟练；真诚可靠；了解客户的真正需求；对客户有礼貌和耐心；帮助客户做出正确的购房选择；完成分配的任务，达到目标；与客户保持持久良好的关系。

⑤面谈能力。在房地产销售过程中，面谈是房地产经纪人获得客户信息最多的一种沟通方式。面谈实际上是一种语言沟通方式，房地产经纪人是否掌握了语言沟通技巧，即面谈技巧，决定了房地产经纪人能否与房地产交易双方及相关人员成功相处，也决定了房地产经纪人能否促成交易。

房地产经纪人与客户的面谈通常有两种，一种是正式面谈，另一种是非正式面谈。正式面谈通常是房地产经纪人与客户事先约好的，例如房地产经纪人参与的交易双方价格谈判。非正式面谈是没有经过事先约定的房地产经纪人与客户之间的面谈，例如在新建商品房售楼处，房地产经纪人与看到媒体广告后主动到售楼处咨询的客户的面谈就属于非正式面谈。

正式面谈一般包括预先计划（面谈的准备部分）、开场白、主体、收尾（结束部分）和后续工作（回访等）五个部分。在面谈过程中，房地产经纪人应该充分发挥专业知识、个人魅力、提问技巧与客户进行沟通。为了控制谈话局面、引导谈话进程，房地产经纪人要掌握以下几个方面的技巧，见表9-3。

表9-3　房地产经纪人的面谈技巧

技巧	内容
初次见面展示自我	1.适度寒暄，不要过于热情，也不要过于生硬，神态表情自然而丰富 2.尊重和体谅客户，让客户感觉受到重视 3.要有礼貌，切忌粗俗，体现一个房地产专业人士的品位
认真倾听适时提问	1.观察客户的外部体态、语调、语音、肢体语言，体会客户需求的迫切性、价值倾向等信息 2.根据谈话进展，使用提问技巧，适时提问，引导谈话进程，获得更多信息
诚实回答客户提问	1.以客户的立场理解客户提问和客户需求 2.以专业的态度诚实、认真并耐心地回答客户提问；不知道或不清楚的问题，得到确切答案后再回复客户 3.让客户感觉其提问得到支持或认同，从而让客户提供更多信息
总结谈话要点	1.及时找到谈话中已达成的共识，与客户进行要点总结 2.采用以退为进、将心比心、以情感化、寻求一致等技巧说服客户

3）克服痼疾

一次成功的面谈，实际上是一系列销售技巧、经验支持的结果，是一个系统工程，过程中任何细微之处出现问题都会影响到其他方面，从而导致失败或谈判效果欠佳。所以销售员应好好检讨自己，避免长期不良的销售方式所养成的痼疾。

（1）言谈过于严肃

销售员切忌用过于书面化、过于理性的论述进行销售介绍，这样会使顾客感觉其建议操作性不强，为达成目标所需付出的努力太多，或者会认为与这样的人有心理距离，因此销售就很难成功或建议被拒绝。

（2）喜欢随时反驳

如果销售员不断打断客户谈话，并对客户提出的每项异议都进行反驳，就会失去在最适合的时间找到让客户提出真正异议的机会。

（3）谈话无重点

如果谈话内容重点不突出，就无法勾起客户强烈的购买欲望，这种情况下客户会认为销售员对其重视不足或准备不足。谈话内容无重点将导致销售失败。

（4）言不由衷的恭维

对待客户销售员应当坦诚，如客户观点正确，应由衷赞同他们对市场的判断。如果为了讨好客户，为求得订单而进行华而不实的恭维，则是对对方的一种轻视，这样会降低消费者对销售员以及楼盘的信任度。

（5）懒惰

在销售过程中，销售员会有很多独处的时候，也会有因遭受多次失败而感觉孤独的时候，这时候会丧失信心、失去目标，就有可能造成懒惰，而懒惰只会带来更多的失败。一分耕耘，一分收获，只有不断努力进取，业绩才会上升。追求成功是克服懒惰的最好办法，自律是克服懒惰的最佳方式。

【案例分析 9-3】

纪律——敬业的基础

一个团结协作、富有战斗力和进取心的团队，必定是一个有纪律的团队。同样，一个积极主动、忠诚敬业的员工，也必定是一个具有强烈纪律观念的员工。可以说，纪律，永远是忠诚、敬业、创造力和团队精神的基础。对于团队而言，没有纪律，便没有了一切。

西点军校非常注重对学员进行纪律训练。为保障纪律训练的实施，西点有一整套详细的规章制度和惩罚措施。比如，如果学员违反军纪军容，校方通常惩罚他们身着军装，肩扛步枪，在校园内的一个院子里正步绕圈走，少则几个小时，多则几十个小时。据说，艾森豪威尔到西点军校不久，就因为他的自由散漫而赢得了“操场上的小鸡”的外号。原因是艾森豪威尔经常不得不接受惩罚，像小鸡在田间来回走动一样在操场上来回走步，只是不如小鸡那样自由罢了。

这样的训练整整持续一年，纪律观念由此深深地根植于每个学员的脑海中。同时，随之产生的是每个人强烈的自尊心、自信心和责任感，这是一些让人受益终身的精神和品质。我在西点军校接受了关于纪律的严格训练，它帮助我成为一名合格的陆军指挥官。在后来为团队服务的职业生涯中，我成功地把这种纪律观念灌输给我的每一位下属，它又帮助我获得了不凡的成功。我发现，纪律的作用和重要性，比人们通常所想象的还要大。

当你的团队和员工都具有强烈的纪律意识，在不允许妥协的地方绝不妥协，在不需要借口时绝不找任何借口，如质量问题、对工作的态度等，你会发现工作因此有了一个崭新的局面。

对于团队和员工而言，敬业、服从、协作等精神永远比任何东西都重要。但我相信，这些品质不是员工与生俱来的，不会有谁是天生不找任何借口的好员工。所以，给他们进行培训和灌输显得尤为重要，就像西点不断要求学员的着装和仪表一样，最后是要让所有的人都明白，“纪律只有一种，这就是完善的纪律”。

还是来看看伟大的巴顿将军的例子吧。乔治·福蒂在《乔治·巴顿的集团军》中写道："1943年3月6日，巴顿临危受命为第二军军长。他带着严格的铁的纪律驱赶第二军，就像'摩西从阿拉特山上下来'一样。他开着汽车转到各个部队，深入营区。每到一个部队都要训话，诸如领带、护腿、钢盔和随身武器及每天刮胡须之类的细则都要严格执行。巴顿因此可能成为美国历史上最不受欢迎的指挥官。但是第二军发生了变化，它成功地变成了一支顽强、具有荣誉感和战斗力的部队……"

巴顿可以说是美国历史上个性最强的四星上将，但他在纪律问题上，对上司的服从上，态度毫不含糊。他深知，军队的纪律比什么都重要，军人的服从是职业的客观要求。他认为："纪律是保持部队战斗力的重要因素，也是士兵们发挥最大潜力的基本保障。所以，纪律应该是根深蒂固的，它甚至比战斗的激烈程度和死亡的可怕性质还要强烈。""纪律只有一种，那就是完善的纪律。假如你不执行和维护纪律，你就是潜在的杀人犯。"巴顿如此认识纪律，如此执行纪律，并要求部属也必须如此，这是他成就事业的重要因素之一。

分析：经纪人的工作时间较长且工作方式灵活，但这绝不是不严格要求工作纪律的借口。往往大的失误就是源于一些小的松懈，任何时候都强调纪律并严格按照公司制度操作是经纪人队伍效率提升的保证。

本章小结

本章介绍了房地产营销团队与其他类型的团队的不同点和作用，由此展开，详细介绍了房地产营销团队的组织结构、人员素质、日常管理、激励和评价等方法。对团队文化的作用和建设也作了叙述。

本章要传达的信息有：团队绩效需要团队文化为支撑，没有了团队文化的支撑，最多只会获得暂时的成功；房地产营销团队要发挥其作用，需要建立一支高素质的队伍，更重要的是需要日常的管理；管理团队需要从招聘、激励和考核几个方面下手，单一地使用一种方法是行不通的。

在实践过程中，团队的组建和管理所需的知识，本章均有叙述。不过，管理的方法和原则的运用还在于经理层人员的灵活运用。所以，如何判断优秀的经理人员，虽然本章也提供了标准，但是仅作参考。

关键概念

团队　房地产营销团队　团队文化　制度文化　精神文化　固定金额　变动金额　福利补贴

基础知识练习

△ 选择题

1）团队文化的作用是（　　）。

A.调节功能　　B.规范功能

C.凝聚功能　　D.激励功能

2）置业顾问、主管、经理的佣金提取比例不一样，贯彻了（　　）的佣金原则。

A.市场　　B.阶梯　　C.差别　　D.刺激

3）每天让业绩出色的置业顾问主持早会最直接的目的是（ ）。

A. 调节工作环境　　B. 提升　　C. 体验　　D. 激励

△ 简答题

1）房地产营销团队的组织类型有哪些？

2）团队文化的内容是什么？

3）房地产营销团队的特点是什么？

4）房地产营销团队佣金制度的制定原则有哪些？

5）如何进行营销团队的激励？

6）销售人员应具备哪些方面的能力、

7）销售人员在谈判的过程中应克服的痼疾有哪些？

实践操作训练

△ 案例一

H地产顾问公司一向有开早会的习惯，这是一天工作的开始，包括唱司歌、做早操、各部门开会等几项。对于这种一成不变的做法，员工觉得乏味，领导也觉得没有起到激励员工的作用。于是，领导向公司各部门征求意见，要改变早会的做法。公司销售部的一个新员工提了个建议，即每天早会增加一个环节，让每个部门每周选出一个代表，给大家领操、领唱，为大家讲一句格言（让员工思考）或者一个幽默小故事（让员工快乐工作）。这个想法很简单，也得到了公司领导的认可。可在执行过程中，销售部的员工说我早操做得不好，客户服务部的员工说我歌唱得不好等，都有推辞的理由。新早会也就执行不下去了，结果新员工不但没有得到奖励，还被同事认为好出风头。新员工觉得自己委屈，公司征求建议，但是刚被采纳又取消了，不但没有奖励，还不被同事认可，很是郁闷。

问题：请指出该案例中公司出现的问题，并提出合理化的解决办法。

△ 案例二

美国加利福尼亚大学的学者做了这样一个实验：把6只猴子分别关在3间空房子里，每间房子关2只。房子里分别摆放着一定数量的食物，但摆放的位置不一样。第一间房子的食物就摆放在地上，第二间房子的食物分别从低到高悬挂在不同的位置上，第三间房子的食物悬挂在房顶。数日后，他们发现第一间房子的猴子一死一伤，伤的缺了耳朵断了腿，奄奄一息。第三间房子的猴子也死了。只有第二间房子的猴子活得好好的。

究其原因，第一间房子的2只猴子一进房间就看到了地上的食物，于是，为了争夺唾手可得的食物而大动干戈，结果死的死，伤的伤。第三间房子的猴子虽做了努力，但因食物放得太高，够不着，被活活饿死了。只有第二间房子的2只猴子先是各自凭着自己的本能蹦跳取食，最后，随着悬挂食物高度的增加，取得食物的难度也逐渐增大，2只猴子只有协作才能取得食物，于是，一只猴子托起另一只猴子跳起取食。这样，每天都能取得足够的食物，2只猴子都很好地活了下来。做的虽是猴子取食的实验，但在一定程度上也说明了工作人员与岗位的关系。

问题：请结合上述案例谈谈如何进行岗位设置以及人员激励。

△ 实训题

［实训情境设计］

假如你是房地产公司的销售总监，请你就新组建的5～10人销售团队制订一份培训计划。

［实训任务要求］

发挥创造力，制订出全面而详细的计划。

［实训提示］

可参照本章的案例并结合接受培训的经历进行。

［实训效果评价］

将实训效果量化，参照表9-4进行效果评价。

表9-4　**培训计划实训效果评价**

评价内容	分值（分）	评分（分）
培训计划的内容详细程度	30	
培训方法的可行性	30	
培训时间的合理性	20	
培训效果预测	20	
实训效果总体评价	100	

注：考评满分为100分。60分以下为不及格；60～69分为及格；70～79分为中等；80～89分为良好；90分以上为优秀。

第10章

房地产投资顾问

学习目标

通过本章的学习，认识房地产投资的特点，掌握房地产投资的类型、各种投资类型的投资分析，熟悉房地产投资决策方法和投资分析的计算方法，了解房地产投资风险的种类和投资风险的防范。

房地产产品具有消费与投资双重属性，也就是说房地产产品既是消费品，也可以作为投资品。房地产的投资功能越来越被我国居民接受，甚至成为高收入者的投资首选。但是，当房价下跌时，也会出现已购房者要求退房、补偿差价等情况，充分说明房地产投资存在巨大的风险。一个成熟的房地产投资者必须认清风险，理性分析，才能减少损失，增加收益。

引　例

某投资公司计划购买投资物业，选择对象有两个，一个是甲开发商在建尚未封顶的写字楼，预计将该写字楼装修成SOHO公寓对外出租，市场上同地段的SOHO公寓月租金是65元/平方米，市场销售价格是1.2万元/平方米，与开发商谈妥的整体购买价格为0.96万元/平方米。另一个项目是附近一精装修写字楼，与开发商谈妥的整体购买价格为1.4万/平方米，最可能出租的月租金是80元/㎡，交清全款之后即可以办理产权。考虑到甲开发商要在1年以后交房的不确定性，该公司最终还是选择购买精装修写字楼。可见期房风险在投资中所起的作用很大，不容忽视。

10.1　房地产投资概述

10.1.1　房地产投资的概念及类型

1）投资的概念

投资是指投资者投放一定量的资金，以获取未来收益为目的的经济活动。在当代社会，投资活动的范围极为广泛，它贯穿于社会生产、流通、消费等各个环节。

2）房地产投资的概念以及投资的类型

（1）房地产投资的概念

房地产投资，是指国家、企业或个人为了达到一定目的，直接或间接对房地产的开发、经营、管理、服务和消费所进行的投资活动。房地产直接投资是指投资者直接参与开发或购买房地产的过程，包括从购买开始的开发投资和向已建成物业的置业投资两种形式。房地产间接投资主要是指投资者以房地产资产权益为对象，将资金投入与房地产相关的证券等市场的投资，包括购买房地产企业发行的股票、债券，以及购买房地产资产支持的房地产信托公司（REITs）的股份或房地产抵押支持证券（MBS）等。投资涉及的领域有土地开发、旧城改造、房地产经营、置业等。本章主要介绍房地产经营、置业等方面的投资，不涉及房地产开发投资。

（2）房地产投资的类型

根据房地产投资目的和收益的回报方式来划分，可以分为房地产置业投资和房地产经营投资两种。

房地产置业投资是指投资者购置房地产供自己使用的一种投资形式。投资的主要目的是自己消费。由于房地产具有与其他商品不同的特质，投资者期望自己购置的房地产在未来能够得到保值与增值，从这个角度来说，购置房地产是一种获利的消费，换句话说，消费也是投资。房地产置业投资的对象可以是开发商新建成的物业，也可以是房地产市场上的二手房屋。这类投资有两个目的：一个是满足自身生活居住或生产经营的需要，即自用，我们称为置业消费投资；二是投资者将购入的物业出租给最终的使用者，以获取较为稳定的经常性收入，我们称为置业租赁投资。同时，这类投资可以在投资者不愿意继续持有该项置业投资时，将其转售给另外的置业投资者，并获取转售收益，我们称为置业买卖投资。

房地产经营投资是指投资者以租赁房地产等形式进行的营利性商业活动，其投资收益主要是通过经营来实现的，如房地产租赁经营投资。

3）房地产置业投资的特征

（1）房地产置业投资的优点

房地产置业投资可以为投资者提供较为稳定和可观的收益；房地产置业投资具有一定的安全性和保值增值性；房地产置业投资能抵消通货膨胀的影响；易于获得金融机构的支持；提高置业投资者的资金信用等级。由于拥有房地产并不是每个公司或个人都能做到的事，所以拥有房地产变成了占有资产、具有资金实力的最好证明。

（2）房地产置业投资的缺点

房地产置业投资数额巨大，由于房地产本身所需投资额大，少则需要十几万元，多则几十万元，甚至几百万元以上，因此它并不是一种大众化的投资工具。房地产置业投资的回收期长；置业投资者需要较强的专门知识和经验。

4）房地产经营投资的特征

（1）投资的产品价值的双重性与影响因素的多样性

首先，是价值的双重性。房地产是固定资产与无形资产的成品。就其固定资产而言，房屋建筑表现了它有形价值的一面，随着时间的推移，折旧率会使其价值逐渐降低；而房屋建筑附着的无形资产——土地使用权与周边环境则相反，随着城市建设用地的日渐减少与城市人口的日渐增多以及城市建设的发展，其价值会越来越高。其次，是价格影响因素的多样性。房地产产品是不动产，决定其价格的基本因素虽然是土地成本与建筑成本，但其区域性的相关条件对价格也有较大的影响。

（2）资金投入量大

房地产属于大件产品，占用的资金少则几万元，多则几十亿元。有些可以分期投入，有些则需要一次性投入。无论是对于个人投资还是企业投资来说，都是不小的负担。

（3）投资回收期长

除了短线炒卖房地产，房地产投资的回收期都比较长，尤其是长期经营的房地产，其投资回收期则更长。

（4）投资具有保值性和增值性

由于土地的稀缺性、固定性和不可再生性，城市建设用地日渐紧张，房地产所依附的土地具有较强的保值性和增值性。

（5）投资所受影响因素多

房地产投资首先受政治、经济、环境因素的制约。由于房地产投资回收期较长，只有在安定的政治环境和稳定的经济发展条件下，投资的回收与收益的获取才有保障。其次，房地产投资受国家政策法令的限制，任何国家对房地产业都有特殊政策和法规加以限定。最后，政府对宏观经济的管理、地方行政管理条例对房地产的投资都有所制约。

（6）投资操作技巧性强

房地产投资的成功与否，除了上述相关制约因素外，关键在于能否把握市场的变化，能否熟练掌握房地产投资技巧，并运用于实践。有许多房地产投资者由于忽略了对市场的认识和操作上的技巧而导致失败。

10.1.2 房地产投资分析的基本指标

1）投资成本

房地产买卖投资成本包括：购置价款；利息费用；维护费用（改造费用）；经营费用；税费（购买时的契税、印花税、交易手续费；出售时的印花税、增值税及附加、土地增值税；企业所得税等）；物业管理费；维修基金（指新房）；中介佣金。

房地产租赁经营投资成本包括：押金利息；改造费用；经营管理费用以及税金；设施运行维护费、维修费用；空置费用；所得税。

2）投资回收期

投资回收期（主要适用于出租和自营的房地产项目）是指房地产项目的净收益抵偿总投资所需要的时间。一般以年表示，并从房地产项目开发期的起始年算起。考虑资金的时间价值所计算的回收期称为动态投资回收期。不考虑资金的时间价值所计算的回收期就是静态投资回收期。

$$\text{动态投资回收期}=\frac{\text{累计净现金流量的折现值}}{\text{开始出现正数的期数}}-1+\frac{\text{上期累计净现金流量折现值的绝对值}}{\text{本期净现金流量的折现值}}$$

$$\text{静态投资回收期}=\frac{\text{累计净现金流量开始}}{\text{出现正数的期数}}-1+\frac{\text{上期累计净现金流量的绝对值}}{\text{本期净现金流量}}$$

3）投资利润率

投资利润率=年平均利润总额÷总投资×100%

4）资本金利润率

资本金利润率=年平均利润总额÷资本金×100%

5）资本金净利润率

资本金净利润率=税后年平均净利润总额÷资本金×100%

10.2 房地产投资风险及投资决策

10.2.1 投资房地产的经济风险

对房地产投资影响较大，同时可以规避和预测的风险是经济风险。经济风险主要包括利率风险、购买力风险、资金变现风险和经营性风险等。

1）利率风险

房地产市场的利率风险是指利率的变化对房地产市场的影响和可能对投资者带来的损失。当利率上升时，房地产开发商和经营者的资金成本会增加，消费者的购买欲望随之降低，因此，整个房地产市场将形成一方面生产成本增加而另一方面市场需求降低的局面，这无疑会给投资商和经营者带来损失。反之，当利率下降时，则会给投资者带来利好。

2）购买力风险

购买力风险主要是指市场中因为消费者购买能力改变导致房地产商品不能通过市场实现其价值而空置造成经济上的损失。购买力风险是一种需求风险，在市场经济体制中，需求是一个非常不稳定的因素，受工作环境、生活环境、社会环境、消费结构的影响，消费者的购买能力不断变化。如果市场需求下降，将会给房地产开发商和经营者带来损失。

3）资金变现风险

资金变现风险就是将非货币的资产或有价证券兑换成货币。不同性质的资产或证券，其变成货币的难易程度不同，一般来说，储蓄存款、支票的变现性能好，股票、外汇、期货的变现性能次之，房地产投资的变现性能最差。房地产资金变现风险主要是在交易过程中，因变现的时间方式变化而导致房地产商品不能变成货币或延迟变成货币，从而给房地产投资商和经营者带来损失。

4）经营性风险

房地产市场是一种不充分市场，它与完全自由竞争市场所应具备的四个条件（即同质商品、交易双方自由出入、交易双方数量众多且没有垄断行为、交易双方具备充分信息）相去甚远。在特定区域和特定的时期内，房地产供给缺乏弹性，消费者的选择余地非常小，这时，房地产市场只能说是一种准市场。这种不充分市场的特征就是缺乏信息，许多房地产的交易是悄悄进行的，投资者往往不懂交易所涉及的法律条文、城市规划税费等规定，尤其是对房地产交易过程中的许多细节不了解，因此，有可能造成不必要的损失。

10.2.2 房地产投资风险防范与应对策略

1）建立专门的风险管理部门

房地产投资风险管理机构的任务应该是紧紧围绕投资过程中对风险的管理，来实现投资利益最大化或风险最小化的目的。因此，根据风险的特征和投资的特点，房地产风险管理机构的任务具体包括：

（1）投资风险的辨识

风险辨识方面，要对影响房地产投资的各类风险特征和类别进行归纳和区分，收集、整理过去曾影响投资、影响投资经济效益的经验资料，以及现时的、将来的、社会的、经济的、自然的、技术的等各类风险信息，掌握引发风险的因素，对投资收益产生影响的后果等进行判别。

（2）风险的分析和决策

根据房地产投资的总体目标要求，在各种风险因素存在的条件下，分析风险成因，突出主要风险问题，运用科学的手段评价投资的各种方案，比较可能引起的损失和产生的效益，分析、确定和计算风险，进行成本效益分析。

（3）风险的控制

一旦投资者决策形成，就意味着风险的降临。为达到投资效益的最优，避免或缩小风险对投资效益的影响，建立风险的控制体系变得顺理成章。风险控制主要考虑两方面内容：一是制订风险控制计划。按照风险的分布和发生的概率，有针对性地建立风险控制计划。二是风险控制计划的组织和实施。

（4）风险的转移和处理

根据风险的特点，风险是可测的，风险对投资效益的影响是确定的，而风险控制、预防成效反映了对投资效益的影响程度。因此，在风险不可避免的情况下，风险管理机构如何及时将风险进行处理和转移，如购买保险等可以使风险损失减少到最低程度，防止损失扩大，变不利为有利，就成为风险控制机构一项重要任务。

2）常见房地产投资风险的应对策略

（1）物价风险的应对策略

当项目的投资较大时，房地产投资企业可以以发包的形式将项目的工程建设部分通过招标发包给建筑工程承包商。当项目的工程投入不大，并且企业有一定的经济实力和财务上的抗风险能力时，则可以采取风险自留的风险规避策略。

（2）利率风险的应对策略

如果在一定时期内，房地产投资收益不足以抵消贷款利息，房地产投资将无利可图。投资者可以采取租金调整锚定贷款利率的方式将风险转嫁给消费者，或通过固定利率方式将利率风险转嫁给银行。另外，在企业可动用的资源允许的范围内，可以适当地调整项目融资的财务杠杆，以合理地承担风险。

（3）经营风险的应对策略

对于项目的经营风险，可采用预防的风险规避策略，即采用工程法、教育法和程序法。这需要项目管理者具有一定的项目技术实力和项目培训措施，并严格制定各种工作流程和规章制度，保证在事前根除风险源，以达到规避风险的目的。

10.2.3 房地产投资决策

在房地产投资活动中，一般会有不同的投资方案可供选择。投资者在众多的方案中进行比较，找出最佳方案就是房地产投资决策。

1）房地产投资决策的程序

①确定拟投资项目要达到的目标；

②根据选定的目标，提出若干个有价值的投资方案；

③通过方案的比较，选出最佳投资方案；

④评价方案，选出最佳的投资方案。

当然，投资决策的内容相当广泛，既包括投资时间、投资规模，也包括经济效益和社会效益的比较。在决策时，既可以全面考虑，也可以就经济效益进行局部比较。

2）房地产投资决策的准则

（1）确定型决策准则

确定型决策是影响决策的因素或自然状态是明确肯定的决策问题，例如市场变化不大、投资少的短期项目，其销售价格和未来投资回报均可以事先准确预计的决策。对于确定型决策问题的决策准则就是各种方案的评价指标，如投资收益率、投资回收期等。

【案例分析10-1】

王先生准备购买一处物业用于投资。销售人员给他推荐了一处精装酒店式公寓和一处精装住宅。酒店式公寓投资和住宅投资均为60万元，均为一次性付款。酒店式公寓的开发商承诺售后返租10年，年净回报为投资额的8%，而住宅现在的净租金是每年4万元。

分析：不考虑能否出租的风险的话，以静态投资回收期来比较这两个方案，则酒店式公寓的回收期是12.5年，住宅的回收期是15年，所以购买酒店式公寓的投资回收期相对要短，比较理想。但如果考虑到10年之后的酒店经营情况和重新装修等，理想的选择就是住宅了。

（2）风险型决策准则

风险型决策是指每种方案的执行都会出现若干种不同的结果，并且每种结果的出现都有一定的概率，即每种选择都会存在风险。风险型决策准则要求决策者根据几种不同的自然结果发生的概率做出估计，计算并比较期望值。

【实战演练10-1】

王先生准备购买一处物业用于投资。销售人员给他推荐了一处酒店式公寓和产权商铺。酒店式公寓投资40万元，商铺投资65万元，均为一次性付款。未来的酒店和商铺的市场情况有两种：一种是好，出现的概率为0.8；一种是差，出现的概率为0.2。市场好的时候，酒店式公寓和商铺的年净收益分别为4.5万元和7万元，市场不好的时候其年净收益分别为3.6万元和4.2万元，经营期限为15年。

请分别计算两个方案的净收益期望值，并通过比较，选择期望值最大的方案为最优方案。

酒店式公寓期望值=（4.5×0.8+3.6×0.2）×15-40=24.8（万元）

商铺的期望值=（7×0.8+4.2×0.2）×15-65=31.6（万元）

比较两个方案的期望值可知，购买商铺的回报总额比购买酒店式公寓要高。

（3）不确定型决策准则

当投资决策者所面临的客观条件完全未知时，不仅有多种自然状态，而且每种状态出现的可能性也无法预测的决策问题称为不确定型决策问题。不确定型决策问题采用不确定型决策准则。由于信息不全，有较大的主观随意性，所以，只得将不同的准则作为不确定型决策的依据。这些决策准则有：

①悲观法则。悲观法则是指为了保险起见，决策者总是按照最不利的状态做出决策。先从各方案中找出收益最小值来，再从中找出最大值所对立的方案。所以，悲观法则又称为“小中取大”法则，其基本思想是不求大功，但求无过，稳当，谨慎。其缺点是虽然可以避免出现较大的实际损失，但是盈利机会损失也是最大的。

【案例分析10-2】

下面是某消费者面对三个房地产投资产品的损益时所做的决策，假设未来市场环境为好、一般和差三种。方案A是投资商铺甲，未来市场环境好、一般和差时相应的收益分别是165万元、110万元和70万元；方案B是投资商铺乙，未来市场环境好、一般和差时相应的收益分别是186万元、100万元和50万元；方案C是投资住宅，未来市场环境好、一般和差时相应的收益分别是140万元、68万元和33万元。则A方案的最小值是70万元，B方案的最小值是50万元，C方案的最小值是33万元。

分析：悲观法则的基本思想是但求无过、不求大功。缺点是虽然可以避免出现较大的实际损失，但是盈利机会损失也是最大的。根据悲观法则，应该选择70万元所代表的A方案。

②乐观法则。每一方案的最大值中最大的所代表的方案就是所选择的方案。例如“案例分析10-2”中，A方案的最大值是165万元，B方案的最大值是186万元，C方案的最大值是140万元。根据乐观法则，应该选择186万元所代表的B方案。

③后悔值法则。如果对形势估计错误而选错方案，投资将产生损失，决策者会为这种选择后悔，当然后悔值越小越好。以后悔值为方案选择标准进行方案决策的方法称为后悔值法则。决策时，先将同一自然状态下的最大收益减去该自然状态下的其他方案的收益，得到各自然状态下的各方案的后悔值，然后列出各方案的最大后悔值，从中选择最小值，该最小值所代表的方案就是该项目的最优方案。以“案例分析10-2”为例，后悔值法则的决策过程是：

市场好的时候，A、B、C三方案的后悔值分别是21、0和46；市场一般的时候，A、B、C三方案的后悔值分别是0、10和42；市场差的时候，A、B、C三方案的后悔值分别是0、20和37。A、B、C三方案的后悔值最大的分别是21、20和46，其中20最小，所以20所代表的B方案是最优方案。后悔值法则代表了人们未能选择最有利的行动而造成的效益损失量。

10.3 房地产投资分析

从前面我们得知，房地产投资分为房地产买卖投资、房地产消费投资和房地产租赁投资，此外还有房地产租赁经营投资。本节逐一介绍这四种投资方式。

10.3.1 房地产买卖投资分析

房地产买卖投资为短线投资，是指投资者主要利用市场变化，投入一定的资金，以低价购入房地产，待价而沽。通过赚取差价获取利润，带有一定的投机性。房地产买卖投资一般从以下几个方面进行投资分析：

1）房地产产品分析

房地产产品的基本品质是从买卖投资的角度来考虑的，其品质包括有形的和无形的，有形的品质指地理位置、环境与建筑状况，无形的品质是指产权状况等。

（1）地段

不管是投资住宅还是商业写字楼之类的，地段决定一切。一般来说，就业中心区为住宅区提供了需求市场，住宅区为就业中心区提供了充足的劳动力，也为商铺的迅猛发展创造了条件。

（2）环境

生态、人文、经济等环境条件的改善会使房产升值。生态环境要看小区能否因绿地的变化而使气候有所改良。要重视城市规划的指导功能，尽量避免选择位于工业区的住宅。每一个社区都有自己的文化背景，文化层次越高的社区，房产越具有增值的潜力。商铺投资要看周边的商业环境是否已构成成熟的商圈，如果是的话，店铺的升值是毋庸置疑的。

（3）建筑物品质

有投资价值的物业，建筑物品质应满足以下几个方面：

一是要具备耐用性。物业越是耐用，给投资人带来的回报就越多。耐用性具体体现在四个方面：物业的材质要经得住时间的考验，要真材实料；物业制造工艺要精细；物业的设备也要耐用和有效率；有良好的物业管理，它相当于对固定资产的维修和保养的支持系统。

二是要具备适宜性。建筑物要适于人们居住和使用，物业的功能空间布置要符合人的行为习惯；功能空间和用具的尺度要符合人体活动舒适性的要求；要有良好的通风采光，有益于保持使用者的良好的生活状态；要尽可能地引入人文或自然的景观，以满足使用者的精神需求；要求物业管理有较高的智能化水平。

三是要具备可更改性。这就意味着给人们的行为方式的改变留下余地，室内的间隔是可拆改的，功能空间的位置是可调并能重新组合的，这是出租型物业必备的条件。

四是要有可观赏性。要有审美价值，有精神和灵性。物业的风格和品位各有差异，在诸多风格中，能够形成一种主题，得到多数人推崇的才是有投资价值的。

（4）产权状况

拟投资购买的住宅、商铺，其产权一定要合法、有效、手续齐全，没有任何法律纠纷和经济纠纷。要弄清有无银行抵押或其他抵押，也要弄清是否已出租。产权的年期与法定的房屋功能也很重要，有的房屋位置虽然很好，但是其土地剩余使用年期已经不多了；有的房屋法定使用功能为住宅，但是转让时已作商场使用，而投资购买时是不能按照商业用房来评估的。

2）房地产市场分析

房地产市场分析就是对各类房地产市场供需现状与发展前景进行分析。“物以稀为贵”是市场法则。房地产买卖投资大多数是在市场供不应求的时候才去投资，如果市场已经供过于求，投资者还要去投资，应当格外小心。这时要考虑两个方面：一是价格很低，将来升值空间大；二是做长线投资，否则很容易被套住，短期内解不了套。如果价格过高，未来升值空间不大，是不能投资的。一旦高价购买了积压的房屋，将来要很长时间才能出手，一是机会成本增加，二是建筑物的功能性折旧会影响未来的正常收益。在进行房地产买卖投资分析时，应考虑下列市场供需变化。

（1）城市产业结构影响市场需求

随着城市社会经济的发展，以及产业结构比重的变化，各类房地产的市场需求也会发生变化。例如，某城市的第二产业发展很快，这时厂房的需求量就会增大。当该城市产业结构比重向第三产业倾斜时，办公用房和商业用房的需求量就会增大，而这时厂房的需求量就会减少。深圳在20世纪90年代以前，工业发展很快，特区内到处是工业区，厂房供不应求。20世纪90年代中期以后，第三产业发展的比重越来越大，一些工业街区的功能逐渐向商业街区转化，许多旧式厂房被改造成商业用房、办公楼，满足了市场的需求，其房地产的价值也得到了提升。对于这类情况的投资，一方面要有预见性，另一方面要把握好时机。

(2) 政策变化影响市场需求

房地产政策的变化，常常会给房地产买卖投资带来商机或风险。例如，2016年中央经济工作会议上提出的“房住不炒”的精神就对很多城市的住房价格疯涨按下了“暂停键”。多个城市的限购、限售、限贷政策使炒房成为过去式。

(3) 城市经济发展与旧城改造影响市场需求

这方面的投资虽有商机，但也有风险，应当注意两个问题：一是投资旧房最好是商品住房，这样较容易获得正常的赔偿；二是如果投资旧房不是商品房而是小产权或者非住房，就要看当地政府的政策规定对旧房拆迁是否有利，如果赔偿过低会导致投资失败。

(4) 经济发展速度与周期影响市场需求

房地产经纪人在帮助投资者进行房地产买卖投资时，应当关注当地经济发展的速度与周期变化。一般来说，经济发展周期处于低谷是购进的好时机，当经济发展进入高潮时是卖出的好时机。

(5) 城市土地供应影响市场需求

房地产买卖投资入市的时机与城市土地供应量的大小也有一定的关系。当土地供应量过大时，一手房的市场供应量相应过大。在这样的情况下，可供购买的一手房新产品就多，选择余地也大，二手房的短期投资买卖也就相应难做。政府控制土地供应量时，地价也会上涨，一手房市场楼盘的供应量减少，市场对二手房的需求会增大，二手房市场将变得活跃起来。

(6) 盘整资产影响市场供应

盘整资产会增加二手房市场供应量。有些企业单位或个人拥有大量房产，由于需要资金周转或清偿债务，而将其房产低价变卖，给房地产投资者提供了入市购买、赚取差价的好机会。

3）影响未来房地产价格变动的因素

(1) 经济因素

①物价：物价上涨，会造成价格上涨。

②土地价格：土地是房地产的原料，原料上涨，房屋商品价格也会上涨。

③贷款利率：银行利率提高，会减少买方需求；利率降低，投资才会受刺激，纷纷买房。

④货币供应量：货币供应量增加时，其代表的土地价格相对减少，此时若想得到与原来相同的土地，势必要提高价格。

⑤经济增长率：经济增长迅速，人们购买力强，房地产价格提高；反之，则买方势头降低，房地产价格降低。

(2) 行政因素

①公共建设：交通发达，则对土地需求增加，造成土地价格飞涨。

②土地计划：农林开放、禁建区开放等措施，可增加土地供给而造成房价回跌。

③法规限制：法律、法规的规定会在一定程度上造成房地产价格的变动，如限购、限售、落户政策等。

④不动产税制：税率降低，鼓励交易，房屋交易量就会增加。

⑤都市计划：增加住宅区、商业区，有利于房地产市场的发展。

（3）政治因素

政府机构变动或重大的政策出台等，都将影响房地产价格。

（4）社会因素

①人口状态：人口增长率高或人口净流入地区对房地产的需求增加，房价自然增加。

②家庭结构：小家庭增多或离婚率高，将提高对房屋的需求。

③社会福利：推行社会福利政策，中低收入者可优惠享有高额低息贷款的住宅，会使房地产价格趋于平稳。

（5）地理位置环境变化因素

位置：地段好、交通便利、商业发达、人口集中地区的地价较高。配套设施完善、建筑物状况良好的物业保值、增值潜力大。

（6）不同的房地产，价格影响因素又有所不同

①影响住宅价格的主要因素：行政及法律条例；各种气象因素；居住环境；自然景观；街道的建筑和宽度；空气污染情况；电、气、水、通信等设施情况；学校、公园、医院的设置；商店的配置；离市中心的距离及交通；社区建设以及物业管理。

②影响商业房地产价格的主要因素：商业中心的辐射范围及客户流量；交通状况；营业品种和竞争状况；繁华程度；行政与法律对土地的管理。

③影响工业房地产价格的主要因素：与销售市场及原材料采购市场的距离；交通状况；与相关产业的关系；水质、空气的污染程度。

以上各种因素的影响最终体现为房地产市场供求的变化，而市场供求最终决定价格。

4）房地产买卖投资回报分析

在房地产买卖投资过程中所发生的各项成本在前面已经列出，由于房地产买卖投资周期的变化，在实际运作中，有的成本是变数，如付款方式、资金回收期、经营费用、有关税费，但由于房地产买卖投资投放量不像房地产开发经营投资那样大和复杂，在进行投资回报分析时，通常采用静态指标进行分析。

【案例分析10-3】

长沙某先生投资了130万元购买一套100平方米的住宅，一次性付款，预计3年（假定空置暂不考虑租金收益及物业管理费等支出，但在实际分析中应当考虑）后可以卖到170万元，其他交易条件为：契税1.5%。简要投资回报分析如下：

1）投资成本（购买价）：1 300 000元

契税：1 300 000×1.5%=19 500（元）

该部分小计1 319 500元

2）转售有关税费

个人所得税：（销售价−购买价−契税）×20%=（1 700 000−1 300 000−19 500）×20%

=380 500×20% =76 100（元）

该部分小计：76 100元

3）投资净收益

（1）税后利润=销售价−购房总投资−转售有关税费=1 700 000−1 319 500−76 100=304 400（元）

（2）税前投资利润率：380 500÷1 319 500×100%=28.83%

（3）资本本金净利润率（年投资收益率）：304 400÷3÷1 319 500×100%=7.69%

分析：如果该先生将其投资资金131.95万存入银行，3年定期年利率为2.75%，两者相比，储蓄投资比购房投资的投资收益率低4.94%。储蓄投资相对稳定，除通货膨胀外基本上无风险；而购房投资的结果却有较大的变数，如3年内用于出租经营则可有租金收益，仅租金收入一项就已经相当于银行利息收益，如果税费减免或售价增加，其收益更高，但如果售价没涨，3年之后仍无法售出，则只好转为长线投资，靠收租金逐步回收投资，等待出售时机。投资者在进行房地产买卖投资回报分析时，其收益率的底线通常是与银行利息做对比。

10.3.2　房地产消费投资分析

房地产消费投资按照房地产的使用方式分为生活型消费投资和生产、经营型消费投资。

1）客观需要

客观需要主要是由置业者家庭人口结构的现状与未来变化、职业状况、生活习惯而定。

（1）从住宅来看

①家庭人口结构。中国目前的家庭人口结构基本上可以分为个人居住、夫妻同住、两代同堂、三代同堂、父母独居等几种形式，其中以两代同堂和三代同堂为主。有的用于永久性居住，有的为过渡性居住。

②职业状况。自由职业者需要在家里设工作室。

③生活习惯。有的人喜欢居住在闹市，有的人则喜欢环境安静；无车家庭要求公共交通要方便，有车的家庭则有路就行，只要道路不常塞车；有的人喜欢交朋友，家里设有多功能娱乐室。

（2）从商业、办公、工业来看

实际需求主要取决于置业者生产经营需要的面积、功能与事业发展的目标。

2）支付能力与可选择的付款方式

在置业消费投资中，经济条件不一样，选择的侧重点也不一样。经济条件好的，倾向于满足个人生活需求；经济条件差的，则非常关注价格。在付款方面，房屋越高档，选择一次性付款的投资者越多；反之，大多数选择按揭付款。如果银行愿意为商业、办公、工业进行按揭贷款，或卖房者同意分期付款，投资者大多数自然会选择上述两种方式，因为谁也不愿意资金被长期占用。

3）能接受的物业管理服务水准

（1）住宅方面

置业者在购房时，对于物业管理服务的要求取决于两个方面：一是个人经济条件；二是个人生活观念与方式。一般来说，经济条件好的置业者大多数选择物业管理服务水准高的，但也有部分置业者由于生活观念与生活方式不一样，对物业管理服务的要求也有较大的差别。

（2）商业、办公、工业方面

置业者在购房时，对于物业管理服务的要求主要取决于其生产经营的需要。

10.3.3　房地产租赁投资分析

1）商业用房

商业用房的用途可分为商场、宾馆、酒楼、娱乐、营业服务等。其租金收入是否稳定，往往取决于市场大气候和商家经营情况。

商业用房适合个人投资的主要种类是临街独立商铺，这种商铺的投资最受个人投资者欢迎。也有大的商场将其产权单位面积化整为零，分散出售给个人，再集中出租给大商家经营。业主购置其产权后，可让商场经营管理公司代租代管，其产权也可以自由转让。无论购置临街商铺，还是大商场里的小单位，在选择时主要看地段、人流和其商业涵盖面等对经商的影响，最好选择一楼。一般来说，楼上的商场比较难出租，空置率较高，租金水平也上不去。

其他商业用房主要是企业投资，企业在进行这方面的投资时通常会组织一个专门的部门，房地产经纪人较难开展这方面的业务。

2）住宅用房

购置用于出租的住宅用房时，应该考虑出租客源与对象构成、市场供需关系的变化等方面的因素。

（1）出租客源与对象的构成

每座城市的人口结构都有不同的特点，从住宅租赁市场的角度来看，可以从以下几个方面去分析：

①外来人口结构。外来人口是住宅租赁市场的主要客源。一个比较开放、外来人口比较密集的城市和另一个比较闭塞、外来人口比较稀疏的城市相比，两者的客源迥然不同，前者租赁市场广阔，后者租赁市场狭小。

②产业人口结构。第三产业的从业人员是住宅租赁市场的主要客源，一座城市里第三产业越发达，住宅租赁市场越活跃。

③出租对象层次结构。不同层次的承租对象构成不同的租赁市场，这些市场可细分为：以白领阶层为主的租赁市场、以蓝领阶层为主的租赁市场、以商贸人员为主的租赁市场、学生公寓市场、外国人租赁市场等。

（2）市场供需关系变化

租赁市场的供需关系主要考虑三个方面：一是客源的流动性。由于这些客源有很多是流动人口，城市经济的繁荣像磁铁一样将这些人口吸引过来，城市经济一旦出现萧条，这些客源又会流向其他城市。二是承租对象的经济条件的变化。许多人在自己买不起住宅的时候租用住宅，当其经济能力达到能购买住宅的时候，他们就会退出承租行列。三是市场供应量。住宅出租市场供不应求时，租金上涨，出租收益率就高；供过于求时，不但租金下降，空置率也会加大，出租收益率也相应降低。

那么应该如何选择住宅进行投资呢？不同的承租对象对住宅的需求是有差别的，在投资住宅时，对房屋的选择，应根据租赁市场定位，结合不同细分市场的需求，从档次、位置、环境、配套、楼层、户型、面积等方面去考虑。在档次上，以中、低档为主，因为中、低档租客需求量较大，容易出租。选择高档住宅时，要视该城市的住宅租赁市场的消费导向而定。

3）办公用房

个人对办公用房进行置业租赁投资时，要考虑下面几个因素：

（1）城市经济发展水平与速度

如果城市经济发展水平较低，办公用房的需求就较少；城市经济发展水平高，办公用房的需求量会相应增大。经济发展速度的快慢，也关系到商品办公用房需求的增减。经济发展速度快时，一些公司在不断地扩大，新公司也不断涌现，对办公用房的需求量就会猛增，有时会出现供不应求的紧张局面；而经济发展速度一旦缓慢下来，一些大公司规模将会萎缩，小公司可能会关闭，办公用房的需求就相应减少。

（2）产业结构的影响

对于商品办公用房有需求的主要是第三产业，尤其是刚起步的中、小型公司租用办公用房的较多。当一座城市中第三产业比重加大时，办公用房的租赁市场需求量就会增大。

（3）办公用房选择

选择办公用房时，主要是看房屋所在城市的经济发展程度如何，其区域环境是否适宜商务活动，公共交通是否方便，建筑外形是否吸引人，办公设施配套是否完善，尤其是停车位的数量是否充足。

4）厂房、仓储用房

进行这类置业租赁投资的基本上是企业行为，这类租赁市场的主要对象有以下几个方面：

（1）厂房租赁市场

租用厂房的主要是第二产业中的加工业企业，由于加工业企业的伸缩性强，租用厂房的弹性也大。当工业产品市场活跃，工厂接到的订单一旦增多，租用厂房的需求量就会增多；如果工业产品市场萧条，订单减少，租用厂房的需求量也将相应减少。

（2）仓储用房租赁市场

延伸阅读10-1

出租房应缴纳税费

租用仓储用房的主要是制造业、贸易业、物流业，该部分租赁市场的需求量主要受区域经济发展的影响。

【案例分析10-4】

商业用房置业租赁投资回报分析

某先生拿出11万元，作为投资某商场的首期付款，其余为银行按揭付款，每月的租金用于还款，每月还款1 098元。商场产权单位面积为20平方米，总价为20万元。某先生购置后长期出租（40年），收取租金，平均租金每月3 000元，无空置。投资回报简要分析如下（计算结果保留整数位）：

1）投资总成本：241 760元

（1）本金：110 000元

其中，首期付款（商场按揭为五成10年）：100 000元。

手续费与税费共计约10 000元。

（2）还款总额：1 098×120 =131 760（元）

2）年经营费用：1 680元

（1）物业管理费：4×20×12=960（元）

（2）城市土地使用费：3×20×12=720（元）

3）年租金收入：3 000×12 =36 000（元）

4）缴纳税费

（1）房产税（租金收入×12%）：3 000×12×12%=4 320（元）

（2）增值税及附加月租金低于3 000元，免征。

（3）免征印花税。

（4）房屋租赁管理费（租金收入×2%）：3 000×12×2%=720（元）

以上合计：5040元

（5）个人所得税：[租金收入－允许扣除的项目－修缮费用（800元为限）]×（1－20%）×20%=（3 000×12－800－5040）×（1－20%）×20%=4 826（元）

税费合计：5 040+4 826=9 866（元）

注：（1）每次（月）收入额不超过4 000元的：

$$\text{个税应纳税额}=\text{应纳税所得额}\times\text{适用税率}=[\text{每次(月)收入额}-\text{允许扣除的项目}-\text{修缮费用(800元为限)}-800]\times 20\%$$

（2）每次（月）收入额在4 000元以上的：

$$\text{个税应纳税额}=\text{应纳税所得额}\times\text{适用税率}=[\text{每次(月)收入额}-\text{允许扣除的项目}-\text{修缮费用(800元为限)}]\times(1-20\%)\times 20\%$$

个人所得税的计算按规定还可扣除房屋维修费用，但每月最多只能扣除800元，且必须有合法凭据并经税务部门审核认定方可扣除，此处计算未计入可扣除费用部分。

5）回收期内年净收益（见表10-1）

表10-1　**投资现金流量表**　单位：元

项目 年期	现金 流入	现金流出				净现金 流量	累计净 现金流量
		首期款	还款	经营费用	税费		
1	36 000	110 000	13 176	1 680	9 866	−98 722	−98 722
2	36 000	0	13 176	1 680	9 866	11 278	−87 444
3	36 000	0	13 176	1 680	9 866	11 278	−76 166
4	36 000	0	13 176	1 680	9 866	11 278	−64 888
5	36 000	0	13 176	1 680	9 866	11 278	−53 610
6	36 000	0	13 176	1 680	9 866	11 278	−42 332
7	36 000	0	13 176	1 680	9 866	11 278	−31 054
8	36 000	0	13 176	1 680	9 866	11 278	−19 776
9	36 000	0	13 176	1 680	9 866	11 278	−8 498
10	36 000	0	13 176	1 680	9 866	11 278	2 780
投资回收期10年							

（1）前十年每年净收益：36 000−9 866−1 680−13 176=11 278（元）

（2）投资回收期租赁经营年收益率：11 278÷241 760×100%=4.67%

（3）投资回收期：10年

（4）从第11年起，至40年，租金收入减去经营费用及税费，作为投资净收益：（36 000−9 866−1 680）×30=733 620（元）

10.3.4　房地产租赁经营投资分析

在房地产市场活动中，有的业主拥有大量房地产，却不熟悉房地产市场，也不想进行经营管理，而是以包租的形式委托给他人料理，收取固定的租金。包租者投入一定的资金，根据出租情况的需要，对受托的房屋进行适当的修整，承担经营管理、维修等义务。包租者所得营业收入，除按固定租金上交业主和支付经营费用后，差额部分属包租收益。

租赁投资风险由包租人承担。对于房屋包租市场分析与前面的置业租赁投资市场分析基本一致，但两者的投资成本与收益结果是不一样的。房地产经纪人从以下几个方面对房地产租赁投资进行分析：

1）包租条件分析

包租条件包括房屋状况、租赁年期、固定租金、物业管理及其他条件，具体条件根据具体情况而定，在洽谈条件时，应注意以下几点：

（1）房屋状况

房屋状况包括租赁的房屋位置、环境如何，相关的配套是否完善，相关的设施、设备是否齐全，是否还需要整改装修，如果还需要增添设施、设备和进行整改、装修，由谁来负责。包租者必须考虑其投资负担，以及资金回收与投资回报的问题。

（2）租赁年期

包租者对其包租的房屋进行一定的投资后，投资资金的回收与获取回报需要一定的时间，租赁年期的长短直接影响其收益。

（3）固定租金

包租者是靠租金价差获取收益，如果向业主交纳的固定租金过低，业主难以接受；如果固定租金过高，包租者无利可图。在洽谈固定租金时，首先要对各种相关条件进行比较分析，对市场前景做出准确的判断，进行全面的数据分析后，再与业主进行实质性讨论和确定。

（4）其他条件

业主给包租者整改装修期与前期市场铺垫的免租时间长短很重要，争取免租期越长越好。每年都会有一定的租赁空置率，必须明确空置风险由谁承担。

2）整改投资成本控制与分析

包租者对包租房屋的整改，是由包租投资者自己决定的，整改的程度如何，取决于包租投资者对租赁市场的定位，以及前面所提到的相关条件。如果整改效果不佳，则影响出租率；如果整改程度过高，则影响投资资金的回收和收益。在进行整改投资分析时，首先要根据租赁条件与对市场的分析判断反复进行数据分析后，再考虑拿出多少资金来解决哪些整改方面的问题，这样才能避免盲目地进行整改投资。

3）经营成本分析

租赁经营成本包括租赁推广费用、租赁经营管理人员费用、设施设备运行与维护费用、维修费用。上述费用分为经营管理与物业管理两大部分，其中经营管理费用是包租者必须承担的，而物业管理费则可分为三种情况：一是委托物业管理公司管理，由承租人直接向物业管理公司交纳物业管理费；二是由物业管理公司管理，由包租人代收物业管理费，或将物业管理费包含在租金里一并收取，再由包租人转交给物业管理公司；三是包租人自己管理，物业管理费包括在租金里。另外，不论采用何种形式收取物业管理费，所有空置期间的物业管理费都是由包租人承担的。经营成本的高低取决于对相关人员的配置与租赁空置的多少。

4）两种租赁方式的分析比较

①包租投资的收益建立在出租经营的基础上，在有限的经营年期里，经营得好便有利可图，经营不善则导致投资失败，血本无归。而置业租赁投资在租赁经营失败后，仍可将

其他购置的房地产转让出去，收回投资。另外，业主还可以将其产权进行抵押贷款，套取资金用于其他周转。出租经营收益、保值和升值，对于置业租赁投资来说，可谓双保险。

②包租投资经营收取的标准只能往上升，往下降的空间非常有限，同时交纳固定租金的压力始终都存在。置业租赁可自由调整租金水平，如果是银行按揭付款，在还款期也存在压力，但全款付清后，其压力也随之消失。

③包租投资无须承担由于不可抗拒的因素造成的房地产毁灭的巨大风险，承担的只是其前期整改投入与经营方面的市场风险。而置业租赁投资则必须承担其全部风险。两者相比，前者压力相应小一些。

【实战演练10-2】

包租投资回报分析

某单位有一栋7层高的员工宿舍楼，因其单位员工个人经济条件有所提高，各自都购买了居住条件更好的商品房，全都搬出了这栋宿舍楼。该单位决定将该楼整体出租，收取一定租金收益。基本条件如下：

总建筑面积：10 000平方米

总户数：200户

户型：一室（无厅，无厨房，有卫生间与阳台），二室一厅（有厨房、卫生间和阳台）

整体包租价格：10万元/月，按月支付

租期：10年

押金：1个月押金

装修免租期：1个月

整改装修、物业管理及空置风险全部由包租者承担。

在对该楼各方面的基本情况进行了解与市场分析之后，考虑市场定位为白领公寓，需要进行适当的整改装修，添置一些设施与设备。例如，一室的阳台可增设简易灶、电源插座等，供承租人使用，每户增设电话、电视插座，对原有的设备进行维修更换，对外墙进行清洗、修补，对室内进行全面翻新装饰等。所需整改投资共约80万元（全部为自有资金，利息在利润中体现），预测在未来的10年里，平均租金水平可在每月每平方米18元左右（含物业管理费）。空置率为5%（含管理用房），每年经营成本为138万元，具体如下：

(1) 租赁推广费用：3万元；

(2) 租赁经营、管理费用：6万元；

(3) 维修费用：3万元；

(4) 物业管理费用：6万元；

(5) 支付固定租金：120万元。

请参照“实战演练10-1”，按照企业包租经营两种情形进行包租投资分析。

本章小结

本章主要介绍了房地产投资中的主要类型。这些投资类型包括：以营利为目的的房地产买卖投资、以自住消费为主的消费投资、用于出租经营的置业投资和房地产租赁经营投资等。

案例中既有住宅项目，也有商铺项目，既有买卖投资项目，也有置业消费投资项目，还有租赁经营项目，且分析的侧重点各有不同。在分析过程中，房地产置业投资比较简单，所采用的指标也不那么复杂，主要有投资成本、静态投资回收期、投资利润率等。

这些类型的投资在实践中随处可见。学习本章后应该能够运用书中所述的知识，为个人投资者做置业投资咨询。

关键概念

房地产买卖投资　投资回收期　动态投资回收期　静态投资回收期

基础知识练习

△ 选择题

1）（　　）不属于房屋租赁投资中的包租条件。

A.房屋状况　　B.租赁年期

C.出租经营收益　　D.固定租金

E.免租期

2）某先生投资50万元购买了一套住宅，首付20万元，其余抵押贷款，贷款利率为5.04%，贷款期限为15年，该先生准备将此房屋出租获得盈利。该先生的投资方式属于（　　）。

A.房地产买卖经营投资　　B.房地产置业消费投资

C.房地产置业租赁投资　　D.房屋租赁投资

3）购置上题这类用于出租的住宅用房时，主要应考虑（　　）等因素。

A.城市经济发展水平　　B.产业结构

C.客源的流动性　　D.市场供应量

4）房屋租赁投资中包租的租赁空置风险由（　　）承担。

A.包租人　　B.业主

C.包租人与业主共同　　D.在包租条件中约定

△ 简答题

1）房地产经营投资的特征有哪些？

2）房地产投资有哪些风险？

3）如何分析房地产买卖投资？

4）如何分析房地产消费投资？

5）如何分析房地产租赁投资？

实践操作训练

△ 案例题

置业消费投资分析

2019年，某先生一家四口，包括一位老人，家有存款12万元，家庭月收入6 000元，日常每月开销约为3 000元。在购房时，有以下几种户型、面积、价格及付款方式可供选择，现在要帮助该先生提供合理的置业建议，条件与分析如下：

1）可供选择的置业投资的条件（见表10-2）

表10-2　　置业投资的条件

户型	2室2厅	3室2厅	3室2厅	4室2厅
面积（平方米）	80	100	120	140
价格（元/平方米）	3 500	3 500	3 000	3 000
标准	成品房	成品房	毛坯房	毛坯房

（1）按揭付款方式：首付三成，按揭七成，贷款15年，每月1万元还款额为83.09元；首期付二成，按揭八成，贷款20年，每月1万元还款额为66.64元。

（2）预计办理购房各类手续费和税费共约10 000元。

（3）室内装修每平方米约500元，家居装饰每平方米约200元。

从上述某先生家庭状况与可供选择的住宅来看，房地产经纪人建议该先生购置100平方米3室2厅的成品房，按揭付款为八成，贷款20年。其理由为：

一是有老人的四口之家，至少要有3室2厅才能满足基本的居住要求。

二是根据这位先生的家庭经济状况与可供选择的条件，选择100平方米户型的买房支付款项计算如下：

总价：3 500×100=350 000（元）

首期支付：350 000×20%=70 000（元）（月还贷尾数可计入首期付款）

按揭贷款总额：350 000−70 000=280 000（元）

每月还贷本息款款额：28×66.64（月供）=1 865.92（元）

家居装饰：200×100=20 000（元）

各种手续费、税费：10 000元。

购房初期支付费用合计：100 000元。

该先生付首期款、有关手续费、税费、家居装饰费用等，需支付款项共约100 000元，付清还剩20 000元家庭备用金。

2）相关财务分析

每月还款1 866元，再扣除3 000元的日常开销，每月还会约1 000元的家庭备用金，基本上过得去。如果选择其他户型，显然不适合该先生。

该先生在20年里共支付款项约55万元，其住宅平均每月租金1 800元，55万元约可支付25年的租金，其住宅使用期为70年，剩余的45年使用期是其所获的消费投资利益。消费与投资同行，已是当今众多家庭选择的一种理想投资方式。

资料来源　作者根据相关资料整理.

问题：请问该先生还有其他的投资选择吗?如果有，请列举出来。

△ 实训题

［实训情境设计］

2014年，长沙的王先生拥有现金600万元，一套价值200万元的房子，他想进行不动产项目的投资，但是2014年长沙住宅均价达到8 000元/平方米，市中心独立商铺均价达到5万元/平方米，产权式商铺也要3万元～5万元/平方米，现在有3个项目可供他选择：

项目一：购买正在筹资阶段的一个商铺，其中一楼60平方米，二楼70平方米，共计130平方米，一楼售价3.2万元/平方米，二楼1.7万元/平方米　开发商给出的月租金是一楼110元/平方米，二楼60元/平方米。

项目二：购买正在建设中的一个商品房项目，面积120平方米，精装修房售价8 800元/平方米，装修后月租金约2 000元。

项目三：购买位于市郊已建成的别墅，面积300平方米，售价1.2万元/平方米，目前基本上无人承租。

[实训任务要求]

要求对每一个项目进行投资分析，并选择出最优方案。

[实训提示]

也可另选一个城市房地产市场为背景。

[实训效果评价]

将实训效果进行量化，参照表10-3进行效果评价。

表10-3 **投资方案实训效果评价表**

评价内容	分值（分）	评分（分）
三个投资方案的市场背景一致性	20	
三个投资方案的未来市场情况假设的一致性	30	
三个投资方案的计算准确性	30	
三个投资方案比较结果的可行性	20	
实训效果总体评价	100	

注：考评满分为100分。60分以下为不及格；60～69分为及格；70～79分为中等；80～89分为良好；90分以上为优秀。

综合实训一

【实训情境设计】

请依据武汉市某地块的资料按照下面的要求进行实训。

项目基本信息:

项目位于武汉青山滨江商务区核心地带。东至建设八路，南至红钢一街，西至建设七路，北至临江大道，拥有临江大道和和平大道两大主干大道，道路情况较好，通达性良好。项目净用地面积65 836平方米（含绿地3 800平方米，体育用地2 745平方米），容积率4.33，计容建筑面积28.5万平方米（住宅16.8万平方米，商业11.1万平方米，体育0.6万平方米）；规划用途为住宅、商服、体育、公园与绿地；出让年限为住宅70年、商服40年、体育50年；成交价272 000万元，成交楼面地价9 542元/平方米。

项目规划要求

1.项目内要求配建一所9班幼儿园，用地面积3 780平方米，建面2 730平方米。

2.项目内要求配建一处体育馆，用地面积不小于2 745平方米，建筑面积不小于6 000平方米。

3.在地块中部限高区域两侧各布一栋标志性商务建筑，建筑高度分别为200米和160米（可上下浮动20米）。

4.限高区内商业、商务建筑高度不超过20米，居住建筑高度控制在160米。

5.地块内设置步行廊道，净宽度不低于8米，净空高度不低于6米。

6.新建建筑的建筑风貌应采用简约现代风格，并在高度、体量、色彩、建筑风格等方面与红房子建筑风貌相呼应，一线临江住宅建筑立面公建化处理。

对开发运营要求

1.开发企业需承诺在地块内建设一座不少于4.5万平方米（含地下）的五星级酒店，并自持经营不少于10年，承诺引入1家世界500强企业（以2018年美国财富杂志企业名单为准）旗下的酒店管理公司入驻经营。

2.开发企业需在地块建设不少于5万平方米5A级甲级写字楼，引入不少于1家控股股东为2019年《财富》杂志世界500强中的前300强企业的华中区域总部。引入不少于2家取得“一行三会”颁发金融许可证的全国性金融机构的区域总部。

3.开发企业需引入世界500强企业旗下自营的全球商品直销中心入驻经营，且经营面积不少于3000平方米。

4.开发企业需承诺在地块内建设并自持运营不少于6 000平方米国际交流中心，自持时间不少于10年，与酒店共同管理。

5.地块需在交地4个月内动土开发，商业须与住宅同步开工建设，写字楼须在交地30个月内竣工验收，住宅部分在交地28个月内竣工验收。

【实训任务要求】

（1）完成对所在城市的经济、社会、人文以及该城市房地产市场发展趋势的调研。

（2）做好消费者对住宅消费偏好的市场调查并写出调查报告。

（3）完成对项目的解读并写出项目地块定位报告，包括进行项目的市场定位、产品定位和客户定位等。

（4）提出产品策略与建议（包括物业功能、面积、户型配比、风格、整体规划布局、景观、材料、配套、开发周期等）。

（5）制订营销推广计划（包括推广目标、价格策略、渠道策略、促销策略、广告策略）、相应的实施方案和保证措施。

【实训提示】

可以参照本书第2～6章的内容，尤其是其中的案例分析以及实践中的成功案例完成实训，建议按照上面的任务分成几个工作小组分头完成，最后在老师指导下综合起来。

【实训效果评价】

将实训效果量化，参照表综-1进行效果评价。

表综-1　**营销推广方案实训效果评价表**

评价项目	分值（分）	评分（分）
案例资料的真实性、全面性、完整性	3	
对所在城市的调研的准确性	3	
问卷的科学、合理	3	
数据整理直观、准确,市调报告准确真实	3	
SWOT分析的准确性	8	
市场定位的准确性、可行性	10	
产品建议的可行性和创新性	10	
推广方案内容的完整性	5	
推广费用不超过销售目标金额的1%～1.5%	10	
推广方案组织实施计划的详尽程度	10	
推广方案的可行性	20	
广告的创新性	15	
实训效果总体评价	100	

注：考评满分为100分。60分以下为不及格；60～69分为及格；70～79分为中等；80～89分为良好；90分以上为优秀。

综合实训二

【实训情境设计】

2015年10月，王先生看中了“滨江豪园”小区的一个临街门面，小区周边暂时没有大型商圈，但该小区规模较大，有2 300多户业主。小区预计于2016年年底交房，第一期约500户，门面离小区出入口约50米，层高5.4米，可局部作2层使用，面宽4米，进深7.5米左右，面积约为30平方米，公布价为每平方米20 000元，一次性付款可享受9.7折的优惠，按揭付款可享受9.8折的优惠，3日内签约付款或支付首付款还可以享受送一半契税的优惠。

对于购买该门面，王先生有几点担心：一是距离较远，离自己上班的地方有15千米，而且公交车较少，更别说地铁了（规划中有地铁）；二是门面简单装修改造的费用约需8万元，他希望能将这笔钱也放到房款中进行按揭贷款；三是担心投资回报，目前该地区的独立门面普遍租金不高，每月每平方米租金60元；四是没有和家人商量，不便马上交定金。

假如您是王先生的置业顾问，请给王先生进行置业策划并说服王先生交定金签约。

【实训任务要求】

（1）完成针对王先生的置业策划，包括月供、首付、契税等预计费用支出以及未来的月收入等方面。

（2）完成对王先生四点担心的解释和计算工作。

（3）说服王先生下定决心。

【实训提示】

可以参照本书第7～10章的内容完成实训，建议同学之间互相模拟演练，最后由老师指导点评。

【实训效果评价】

将实训效果量化，参照表综-2进行效果评价。

表综-2　置业计划实训效果评价表

评价项目	分值（分）	评分（分）
置业计划书的准确、完整	30	
四点解释准确和到位	20	
说辞的说服力	30	
模拟演练的亲和力与熟练程度	20	
实训效果总体评价	100	

注：考评满分为100分。60分以下为不及格；60～69分为及格；70～79分为中等；80～89分为良好；90分以上为优秀。

主要参考文献

［1］中国房地产估价师学会．房地产经纪实务［M］．北京：中国建筑工业出版社，2010.

［2］邓永成．房地产营销［M］．上海：立信会计出版社，2004.

［3］高炳华．房地产市场营销［M］．2版．武汉：华中科技大学出版社，2010.

［4］袁凌．组织行为学［M］．长沙：湖南大学出版社，2004.

［5］姚玲珍．房地产市场营销［M］．上海：上海财经大学出版社，2004.

［6］刘秋雁．房地产投资分析［M］．2版．大连：东北财经大学出版社，2007.

［7］王贵岭．房地产经济［M］．北京：中国物价出版社，2003.

［8］楼江．房地产市场营销理论与实务［M］．3版．上海：同济大学出版社，2007.

［9］国宁．房地产营销与策划［M］．北京：中国商业出版社，2003.

［10］徐育斐．市场营销策划［M］．3版．大连：东北财经大学出版社，2011.

［11］马洪波，等．房地产销售代表培训教程［M］．北京：中信出版社，2004.

［12］贾士军．房地产项目全程策划［M］．广州：广东经济出版社，2002.

［13］叶雉鸠，尉焕，李伟．房地产经营销售与购房实务全书［M］．北京：中华工商联合出版社，2002.

［14］李伟．物业营销［M］．上海：上海财经大学出版社，2001.

［15］威廉姆，等．房地产金融［M］．李秉祥，等译．大连：东北财经大学出版社，2000.

［16］叶剑平．房地产市场营销［M］．2版．北京：中国人民大学出版社，2012.

［17］张永岳．房地产市场营销［M］．北京：高等教育出版社，1999.

［18］张大镇，吕蓉．现代广告管理［M］．上海：复旦大学出版社，1999.

［19］国家工商行政管理总局广告监管司．广告专业技术岗位基础知识［M］．北京：中国统计出版社，2000.

［20］龙胜平．房地产金融与投资［M］．北京：高等教育出版社，1998.

［21］柳思维．市场营销学［M］．长沙：湖南师范大学出版社，1998.

［22］张极井．项目融资［M］．北京：中信出版社，1997.

［23］刁龙生，王肯堂．中国房地产法实务全书［M］．北京：今日中国出版社，1996.

［24］黄福新．房地产策划师［M］．北京：机械工业出版社，2013.

［25］荆会芬．房地产市场营销［M］．郑州：郑州大学出版社，2009.

［26］刘贵文．全国房地产优秀案例［M］．北京：中国建筑工业出版社，2019.

［27］朱德义．房地产项目营销策划、模式、方案［M］．北京：化学工业出版社，2018.

［28］董潘．房地产的逻辑［M］．厦门：福建鹭江出版社，2018.